余秋雨定稿合集

北大授课

Lectures
in
Peking University

余秋雨简介

中国当代文学家、美学家、史学家、探险家。

一九四六年八月生，浙江人。早在三十岁之前那个极不正常的年代，针对以"样板戏"为旗号的文化极端主义，勇敢地潜入外文书库建立了《世界戏剧学》的宏大构架。至今三十余年，此书仍是这一领域的权威教材。

二十世纪八十年代中期，因三度全院民意测验皆位列第一，被推举为上海戏剧学院院长，并出任上海市中文专业教授评审组组长，兼艺术专业教授评审组组长。曾任复旦大学美学博士答辩委员会主席、南京大学戏剧博士答辩委员会主席。获"国家级突出贡献专家"、"上海十大高教精英"、"中国最值得尊敬的文化人物"等荣誉称号。

在担任高校领导职务六年之后，连续二十三次的辞职终于成功，开始孤身一人寻访中华文明被埋没的重要遗址。所写作品，往往一发表就哄传社会各界，既激发了对"集体文化身份"的确认，又开创了"文化大散文"的一代文体。

二十世纪末，冒着生命危险贴地穿越数万公里考察了巴比伦文明、克里特文明、希伯来文明、阿拉伯文明、印度文明、波斯文明等一系列重要的文化遗址。他是迄今全球唯一完成此举的人文学者，一路上对当代世界文明做出了全新思考和紧迫提醒，在海内外引起广泛关注。

他所写的大量书籍，长期位居全球华文书排行榜前列。在台湾，他囊括了白金作家奖、桂冠文学家奖、读书人最佳书奖等多个文学大奖。在大陆，多年来有不少报刊频频向全国不同年龄的读者调查"谁是你最喜爱的当代写作人"，他每一次都名列前茅。二〇一八年他在网上开播中国文化史博士课程，尽管内容浩大深厚，收听人次却超过了六千万。

几十年来，他自外于一切社会团体和各种会议，不理会传媒间的种种谣言讹诈，集中全部精力，以独立知识分子的身份完成了"空间意义上的中国"、"时间意义上的中国"、"人格意义上的中国"、"哲思意义上的中国"、"审美意义上的中国"等重大专题的研究，相关著作多达五十余部。联合国教科文组织、北京大学等机构一再为他颁奖，表彰他"把深入研究、亲临考察、有效传播三方面合于一体"，是"文采、学问、哲思、演讲皆臻高位的当代巨匠"。

自二十一世纪初开始，赴美国国会图书馆、联合国总部、哈佛大学、耶鲁大学、哥伦比亚大学等处演讲中国文化，反响巨大。二〇〇八年，上海市教育委员会颁授成立"余秋雨大师工作室"；二〇一二年，中国艺术研究院设立"秋雨书院"。

二〇一八年五月，白先勇和"远见·天下文化事业群"创办人高希均、王力行赴上海颁授奖匾，铭文为"余秋雨——华文世界最具影响力的一支笔"。

近年来，历任澳门科技大学人文艺术学院院长、香港凤凰卫视首席文化顾问、上海图书馆理事长。（陈羽）

作者近影。二〇一九年十一月二十一日,马兰摄。

目 录

小　序 ……………………………………… 001

第一部分　闪　问

北京大学的闪问 ………………………………… 006
台湾大学的闪问 ………………………………… 033

第二部分　课　程

第一课　童年的歌声 ……………………………… 048

第二课　文明的咒语 ……………………………… 052

第三课　那里没有路标 …………………………… 056

第四课　文明的胎记 ……………………………… 060

第五课　稷下学宫和雅典学院 …………………… 065

第六课　人类文明的早期分工 …………………… 071

第七课　世界性的老子 …………………………… 076

第八课　让我解释几句 …………………………… 082

第九课　寻找真实的孔子 ………………………… 090

第十课	一路冷遇成就的伟大	099
第十一课	黄昏晚风萧瑟	105
第十二课	君子的修身与治国	111
第十三课	关于下一项记忆的争论	117
第十四课	一个让我们惭愧的名字	123
第十五课	中国会不会因他而走另一条路	129
第十六课	诸子百家中文学品质最高的人	136
第十七课	一个难解的世界奇迹	143
第十八课	长江推举他出场	151
第十九课	生活在别处	155
第二十课	何为诗人	162
第二十一课	二十四史的起点	166
第二十二课	汉武帝的大地遇到了司马迁的目光	172
第二十三课	《史记》的叙事魅力	178
第二十四课	失落了的文笔	182
第二十五课	混乱和美丽同在	188

第二十六课　如果换了文学眼光，三国
　　　　　　地图就完全改变了………… 193

第二十七课　中国历史上最奇特的一群
　　　　　　文人………………………… 200

第二十八课　一座默默无声的高峰……… 208

第二十九课　光耀千古的三百二十四
　　　　　　个字………………………… 214

第三十课　　第一个知名画家…………… 220

第三十一课　因谦恭而参与伟大………… 224

第三十二课　凉州风范…………………… 228

第三十三课　中华文化为什么会接纳
　　　　　　佛教………………………… 239

第三十四课　文明的制高点……………… 244

第三十五课　盛唐是一种心态…………… 250

第三十六课　诗人排序…………………… 256

第三十七课　顶峰对弈…………………… 261

第三十八课　没有人救他们……………… 264

第三十九课　多记一个名字……………… 267

第四十课　　夕阳下的诗意……………… 272

第四十一课　精雅大汇集……………… 279

第四十二课　一群疲惫的文学大师……… 285

第四十三课　九十年的尘埃……………… 291

第四十四课　文化专制下的沉闷………… 297

第四十五课　五百年斯文所寄…………… 303

第四十六课　远方的目光………………… 310

第四十七课　太不容易了………………… 315

第四十八课　结课闭门…………………… 321

告　别……………………………………… 332

余秋雨主要著作选目……………………… 334

余秋雨文化大事记………………………… 336

小　序

悠久的中国文化，在当代青年心目中是什么形象？

这个问题，直接关系到中国文化的当代生命和未来生命。

社会上有一种惯常的看法：当代青年接受传统文化的程度，决定着他们的生命厚度。其实，事情还应该反过来：正是当代青年的接受程度，决定着传统文化的生命强度。文化能滋养生命，生命也能滋养文化，尤其是青年人的生命。

测试当代青年接受传统文化的程度，常常会用问卷调查的办法，比较浮浅和笨拙。我想，最好用几堂实实在在的课程来完成。

正好，北京大学邀我为该校中文系、历史系、哲学系、艺术学院的部分学生讲授"中国文化史"，而且每堂课都有电视转播。于是，大家可以比较系统地看到传统文化与当代青年的对接了。

这本书，就是这门课程的现场记录。

大家从书中可以看出，时至今日，教师若想在课堂上进行单方面的知识灌输，已经显得十分可笑，因为聪明的学生随手就能在电脑中快速查得更完整、更齐备、更正确的相关资料。我课堂上的那些北大学生，由于从教学计划中知道下一堂课的基本内容，在上课前只用了很少时间在电脑上略做准备，再结合自己平日的记忆，便已经可以完成漂亮的讲述。这一来，我这个教师的方位，也就必须从常识层面上撤离，上升到文化哲学和国际感悟的高度。

我非常喜欢当代青年学生在课堂上对千年前的文化进行追踪、猜测、争论的那种劲头。我告诉他们，文化先祖们如果有灵有知，也会在九天之上倾听这些年轻的声音。尤其那次我要求北大学生为唐代诗人排列"当代喜爱"的名次，我想，那些敏感的唐代诗人一定切切关心。因为他们本来就喜欢揣想千年之前和千年之后，太想知道自己在后代故土上还能保持多少能量。

大地的筛选，时间的筛选，人格的筛选，审美的筛选，全都凝结于当代学生的投票。应该明白，层层筛选本身，就是一种文化行为。

因此，我希望读者在阅读本书时也加入自己的参与，不断地皱眉凝虑、拍案惊悟、开颜而笑。错了也不要紧，其实文化的互动并没有严格意义上的对错。在并不整齐划一的自由步履中，文化前行了。

也许正是这个原因，本书出版后受到了出乎意料的欢迎。一份课堂记录居然一版、再版、三版，几家出版社竞相出版，而且不仅大陆版畅销，台湾版也同样畅销，实在有点匪夷所思。

在畅销中，很多读者反映，他们特别喜欢每堂课后学生们对我的"闪问"，以及我的"闪答"。由于这些"闪问"、"闪答"与当日课程的内容基本无关，只涉及当下的一些文化话题，我在整理时就干脆把它们从每堂课后"拆卸"下来，归并在一起，置之全书之前，作为第一部分。

第二部分是正式课程。在课程中发言特别踊跃的北大学生有王安安、王牧笛、周双双、诸丛瑜、吕帆、费晟、金子、丛治辰、欧阳霄、何琳、萨琳娜、王湘宁等。本书的前面几版，我把他们的照片刊登了，而且注明了每个人的年龄、籍贯、专业、特长。但这一来，对其他学生有点不公平。因此这一版就删去了相关介绍。删不掉的，是他们在课堂上表现出来的学识和口才。我想大家读完了这本书都会同意：如果没有他们，这门课程将会大大逊色。

他们这十几位，在"闪问"部分也表现积极。台湾大学参加"闪问"的学生，有朱天、甘焰文、杨富闵等。台湾政治大学、师范大学的部分学生也参加了，可惜怪我粗心，当时没让他们留下名字，很是抱歉。

余秋雨

二〇一六年十月

第一部分
闪 问

北京大学的闪问

巨人的性格和脾气

问：秋雨老师，按照世界历史的常理，一个国家快速的经济发展、社会转型、国力崛起，应该带来里里外外的敬佩和赞叹，但我们遇到的情景却不是这样。很多分析家把产生这种不正常情景的原因归咎于外国嫉妒防范和自身策略有误。我认为，根本原因在于文化。我们缺少一种能够让世界各国民众广泛感应的当代文化，您同意吗？

答：我说过，现在的中国，就像一个巨人突然出现在闹市街口，不管是本城人还是外来人都感到了某种陌生和紧张。巨人做出一个个造型，佩上一条条绶带，用处都不大。原因是，大家都无法感知巨人的脾气和性格。

巨人的脾气性格，就是中国的文化。

就像当年英国的旗帜飘扬到世界各地的时候，至少让人以为，里边似乎包含着莎士比亚的影子；就像德国先后发动两次世界大战都失败后，经常会用贝多芬、巴赫和歌德让人对它另眼相看；就像美国纵横捭阖、盛气凌人的时候，总有好莱坞影片的诸多形象相伴随。遗憾的是，中国的文化好像做不来这些，一直忙着排场很大、格局很小的事情。

问：秋雨老师是否认为，现在中国遇到的种种社会矛盾，都与精神价值有关？

答：对。

问：既然已经知道了精神价值的重要性，为什么这么多年来还是没有起色呢？

答：因为大家都把一系列可疑的"精神价值"当真了。

问：可疑的"精神价值"有哪些？

答：简单说来，可疑的"精神价值"，在民间祭拜的是"成功"，在官场祭拜的是"民粹"，在学界祭拜的是"国学"。

把这三者加在一起，使中国这个巨人的性格和脾气，因"成功"而势利，因"民粹"而喧闹，因"国学"而陈腐。这样的性格和脾气，当然很难让人喜欢。

可疑的"精神价值"

问：这三个可疑的"精神价值"，其实也正是您一再警惕过的"文化伪坐标"，概括得令人震撼。它们眼下还在流行，而且势必流行下去。那么，能不能稍稍花点儿时间，展开讲述一下？

答：可以。

问：先说说民间的那个"文化伪坐标"——成功，好吗？

答：好。"成功"的正常含义，是完成了一件让大家高兴的好事，但现在民间追求的"成功"，却把别人当作了对手，争夺只属于自己的利益。下一代刚刚懂事，就从家长、老师那里接受了这个伪坐标。很多家长直到今天还坚守"不能让孩子输在起跑线上"的奇怪志向,拉拽着自己幼小孩子的手开始了争取"成功"的险恶长途。

"成功"这个伪坐标的最大祸害,是把人生看成"输赢战场",并把"打败他人"当作求胜的唯一通道。因此,他们经过的地方,迟早会变成损人利己的精神荒路。

问: 请再说说官方的那个"文化伪坐标"——民粹,老师方便吗?

答: 对我来说,什么都方便。

从本质上看,官方关注民意当然是好事。但是,人们一旦陷入号称"民意"的"群众广场"中,也就失去了证据分析、专业裁断、理性判别、辨伪鉴识的能力,因此只能在众声喧哗中"从众",在群情激昂中"随群",这就进入了完全失控的民粹狂潮。

在当代,民粹大多表现为一种由谣言点燃的爆发式起哄,一旦发酵于传媒网络,必然会在山呼海啸中构成灾难。

在历史上,那种与乡间流俗合污的伪善者,被称为"乡愿"。孔子把它说成是"德之贼者也"。在现代,我们见到的民粹,太多是冒充民众的名义冲击理性底线的文人恶谑。我经历过的"文革"灾难,一开始由"上意"发动,很快完全失控,任由"民意"驱动,处处都是"革命群众"(亦即当时的"弱势群体")组成的"民间法庭"。"文革"结束后,我曾多方寻找害死我亲人、关押我父亲的恶人,但最后的回答都是一样:革命群众。

现在不少官员为了标榜自己的形象,把很多并无科学统计的所谓"民意"当作精神价值,我认为,一是无奈,二是作秀。北大学子,必须警惕。

问: 我喜欢老师的痛快淋漓,而不喜欢文化学术界惯常出现的那种左右逢源、貌似全面的废话。现在想请您再说说学界祭拜的那个"文化伪坐标"——国学，这对老师也没有什么不方便吧？

答："国学"，如果说成是"中国学"、"中国文化"、"中国传统经典"等，就很正常了。但现在，执意要把一种学问抬升到可以与"国旗"、"国歌"相提并论的政治高度，就产生了很多问题。至少，会对国内同类文化不公平，会与国外同类文化不相融。

举一个小例子就明白了。如果说京剧是"中国戏剧"，谁也不会反对，但是，如果把它说成"国剧"，就套上了"唯一性"和"排他性"的金项圈。这样一来，该怎么处置比它更经典、更悠久的昆剧？怎么处置产生了关汉卿、王实甫、马致远、纪君祥的元杂剧？

而且，现在京剧也遇到了重大生存危机。如果封成了"国剧"，还有谁敢动它？还有谁敢改革？

"国学"的范围当然比"国剧"大得多，但由于同样在追求一种"国家主义"的文化权威，也就有了"排他主义"，会产生一系列逻辑矛盾。

问：我很赞成老师的观点，"国学"这种提法的毛病，是试图通过"国家主义"来推行"排他主义"。不仅"国剧"，现在争来争去的所谓"国酒"、"国饮"、"国服"，也都是为了商业利益而推行"排他主义"。其实，只要有了"排他主义"，反而会把自己做小，对吗？

答：你说得很对。中华文化是一个大海，是百川汇流的结果，包括很多国界之外的河川。

"国学"这个概念首先会遇到一个尴尬的矛盾：佛教算不算"国学"？如果不算，有点儿难办，因为那是中国两千年来最普及的宗教信仰，渗透到了中国文化的经络血脉之内，连很多第一流的中国文化人都是佛教信徒，肯定已成为"国之重学"，这要不算，说不过去吧？但是如果算成了"国学"，那也麻烦，因为全世界都知道，它可是地地道道的印度文化啊,虽然也曾局部地中国化,但至今中国运用的佛教经典,很多重要的专用名词还是梵文的音译,我们总不好意思说它是"国学"吧?

你看,一说"国学",这么大的一个漏洞就出来了。

问:只要有"自封为王"的"排他主义",这样的漏洞一定会层出不穷。即使在国内的各种文化中,谁是"国学",谁不是"国学",迟早也会引发争斗吧?

答:你的判断很正确。现在所说的"国学",实际范围不大,好像主要是指儒家文化,加一点道家文化和民俗文化。但是,中国的这个"国"字实在非同小可,地域广阔,气吞万汇,其间的文化更是森罗百态,藏龙卧虎。有不少地处边缘的文化曾经强劲地推动过中华文化的重构和新生,例如突厥文化、鲜卑文化、契丹文化、西夏文化、蒙古文化、满族文化等,都非常重要。没有它们,中国之"国"就要退回到春秋战国时代的小"国"去了。那么,这些文化算不算"国学"?我猜,现在的"国学达人"一定会说,"算,迟早会算"。但是,"迟早"到什么时候?我看了那么多年,为什么没有出现一丝一毫把它们"算"进去的痕迹或意图?

问:他们也曾辩解说,二十世纪前期一些著名的学者也提过"国学",这该怎么解释?

答:那个时候列强频频进犯,国运危在旦夕,提"国学",是一种"在危急时刻自报家门"的凄楚之声,丝毫不存在借取"国家主义"来实行"排他主义"的嫌疑。最早章太炎他们成立"国学振起社",时间是在中日甲午战争和辛亥革命之间,地点是在日本东京,时间和地点的针对性不言而喻。后来,以美国所退庚子赔款办的清华大学,也成立过国学研究机构。但是,无论是章太炎,还是梁启超、王国维、赵元任、陈寅恪他们都知道,学术无界,文化无墙,永远不能画地为牢。他们几位本身的文化结构，更是宏观全球，博采寰宇，融会贯通，不设边防。

问：近年来的"国学热"，我们北大基本上没有参与，还算不错吧？但我们远远看去，事情好像越做越过分了。而且因为裹挟着"国家主义"、"爱国主义"等因素，让人很难劝解。秋雨老师，您劝过他们吗？

答：劝过。有一位企业家曾经兴奋地告诉我，他与几个朋友在郊区开办了一个"国学堂"，招收不少小学生天天诵读国学经典，连行为举止、生活礼节都要仿效古人。我便忍不住询问："这些孩子毕业之后，会到哪里工作？"

那位企业家一愣，但很快就充满信心地说："文化学术界的很多专家都向我担保，今天的社会太需要这些年轻的国学人才，而且越来越需要。"

我说："对不起，只有一条出路，那就是到古籍出版社当校对。但我早就打听过了，那里已经满员，没有名额。"

这就是我的劝说。

问：但是还有很多人着魔。现在已经不只对小学生了，有的大学还开设了"总裁国学班"，收很高的费用，把那些企业家吸引过去，关上门，拉上厚厚的窗帘，不知在里边讲什么。如果是"爱国"，也不必那么神秘啊！您估计，窗帘里边在讲什么内容？

答：我只想提醒大家一句，最早章太炎等人提出这个概念时，确有救亡、爱国的动机，但从后来的发展来看，"国学"与"爱国"不能画上等号。抗日战争爆发时，连很多文化程度很低的军阀、土匪都积极投入抗日，反倒是一批"国学专家"快速做了汉奸，例如罗振玉、郑孝胥、梁鸿志、胡兰成，等等。连"五四"新文学阵营里的"国学专家"周作人，也成了汉奸。因此大家看到了，在战后审判汉奸的法庭上，那些著名的被告都穿着长衫、马褂之类的"国服"。相反，原来一直被嘲笑为"西装革履、数典忘祖"的"西派人物",却一批批在国际舞台上用英语捍卫着民族尊严,从顾维钧到倪征燠,都是这样。

问:您说起审判庭上的"国服",使我想起,在"国学热"中,确实有一些激进青年提出中国人必须穿"汉服",必须过自己的节日,声势很大。秋雨老师,我们该如何反驳他们?

答:他们的问题不在于"汉服",而在于"必须"。中国人好不容易迎来了服饰自主的时代,任何强制都是倒退。爱国主义不应该变成专制主义。

如果你们认识这些激进青年,可以在他们耳边悄悄提醒一句:汉服,在唐代长安就没有什么人穿了。

"枯燥文本"和"戏谑文本"

问:秋雨老师,如果不是那么变态地祭拜"国学",那么,对于中国传统文化,我们还是应该抱着一种恭敬的态度来选择和学习吧?那么,应该如何进入正常学习呢?

答:这也是我下决心花整整一年时间来为你们讲这门课的原因。应该如何正常地选择和学习中国文化精华,我将会按历史顺序一一说明。

我下这个决心,还有一个偶然原因,那就是在香港一所大学看到了一本中国文化教材。那本教材从反面深深地刺激了我。

问:香港一所大学的中国文化教材?

答:对。好像是他们委托北京的一些大学教师编的,不知道北大有没有参与。那段时间我在香港工作,有一批大学生跑来,态度坚决地向我申诉:"余老师,我们决定,拒绝接受中国文化了!"

我听了很吃惊，连忙问原委，他们就甩出了这么一本中国文化教材。原来，他们说拒绝接受中国文化，是拒绝接受那本教材。

那本教材很厚，像一块耐火砖。由于用道林纸印制，因此又比耐火砖更沉重。我翻看了一下，确实是枯燥无味到难以容忍的地步。几千年来有点名堂的文章，都像陈年鱼干一样密密麻麻地堆放在那里。一点儿看不出它们曾经活过、游过、掀起过波涛。不要说香港学生，连我这样的人，看一会儿也被鱼干的隔代腥膻味熏晕了。

问：秋雨老师，不瞒您说，我们平常见到的教材，多数也是这样的。您是不是觉得，香港学生的拒绝有一点道理？

答：有一点道理。我想讲一句俗话了：为什么别人不喜欢你？因为你故意面目狰狞。

问：面目狰狞也有可能挺好玩，网络游戏上常见这种面目。狰狞往往蕴藏着一种扭曲的生命力，就像古代青铜器上似人似兽的表情。但是，我们的教材却留下了狰狞，丢弃了生命力，结果狰狞得刻板、冰冷、重复、无聊，让我们怎么忍受？我想问，编写这些教材的老师们，真是故意的吗？是不是嫉妒我们的青春，才这样折腾我们？（笑）

答：不，这些老师没这么坏。但他们中很大一部分，有过年龄上的青春，却从未有过文化上的青春。他们从未在文化上激动过、痴迷过、爱恋过。因此，在面目狰狞背后的他们，很可怜。我年轻时只要听到难听的课，就对老师特别同情，甚至怜悯。

问：对于那么多面目狰狞的刻板课程，要不要向老师提意见？

答：提意见没用，他们改不过来。如果是选修课，就不选。如果是必修课，你坐在下面可以做"反向设计"：老师讲得如此难听的原因在哪里？这部分内容今天如果由我来讲，应该改换什么样的逻辑思维？经常这么想，你就有可能获得不错的反向磨炼。

当然，如果你有幸做了系主任和校长，那就要考虑更换课程和教师了。

问：现在大学文科教学中出现了另一个极端。有些老师发现了"耐火砖"和"死鱼干"实在无法吸引学生，就矫枉过正，模仿单口相声，在课堂上把孔子叫"赶路老爹"，把司马迁叫"可怜叔"，把李清照叫"赵姨"，中间又穿插着大量添油加醋的生动情节，整堂课笑声不断。这好吗？

答：这个趋向，在一些电视文化讲座和流行历史读本上早已出现。我觉得，这种"戏谑文本"是对"枯燥文本"的讥讽和躲闪。由于目前占领统治地位的还是"枯燥文本"，它们的"造反"行动受到了普通民众的广泛欢迎。但是这种做法，在学术上隐藏着一些问题，在传播上也隐藏着一些问题。

问：请您先说说"戏谑文本"在学术上隐藏的问题。

答：学术上隐藏着两个问题：一、它们最戏谑的地方，大多出于虚构细节，编造情景，并在词语上做现代化的拼接。这一来，听众和读者虽然笑了，却当作了一种说唱艺术，并不相信。这种不相信，对于学术是致命伤。二、它们最叫座的地方，往往是在宣扬处世谋术，也就是如何阴险地制伏他人，获得成功。这对中国文化的大道，是一种"曲解"。对社会精神价值的重建，负面影响不小。

问：这些讲述者也许认为，牺牲文化大道，是为了促进传播。那就请您接着说说，他们在传播上所隐藏着的问题。

答：传播上也有两个问题：一、它们受到欢迎，是因为有"枯燥文本"的对比。当"枯燥文本"在它们的戏谑下逐渐减少，它们也就失去了存在的背景。二、它们的套路，高度重复，极易被模仿，也极易被厌倦。

问：这些正在流行的"戏谑文本"也应该有一些正面意义吧？

答：有。我认为这些"戏谑文本"的最重要成果，是幽默地进行了一种"解构"，让中国当代话语的官场化、模式化、骈文化趋向，受到了冲击。由此，也就启发大家可以把一切枯燥、艰涩的话题讲得轻松一点儿，有趣一点儿。

是啊，我们见到很多公务员和发言人的语言方式，实在需要好好改一改了。我敢于大胆说一句：我国内政和外交上的不少困顿，至少有三分之一，被语言方式加重了。

语言能力训练班

问：秋雨老师，我听说有人提出建议，希望由您亲自出马，开设一个相关发言人的语言能力培训班。据说您没有答应，为什么？

答：高超的语言能力是一种天赋，比学会几门外语复杂得多。我们选择发言人，主要是看已有的专业知识和基本形象，这与我要求的语言表述能力有不少距离。因此，即使集中起来培训，也难有成果。

问：请原谅我的好奇。如果由您开设一个训练语言表述能力的课程，学员也是您亲自挑选的，那会实行哪些训练？

答：打基础三个月就够了，定期完成几项训练。

第一个月，排淤训练。即尽量排除令人厌倦的句式，包括空话、套话、言不由衷的话。我会把流行套话集中起来，印一本书，让他们一一攻坚，限期戒除，更换成自己独特的诚恳话语。

第二个月，质感训练。即努力让抽象潜伏于具体，让理性潜伏于感性。即便在论述大事时，也要寻找幽默而新鲜的平民化角度。

第三个月，换位训练。即给他们讲授一点儿"接受美学"，让话语立场，由"表达者"转向"接受者"，而且是那种"不准备接受的接受者"。其中，也包括不了解中国文化的外国民众。

问：感谢秋雨老师对我随口提出的小问题回答得那么详细，那么系统。如果真由您亲自开设这样一个语言表述能力训练班，我一定第一个报名。我觉得很多行政高官也应该接受这种训练。他们的话语系统最要命，恰恰影响又最大。更糟糕的是，没有人向他们说出真相。他们听到的永远是："首长，您的报告太精彩了！"

秋雨老师，您是不是觉得语言方式的突破，是中华文化复兴的起点？

答：这又讲大了，语言方式毕竟只是语言方式。但是，我们确实应该学一学欧洲的文艺复兴。欧洲文艺复兴并没有人提出类似于"国学"的复古主张，却由达·芬奇、米开朗琪罗、拉斐尔这些形象艺术家，用最感性的方式把古典文化、宗教文化中的人性因子激发出来，让任何人都能感受到其中的美丽和温度。于是，漫长的、充满经院论辩的中世纪立即黯然失色，新时代来到了。可惜，我们总是在用巨大的金钱和精力，构筑着中华文化复兴的反方向。

文化的定义

问：秋雨老师，我们在"闪问"中已经涉及当前中国文化中几个可疑的"伪坐标"，也讨论了其间的"枯燥文本"和"戏谑文本"，收获很大。这也就产生了一种期待，能不能为"文化"下一个定义呢？

我知道这很难，因为世界上著名的文化定义已经有两百多个，都立足于特定的学派，拉扯得让人劳累，而且有很多已明显过时。中国当代词典中的文化定义，把文化说成是物质能力和精神能力、物质财富和精神财富的"总和"，真是大而无当。在实际生活中，人们又把文化缩小成"文联"、"作协"所管的那档子事，唱歌、跳舞、画画、写诗，等等，范围又小得可怜。

您能"想"一个比较合适的有关文化的定义出来吗？

答：我参考了全世界那么多文化的定义，终于"想"出了一个最短的，请你们指正——

　　文化，是一种习惯了的精神价值和生活方式。它的最后成果，是集体人格。

作为定义，不到三十个字。这，肯定是世界上最短的。

问：您所说的文化，里边包括着精神价值、生活方式和集体人格这三重概念。但是，不管是精神价值、生活方式，还是集体人格，都应该有正面、负面的区别吧？

答：对。所以一些社会改革家总是要从正面来提升精神价值和生活方式，最后提出要"改造国民性"，也就是把人们引向正面的集体人格。

在中国古代，儒家的集体人格理想是"君子"，佛家的集体人格理想是"觉者"，道家的集体人格理想是"至人"。相比之下，"君子"的影响更大一些。你们如果要从集体人格上研究中国文化，我建议，可以先从"君子"入手。

问："君子"、"觉者"、"至人"，这些人格理想有没有共同点？

答：有。那就是大道。各个文化派别对大道的理解并不相同，但它们都认为天地之间有一种超越日常功利的精神价值，使人们活得更自在、更善良。

问：现在社会上某些热门"文化"正好相反，大多是宫廷权谋、制胜方略，甚至在油腔滑调地扬恶抑善。这一切，不都是对大道的玷污和干扰吗？

答：对。更迷惑人的是，不少文化人不断论述着恶的深刻，善的浅薄；不断展示着恶的痛快，善的窝囊。结果，有些文化课程，变成了让人变坏的课程。

问：这是文化的堕落吗？

答：这是文化的常例。大道一直是寂寞的。

幸好，大道只寂寞在文本上，而不是人心中。孔子说，每个人只要挖掘自己，就能找到仁，所以他说"为仁由己"。在儒学后期，王阳明更是提出了"致良知"的命题，认为埋在人心底的"良知"，可能是造就任何一个觉悟者的起点和终点。在日常生活中，我们也会有"天良发现"、"天地良心"等说法。这些说法表明，人心中有很多与生俱来的道德起点，与天地大道相呼应。这也是中国哲学对人本性的信心。

问：我们从小就听说，人应该被文化改造。照秋雨老师的说法，人的天性高于文化，是吗？

答：对。可以问问刚做父母的人，婴儿的眼神、表情、动作是不是很接近未被污染的人类学课本？因此，老子说："常德不离，复归于婴儿。"庄子认为，人们平日学到的东西，大多属于"机心"，也就是机智巧变之心。这种东西一多，纯白的自然天性也就不再完备，于是神情恍惚，大道也就难于进入了。

问：这么说来，文化教育的终极意义很值得怀疑？

答：正因为有些文化教育削减了人们的"赤子之心"，所以就需要有另外一种文化教育来抗衡，让人在更高意义上恢复本真。简单说来，有人在堆积障碍，有人在排除障碍。但在多数情况下，前一种人比后一种人更风光。

问：这不是很悲哀吗？

答：就像都市之夜，最风光的一定是经销商和消费者，而不是清道夫。经销和消费的时间一长，再好的东西也会变成城市垃圾和身体垃圾。

我考察世界各大古文明遗址，发觉文明历史越长的地方现在情况越坏，几乎成了一种"反比例定律"。我想，那是几千年来"经销商"和"消费者"太多了，而"清道夫"却已伤残凋零。最后，真正伤残凋零的是那些都市、那些地区、那些国家、那些文明。

问：我听您多次说过，中华文明是各大古文明中唯一没有湮灭和中断的，难道它一直拥有足够的"清道夫"吗？

答：中国第一个哲学家老子就是一位伟大的"清道夫"，他的文化遗嘱就是永远做减法，走向极简。

由他领头，诸子百家中没有一家是复杂的。这个起点，造成了中国文化早期的"轻装"状态。后来越来越臃肿，因此也越来越迟钝，再要找"清道夫"就很难了。

幸好，中国文化的体量巨大，由此产生了一种自我荡涤作用。这就像大海，算起来每天有多少垃圾倾注在里边，却因为大，日夜翻卷、移动而自我净化，构成了一切小逻辑都解释不了的"体量逻辑"。

问：您所说的"体量逻辑"很深刻。体量大，除了空间，还有人口。在中国，很多文化史、思想史上的复杂事件民众并不知道，因为文盲的比例十分惊人。不少人把这种现象看成是落后，向往着西方那些沙龙、学派直接影响广大民众的情景。我猜想秋雨老师未必这么认为，您甚至会觉得，中国民众对学理的隔膜不见得是一件坏事，是吗？

答：你很棒。从古到今，中国民众对于抽象学理缺少"消费欲望"。几千年来他们只记住不多的几句圣人教言，自在度日。那些评古论道、咬文嚼字的人，与千家炊烟、万家灯火关系不深。如果这些人成了气候，空论、激论、偏论泛滥，对谁也没有好处。

总之，根子上的农耕文明使中国民众很难信奉一切离开脚下大地太远、离开直觉经验太远的东西。躲避灌输，不喜喂食，有可能是生命的一种自救。

天下高寿之人，大多简食薄饮。中华老矣，回首渺茫生平，能够活下来的原因之一，是不喜欢文化上的浓脂厚味、巍楼巨厦。

问：既然中国文化对高深学理比较淡漠，它又通过什么方式把民众的直觉经验与大道人心融合在一起？

答：艺术。每一种文化都有自己的重心归向，有的归向于宗教，有的归向于征战，有的归向于科学，有的归向于政治，有的归向于自然，而中国文化，则归向于艺术。请你们注意孔子在《论语》中对于这个问题的两度概括。第一度概括为："志于道，据于德，依于仁，游于艺。"第二度概括为："兴于诗，立于礼，成于乐。"这就是通过修身的方式获得人格享受。李泽厚先生把"游于艺"、"成于乐"说成是"人格的完成"，我很赞同。

问：中国很多人都习惯性地把文化看成是政治的附庸，您说中国文化在本质上更偏向艺术，我听起来有点儿新奇。但是细想之下确实也有道理，中国的唐诗、宋词在社会上的普及程度，在其他国家很难想象。李白、杜甫、苏东坡，一直是历代最流行的"公众人物"，远远超过帝王将相。连失败的政治人物李煜，风传世间的也是他作为艺术家的一面。这些，能不能佐证您的观点？

答：可以，但事情比你所说的这一切更深刻。按照古代圣哲对于中国文化的设计，"礼乐"二字，是中国文化的主干传统。除了"乐"，连"礼"也是艺术化、表演化、程式化的行为方式。因此，所谓"礼乐传统"，也就是古代圣哲为中国社会构思的一种"美的宗教"。

问：您多次说过，我们目前在攻读的"中国文化史"课，必须改变平常对文化的误解。对此，我们作为学生，应该做哪些努力？

答：我提三点要求，请你们参考：

第一，对中国文化的一系列误解，从古代就开始了。因此，我们要摆脱历史性的心理暗示，让精神价值、集体人格、礼乐传统等重要命题从附庸的地位解放出来，独立行走。

第二，抢救你们的感觉系统，警惕你们的思维习惯，激活你们的生命活力，创建一种活跃而睿智的教学气氛。

第三，每次开课前可以做一些简单的准备，减少进入新课的陌生感。但切忌准备过分，以免在课前形成固执的观念，而应该在课程中自由寻路，不断重塑自己。

评判社会言论

问：秋雨老师，有了网络和各种媒体，现在社会评论非常活跃，打破了原来"舆论一律"的沉闷和虚假，这当然很好，但也涌现出大量的气话、疯话、脏话、过头话。其实大家都想听听高屋建瓴的冷静判断，您又不上网，能否利用这个"闪问"的机会，就我们平日搞不太明白的某些社会言论，请您评判一下？至少，您是"旁观者清"，又有"长者眼界"。

答：这也是我学习的机会，很愿意这样做。但是，对于潮涌般的社会言论，我们的评论最好也力求简短。以"闪答"对"闪问"，以快速对快速，才有意思。那么，请开始吧。

问：有人发表文章认为中医是伪科学，应该取缔，当然更多的人认为不该取缔。秋雨老师对此有什么看法？

答：地球上人口最多的族群，就是靠中医佑护下来的。天下最让我生气的事，是拿着别人的眼光说自己的祖祖辈辈都活错了。

问：有学者说，龙在西方是一种凶恶的形象，为了避免误读，中国应该改换一种文化图腾。秋雨老师，您同意吗？

答：不同意。别的民族一直用狼、熊、狮、鹫作为文化图腾，没听说要改。祖先们正是预料会有脆弱的后代，才选择了凶猛刚健。我再重复一句话：天下最让我生气的事，是拿着别人的眼光说自己的祖祖辈辈都活错了。

问：体会您重复说出的这句话，我是否能认为，您也不同意用西方现代的价值标准来裁割中国的历史文化？

答：对。西方现代那些具有人类普遍意义的价值标准都很不错，中国人千万不要去防范和抵拒；但也应该明白，在那些标准出现之前，中国人已经非常精彩地活了几千年。活出了诸子百家，活出了秦汉帝国，活出了盛唐大宋。如果说这些都是白活，你难道不像我一样生气？

问：不少文化人写文章说，近三十年的大拆大建，把一种非常值得回忆的早年生态破坏了。秋雨老师写过很多描述早年生活的优美散文，一定也赞同这种看法吧？

答：不赞同。一切回忆，都会以情感删削真实。一百多年来，绝大多数中国人由于连年战乱、自然灾害、阶级斗争，"早年生态"的低劣程度超过现在最坏的想象。就连现在被不少文人描写得流光溢彩的老上海，也完全是一种矫饰的幻想。一九二二年十一月十三日，刚刚获得诺贝尔物理学奖的爱因斯坦来到上海，他从南京路来到上海的中心区域老城厢后说："这是整个地球上最贫穷的族群，备受欺凌，牛马不如。我们一直在为世界争取幸福和公平，而在这里看到的，却是一幅悲惨的图景。"直到我年轻时，绝大多数民众的生态都触目惊心。近三十年的大拆大建，主要是针对大面积的低劣生态进行的。中国百姓苦了那么多年，有理由稍稍过得好一点儿。

你们毕业后，最好不要为了"玩文化"而伪造"贵族凋零"、"皇城暮鸦"、"风华散尽"之类意象，来鄙视普通民众的生态进步。

问：又有一些文化人不断写文章说，北京城新建的地标诸如鸟巢、水立方、国家大剧院、中央电视台新楼都光怪陆离，如果梁思成先生在世一定悲叹"城将不城"，您同意吗？

答：不同意。一个大国的首都，应该保存一些珍贵的历史遗迹，但更应该走在世界现代建筑的最前沿。请你们联想一下：曾经以花岗岩、大理石的古典建筑自傲的巴黎，在建造埃菲尔铁塔、蓬皮杜艺术中心、卢浮宫玻璃金字塔时也遭到过激烈反对，但现在这些新建筑却都成了巴黎的典型标志。这是一个文化心理的新生过程，我在《行者无疆》一书中有过描述，你们可以找来一读。

至于梁思成先生，那是一位思维健全、兼容古今的人，并不是你们想象的那样保守。一九四七年他第二次从美国考察回来，在课堂上对欧洲现代建筑结构的几何化、抽象化和不可重复性，如包豪斯学派的主张，都很推崇。他如果晚生几十年，除了仍会着力保护古建筑外，还一定会设计出不少让你们大吃一惊的创新建筑，就像贝聿铭先生在巴黎做的那样。

问：还有一个争论不休的大问题，现在该不该动手挖掘秦始皇的陵墓？有人说，现在经济力量和学术力量都已具备，可以挖掘了。有人说，永远不要去打扰它。秋雨老师的意见呢？

答：过于自信就会产生莽撞，人类不应该把最好奇的事情都在自己这一代手上做完。但是，"永远不要打扰"的说法也不妥，因为谁也没有权力发出隔代命令。

我有一种朦胧的预感，随着机器人和高清晰度遥感技术的发展，今后的考古发掘未必继续沿用大规模的开膛剖肚方式。再耐心等等吧。

问：我想请教一个现实的文化问题。为什么今天社会上，媒体追捧的都是章子怡、刘翔这样的明星，而不是大学者、大科学家？这是不是产生了文化重量的颠倒？

答：你说错了。如果大学者、大科学家也变得像影视、体育明星那样广受媒体关注，世界就犯病了。请记住，受媒体关注是一种牺牲。只有章子怡、刘翔他们的牺牲，才有大学者、大科学家们的安静。

问：清华大学的一个毕业生在卖炒粉，我们北大的一个毕业生在卖肉，在媒体上炒得沸沸扬扬，很多人说他们给学校丢脸。我并不这么看，但细细一想心里又不是滋味，很想听听秋雨老师的意见。

答：在教育大普及的时代，拿一张大学文凭太容易了。如果有勇气在毕业之后返回社会底层取得一番尘世历练，很可能成为最重要的"学历"。如果是人才，即使一辈子卖食品，也能创建一种高品质的经营模式。

当代中国人的最大隐忧之一，外国人对中国人的最大疑虑之一，不都是食品吗？那儿大有用武之地，坚持几年，可望大成。反之，自以为聪明的毕业生不敢面对"民之难题"、"国之难题"，只会拼凑那些谁也不会去读的论文，那才丢人呢！

问：社会上有很多人一直都在为评奖而忙碌。他们把自己行业内的一个个奖项当作足球比赛的球门，整年都奔跑得气喘吁吁、汗流浃背，而那些"裁判员"很可能是一个贪污受贿的昏庸群体。国际间的评奖，也充满了傲慢与偏见。我们这些人毕业后也会无奈地进入一次次评奖赛事，怎么办？

答：世上一切处于上升势头的行业都不热衷于评奖。评奖最起劲的，往往是一些陷入困境的角落。因此，如果你们今后频频得奖了，那就要考虑赶快改行。

问：我们这里有很多教授喜欢把"博士生导师"当成头衔印在名片上，使国外来的教授大惑不解。秋雨老师怎么看中国千奇百怪的"名片文化"？

答：中国文化历来重"名"，所谓"名正言顺"。但是，君子重名节，小人重名号。名片，本是交际活动中的一个小物件，却越来越成为"名号紧缩本"，展示着人们的不自信。

我见过一张名片，上面印着"副局级巡视员（本单位没有正局级）"，后面这个括号就很有趣。很多名片上印着"国家一级演员"，我一直弄不明白"国家"两个字放在这里是什么意思。是指自己属于官方，拒绝文艺体制改革，还是指自己经过"国家级"评选？但据我所知，"国家"并没有设立过这样一个统一的评选机构。更奇怪的是，有"一级"必有"二级",但那么多年来,我怎么从未见到过一张名片上印着"国家二级演员"?在北京还见到过一张名片,上面印着"世界文艺界协会主席",这倒比较轻松,因为是"世界",没有一个国家能审定他。

在这件事上我要给你们一个小小的提示:真正有魅力的人,总是穿得简洁素雅。如果服装上加了很多花哨的东西,那一定是想掩盖一些什么。名片也是这样。

问:秋雨老师,在我国各大学中文系,现代文学的分量都大大超重。这很奇怪,追溯原因,可能与前几十年的政治背景有关,也与这门课不必有古文、外文的技术性难度有关。我想提一个现代文学方面的问题,您可以不回答。前不久韩寒、陈丹青在电视上说,冰心、茅盾等人算不上文学大师,却被时代过誉了,结果遭到网民的暴怒攻击。对此您怎么看?

答:"中国现代文学史"这门课一直都太夸张,其实并没有那么重要,应该大大缩减。因为在中国现代,真正的好作品实在太少,大多处于比较幼稚的摸索阶段,又兼兵荒马乱,成果更是寥落。当然,应该容忍后人做出各种不同的判断。

这些年来我每次去纽约演讲,高龄的夏志清教授都会来听,而且每次都坐在第二排,后来我们两人也就成了好朋友。他对我说,他不喜欢老舍的小说。我说,我不喜欢由他老人家起头向华文世界推荐的钱锺书的小说,机智过露;我也不喜欢他起头推荐的张爱玲小说中那种太故意的慵滞和琐碎。说完我们都举起酒杯,高声大笑。

我希望你们不要成为被教科书控制一辈子而放弃自我感觉的人,更不要成为思想僵滞却动辄"暴怒"的一群。

问:中国当代文学您关注吗?一般的印象,您非常宏观,只在乎屈原、司马迁、亚里士多德、莎士比亚。您说过,中国现代文学中,只有鲁迅和沈从文表现出了一些文学才能,可惜中断创作的时间太早。出于这样等级的判断,您怎么会留意当代文学?

答:即使从最宏观的历史视角来看,我也不能不重视中国的二十世纪八十年代。那个时候的中国文学艺术,更是气象大开,粗犷有力,直逼大地人心,重寻苍凉诗情,总体成就早已远超"五四"。我很少结交文人,但在当代小说家中却拥有莫言、贾平凹、冯骥才、余华、张炜等好友,与年长一代的张贤亮、王蒙也有交情。与高行健、刘震云、马原、唐浩明、张欣、池莉都是朋友。结识的诗人有舒婷、杨炼、麦城、于坚。散文界的好友是周涛,我实在欣赏他牵着马缰、背靠大漠的男子汉情调。在港台,金庸、白先勇、余光中都是我的好友。本来龙应台也是,曾与贾平凹一起结成"风格迥异三文友",但她现在做了高官,那就很难继续成为好友了。对文学而言,太高的职位,是友情之墙。

"掏糨糊"

问:在您的各种讲述中,与上海文化隔得很远。当然,您本来就远远超越了上海文化。我曾经在北京的一本杂志上看到了一篇《越来越低的上海文化屋檐下》,把今天的上海文化嘲笑得无以复加。文章以为:"在巴金、谢晋、黄佐临、陈逸飞、胡伟民、程十发相继离世之后,上海文化已乏善可陈,具有全国影响力的只剩下了一个余秋雨教授,却似乎又格格不入,已经很少有人把他与上海联系起来。"我想问的是,这种"格格不入",是由于上海,还是由于您?

答:责任全在我。

问:有人调查了一下,自您辞职之后二十多年,上海的任何文化、艺术、学术会议上都见不到您。但是，您却一直生活在上海。按照我国现行的文化体制，上海断线了，北京的相关机构、各种荣誉也联结不到您了。为什么会是这样？

答：责任全在我。

问：又有人调查，说您辞职之后二十多年，居然没有见到过上海任何一任的"首长"，连在集体场合也没有。是他们不找您，还是您故意躲着？

答：责任全在我。

问：秋雨老师，您不能总是这么回答。我估计是上海文化界有点儿怕您，不是怕您尖锐，而是怕您天马行空般的壮举把他们比下去，所以不敢打扰您，是吗？

答：相反，是我有点儿怕他们。

问：能不能多讲几句？

答：（笑）那就多讲几句吧。我历来胆子极大，否则不会因为万里历险被国际媒体评为"当代世界最勇敢的人文教授"。但是，我却害怕上海文化界的"掏糨糊"，所以避之唯恐不及。

问：什么叫"掏糨糊"？

答：凡是当代上海人，都懂。"糨糊"大家都知道，"掏"是动词，相当于"搅"。糨糊本来就不透明，一搅就更模糊了，怎么也看不清谁在搅，又是怎么搅的；糨糊越搅越黏，粘住了就很难清洗，而且很快就会风干；谁也不会来帮你擦掉，因为一擦，他也会被粘住……

问：我明白了，这是不是有点儿像柏杨先生说过的"酱缸文化"？

答：比"酱缸文化"更严重。因为酱的黏度不大，容易清洗，而且没有人把搅酱缸当作一项日常消遣。"掏糨糊"在上海是日常消遣，俗称"白相相"。

问：我大致可以概括"掏糨糊"的几个特性了：不透明、无主题、无焦点、无责任人、无救助者。这样的概括可以吗？

答：概括得不错。但当事情发生时，比你想象的更腻烦。这是旧上海"五方杂处、帮派横行"的环境中养成的小市民谋生哲学，现在上海在整体上已经与其告别，但在一些"无事生非"的领域，还在滋生，例如文化界。上海文化乏善可陈，主要原因也在这里。很多优秀人才都被这种糨糊吓跑了。我本人深受"掏糨糊"之害，只因老母还在上海，没有离开。

问：能否从您自己的经历中举几个实例，使我们进一步了解上海文化？

答：我可以试一试。我辞职之后二十多年，各种谣言没有断过。初一看，打手全在外地，细一看，根子全在上海。为什么不在上海把根子拔除？不可能，因为那些人全在"掏糨糊"。你可以向恶棍拔剑，可以对谤者怒斥，却怎么对付那一摊摊黏搭搭的糨糊？

例如，几度全国盛传，我和妻子离婚了，后来终于找出其中一个上海造谣者。他似乎认识我们，在某个场合用平静的男低音叹了一句："两人早就离了。"谣言闹大后他才轻轻一笑："我是说他们早就离开了原来的职位。"

又如，整整十几年全国都根据一个上海文人的说法，批判我参加过一个"文革写作组"，最后才发现那个写作组是周恩来总理布置成立的鲁迅研究组，我恰恰没有参加。问起那个上海人，他说："我职位太低，见不到周总理。"

又如,有人说我并没有像外传的那样为灾区捐款二十万元,于是在媒体上大闹了两个月。等到灾区证明,我第一笔就捐了五十万元,那人又笑了:"我说对了吧,不是二十万元!"

再如,上海一个文人撰文,称警方发现一个妓女的手提包里有我的《文化苦旅》,由此引起全国对我的讪笑。但如果问他是哪里的警方,他很可能说是澳大利亚的,或叙利亚的,或贵州山区的。

更好玩的是,一个上海文人称发现了我的很多"文史差错",又"剽窃"了谁,一时他在海内外大紫大红,几百家媒体倾情参与。后来有一位外地记者拿着我著作原文的照片,问他为什么与事实不符,他也不怎么慌张,只淡淡地用上海话说了一句:"我当时有点儿想当然。"

……

这一切,都是标准的上海式"掏糨糊"。

问:为什么不诉诸法律?

答:别上当,这正是他们的企盼。上海有一道名菜叫"咸菜炒肉丝",他们认为名人是肉丝,他们是咸菜,一炒,才出名。而且他们在法庭上也不会有什么损失,因为他们的说法游移不定,又非常愿意道歉。法官还没有宣判,他们就频频弯腰鞠躬了。

问:他们"掏糨糊",是为了出名?

答:如果想出好名,他们缺少才能;如果是出恶名,他们缺少胆气。他们只是用含糊、躲闪的方式搅局,出一点儿自我安慰的小名。据说目前在机场,赖到最后一刻不登机,让机场广播台一次次报出他们名字催促的,也大多是这些人。他们满足于自己的名字被悦耳的声音播报,又被国内外乘客都听到的快感,不惜在机场"掏糨糊"。

问：您这么说，上海人会生气吗？

答：不会。我在二十几年前就写过一篇长文叫《上海人》，对上海人进行了系统论述，也有很多批评，但几乎没有上海读者反对。不久前，上海评选改革开放三十周年最有影响力的一本文化书籍，评出的是我的《文化苦旅》。可见他们对我不错。上海人整体素质很好，时代发展到今天，小市民已动迁，小痞子已年迈，"掏糨糊"的人越来越少了，主要集中在文化、传媒的某些角落。他们专找"有名无权"的人"掏"，因此特别喜欢跟随我。

问：他们围着您"掏糨糊"，外地的一些激进分子听到风就是雨，便对着您大喊大叫。对此，您感到生气还是有趣？

答：其实真正可怜的是外地的激进分子，一下子掉到大大小小的糨糊桶里，站起身来已经被粘得像一个个雕塑，而且快速风干了。现在看过去，他们已经不再发声，因为口腔、鼻腔也被糨糊粘住了。而那些肇事的上海人，倒还在街市间躲躲闪闪地暗笑着游荡。

问：不管是上海人的"掏糨糊"，还是外地人的"瞎进攻"，对您都构成了诬陷。诬陷，是我们这些年轻学生迟早要面对的问题。现在我们学生宿舍里的一点儿小口舌已经让几个同学血脉贲张，而您面对着那么多年的诬陷居然还气定神闲、风度无限。能教我们一些这方面的"防身诀窍"吗？

答：可以。这可能是一个长者对你们最重要的馈赠。

第一，面对诬陷，千万不要反驳，不要解释，不要申诉，不要理睬。一旦理睬，它就赢了一半。

第二，千万不要企图与诬陷者对话、和解，也不要企图让旁观者同情、怜悯。人格之失，只会让生命贬值。

第三,如果诬陷对你带来了实际损害,应该坦然接受。诬陷让你离职了,你本该不要这个职位;诬陷让你失友了,你本该不要这些朋友;诬陷让你离婚了,你本该不要这段婚姻。诬陷,是你的"人生清洁剂"。

第四,千万不要因为遭受诬陷而停止自己的创造性工作,更不要让自己的工作无意中成为对诬陷的回答和反击。只要回答和反击了,那就是诬陷对你的实质性占领。

第五,请建立一个基本思维:没有阴影的高楼,一定还未曾建造;没有藤缠的大树,一定还气象未到。

第六,受过诬陷的人需"化害为宝",在内心建立起一些戒律,例如:毕生不可攻击善良,毕生不可攻击未知。

问:能郑重地说声"谢谢"吗?

答:那就谢吧。

台湾大学的闪问

两岸文化

问：余教授，您对台湾文化印象最深的是哪一点？

答：几年前我在香港有一个公开演讲，说世界上大多数地方的高层文化和民众文化都有严重隔阂，只有一个地方，连大街小巷间的普通市民都熟知与他们生活在一起的第一流作家、诗人、导演、佛学家、舞蹈家、雕塑家，这个地方就是台湾。

不仅熟知，而且尊重。在台湾地区，政治争拗再激烈，族群分裂再严重，也没有谁会到公共媒体上伤害一个重要的文化创造者。这种心照不宣的共同禁忌，体现了一种集体文化素养，让人钦佩。我在大陆的一些大学演讲时，一再介绍台湾的这条文化底线。因为在大陆，历来被攻击最严重的总是无权无势的文化人、艺术家。这种现象，被老百姓称为"柿子专拣软的捏"。连那些自称为"社会良心"的著名传媒，也总是在慷慨激昂地欺软怕硬。

问：这是不是说，台湾的文化等级要高于大陆？

答：不。大陆人口基数大，文化精英、艺术天才的绝对数字肯定远远超过台湾。但是由于我前面所说的差别,感觉反而倒了过来。目前在这方面,大陆应该向台湾学习。等到哪一天,大陆的各种公关传媒不再大肆伤害文化创造者了,那里的文化业绩必将让世界吃惊。对此,你们要有思想准备。

问:"捏软柿子"、伤害文化创造者,是不是受到政府的指使?

答:据我本人的切身感觉,不是。一直是一群特殊的文人在闹,他们的特点是:一、有"文革"和"冷战"基因;二、有写作和表演才能;三、有精神偏执病症。这样的人在二十世纪八十年代被社会唾弃,近二十年又被传媒宠爱。

问:他们有政治倾向吗?

答:他们的政治只有四个字:"毁人不倦"。这些年,他们中有些文人开始扮演"异议分子",其实是反对改革开放。"文革"时他们伪称代表"革命群众",现在他们伪称代表"弱势群体",性质都一样:攻击一切社会精英,包括文化创造者。

问:对于这种祸害,政府部门没有责任吗?

答:有责任。第一,怂恿他们作恶的传媒拥有官方背景,因此永远不必更正、道歉;第二,多数政府官员都是工程师、经济师出身,不知道那些人所进行的文化毁损,是在摇撼社会的精神命脉。

问:针对这种现象,我认为作家和学者都应该在政治上大大强化自己,对国家和社会的命运进行思索和批判,像西方很多公共知识分子所做的那样。他们拒绝权力体制的"收编",却能从边缘重新撼动主流价值。否则,每天传入民众耳朵的只能是您所说的那群人的吵闹声。

我们都知道您一直在尽量远离权力体制，却不知将走向何处：是继续做一个纯粹的文化人，还是转而做一个思考和批判社会重大问题的公共知识分子？

答：很期待你所说的那种公共知识分子的出现，但我不是。我没有对一些重大社会问题做过广泛调查，也不知道别人在这些问题上已经做过什么样的努力。如果凭着一点儿道听途说就随口发言，一定坏事。

问：但是我想每一个人都能感受各种社会问题，即使没有系统地研究，也有权利发表意见。您是不是太谦虚了？

答：你的问题给了我一个机会，划分一条重要界限。每个人都可以对医生谈自己的身体感受，但不能冒充医生。我们期待的公共知识分子，就是能够发现社会疾病、治疗社会疾病的"名医"。只可惜，现在大家都误认为，七嘴八舌、众声喧哗就是药方。

问：我很喜欢老师的这个比喻。医学与人人有关，但并不是人人可以行医。同样的道理，公共知识分子也不是想当就能当的。您是不是认为，现在社会上的公共知识分子太多了？

答：不，太少了。到处都是自称"包治百病"的郎中，真正的医生只能关门歇业。法国启蒙思想家伏尔泰去世的时候，人们的评价是："伏尔泰先生的每句话，整个法兰西都听到了。"中国知识界一直没有这样的人，近代以来出现过梁启超、胡适等人，但影响的范围也不够大。

问：这在台湾好得多。除了您上面说到的那些谁也不会去伤害的文学家、艺术家、教授之外，还有不少电视上的"言论嘉宾"，或者说是"言论领袖"，俗称"名嘴"。"名嘴"这个俗称给人的整体印象不佳，但如果仔细分辨，其中有一些"名嘴"是有理性、有专业的，他们能不能算是公共知识分子？

答：按照一般标准，应该算。但是，我心中的标准要高得多。台湾地区的这些"意见领袖"，有很大一部分是我的朋友。我深知，他们的话题是媒体设定的，都太政治、太短效、太雷同，缺少文化精神上的独特建设。民众从他们身上获取的，主要是立场、态度、语句，而不是精神高度和思维方式。这低于他们的实际水平，很可惜。

问：您说他们太政治，但台湾目前的风气就是传媒的高度政治化。余教授，您难道认为，政治不太重要吗？

答：政治当然很重要，但是在我的排列中，经济高于政治，文化高于经济，宗教高于文化，自然高于宗教。

问：按照这个排列，我更知道不可能要求您成为那种政治化的公共知识分子了。但是无论如何，您还是非常"公共"。台湾的文化界、教育界、艺术界、学术界，很少有人不知道您。由于您的文章进入了这里的中学课本，连中学生都惊讶您还活着。马英九先生那么忙，还来亲自主持您的演讲。听我们的老师说，您在全世界的华文读书界，影响都很大。请问，您向这么辽阔的"公共"传输的核心话语是什么？

答：我的核心话语是：仁爱、理性、美，也可以概括为"大善大美"。

问：在很多文化人看来，政治问题要比美学问题重要得多，对此您有什么回应吗？

答：文化人看轻自己所投身的事业，却看重政治，这确实很怪异，却在中国有很长的渊源。甚至，连一些杰出的文化巨人也不明白这个问题，因此他们非常痛苦，你看，屈原不明白，他写的楚辞比他与楚怀王的关系重要；李白不明白，他写的唐诗比他成为李璘的幕僚重要；李清照不明白,她写的宋词比她追随流亡朝廷表明亡夫的政治态度重要。

连这些文化巨人自己都不知轻重,更不要说普通民众了。但是,我们终究要告诉民众,他们有权利享受比政治口号更美的诗句,比政治争斗更美的赛事,比政治派别更美的友谊,比政治人物更美的容貌。

美,不是外在点缀,而是人性、人情的精选形式。在社会上,政治和经济是在争取生命的强大和自尊,而美,则在争取生命的品质和等级。

问:老师的这段话说得精彩,我会牢牢记住。"生命的强大和自尊",并不能等同"生命的品质和等级"。现在我想换一个问题,我和同学们都有一个感觉,您的文章和演讲,台湾年轻人接受起来完全没有文化隔阂。查资料,才知道早在海峡两岸还没有正式交流的年代,您的《文化苦旅》和《山居笔记》就以最高票获得了台湾的"最佳书奖"。这想起来实在有点儿奇异。现在,不少大陆学生会到台湾上学,我想问,两岸之间究竟有什么样的文化隔阂?这个问题,向您这位"无隔阂者"提出,可能没有答案,也可能有最公平的答案,会是哪一种?

答:大陆与台湾,文化隔阂不多。其中,不少技术性隔阂一跨就过,留下的就是心态性隔阂。说到心态性隔阂,我要为大陆民众说几句话。从表面上看,大陆体量巨大,必然仗势欺人,其实正好相反。自从二十年前开始交往以来,台湾民众比较低看大陆民众,而大陆民众则比较高看台湾民众。这与当时的经济差距有关,也有政治原因。当时大陆正在全面揭露"文革"灾难,负面信息很多,而台湾正处于"解严"后的民主试验,正面信息不少。两相遇合,似乎有了高低,后来也就形成了思维习惯。直到今天,大陆民众极少批评台湾民众,但台湾民众却比较喜欢批评大陆民众,而且经常凭着一个偶发事件,就草率地把大陆十三亿之众说成是"素质低下"的同一种人。

例如,大批大陆游客来到台湾,对台湾经济无疑是一件好事,但台湾媒体总是夸张地炒作极少数游客的不文明行为，"陆客不排队"、"陆客高声喧哗"、"陆客随手扔纸袋"等等。其实，那只是来自农村的游客不太熟悉城市规则而已。与此同时，使大陆民众深感其害的电信诈骗案、假币案等等的犯罪嫌疑人，主要都来自台湾，大陆民众倒是没有说什么重话。

在此我要劝告台大学生，我们年轻一代，不要在整体上鄙视世界上任何一个庞大的人群。很多傲慢，都来自无知，终究是文化毒药。

问：我想比较真实地了解大陆的社会和文化，您能不能推荐一个书目？

答：不要忙着看书，请尽量多到大陆走走，最好住一段时间。按我考察文化的经验，最可信赖的，是切身的感受。

一些误解

问：台湾富士康公司在大陆深圳的工厂接连发生十二起青年工人跳楼自尽事件，大家都在分析原因。台湾报刊上最常见的一种分析是：由于贫富悬殊，这些独生子女想用自己的生命换取抚恤金来奉养父母。您的看法如何？

答：这是一种明显带有偏见的猜测。请台湾朋友按照常理来推断几个最简单的问题：这些年轻工人的父母现在多大年岁？四十多岁，正当盛年。等他们失去谋生能力还要多久？二三十年。这些年轻工人全都接受过中等以上的教育，并且身处全世界发展最快的城市和公司，怎么可能会用今天的生命换取一瓢水，幻想着去浇灌二三十年后的老树根？

他们的自杀，不是出于经济原因，而是关及生命哲学。请想想，即使把自己放在自己工作的工厂里，也只是几十万分之一，而他们，又恰恰是远道而来寻找自己生命意义的。如果他们真是老一辈的"农民工",那还有企盼今后"衣锦还乡"的意义;如果他们真是老一辈的孝子孝女,那还有准备今后奉养父母的意义。但是,现在故乡和父母都不需要他们承担这种意义,这使他们流浪的生命飘若游丝、轻如烟雾,产生了一种滑落于悬崖绝壁般的失重感。这是群体生命的当代困境,集中呈现于精神价值和生活方式发生急剧变动的时空中。学文科的同学应该领悟此间深刻的人文底蕴,千万不要做低俗的解释。

问:几个月前听您在台湾的一个演讲,说到湖北一群不会游泳的大学生,为救溺水的儿童手拉着手走进危险水域,结果发生不幸,这让我深为感动。但是不久我在网络上看到报道,大学生遇难后,有一群捞尸为生的船家还在讨价还价。这让我一下子又跌入了恶的深渊。您怎么看待这件事?也许,媒体应该隐恶扬善?

答:我不相信那个地区有一群"捞尸为生"的船家,因为近年来显然没有发生赤壁大战和诺曼底登陆,没那么多尸体。

如果真有船家收了打捞费,也不奇怪。善恶义利本是交错并存的,不必"隐恶扬善"。

问:我和同学去上海,觉得那里人潮拥挤、步调紧张,而上海的朋友来台北,都很羡慕这里的民主、多元、方便、夜市、小吃、通宵书店、流行音乐……我们是应该在自己适应的地方谋发展,还是应该到竞争激烈的地方去磨炼?您对上海和台北都很熟悉,能提供这方面的建议吗?

答:你对上海的印象,是任何人初到一座陌生城市的共同感觉。上海朋友对台北朋友所说的那些"羡慕",明显带有礼貌的成分。其实上海没有你感觉到的那么糟糕,而台北也没有你罗列的那么优秀。至少,上海有太多"寂寞梧桐深院",例如我的台湾朋友登琨艳在沪东的掩荫院落,杨惠姗、张毅在沪西的畅朗府邸，都安静得自成日月。

从你的年龄和你提问的语气，我建议你更勇敢地摆脱对于熟悉生活的陶醉，去开拓生命的空间，当然未必是上海。开拓就是面对陌生，包括自己生命深处的陌生。

问：台湾也有孔庙，安静优雅，总能感受一种对圣人的缅怀。但近年去山东，"孔子热"延烧，到处闹哄哄，据说还要打造更豪华的纪念地，收费可能也更贵，您觉得这是一个好现象吗？

答：我听出了你的答案。但是，孔子早就不仅仅是学术文化界的现象，我们已经没有权利来设计他。历代皇帝祭孔，仪式宏大；普通民众朝圣，更喜欢热闹。与孔子几乎同时代的佛祖释迦牟尼，哲思多么深奥，但世间庙堂出现的却是密集的叩拜和香火。圣人塑造社会几分，社会也塑造他几分。如果你不喜欢热闹，那么，你安静了，他也安静了。这就像你喜欢屈原，自可默默喜欢，不必嘲笑端午节赛龙舟的民众读不懂《离骚》。中国文人常常过于自命清高，我希望你们年轻人能够增加一点尼采描述过的酒神精神，在民众狂欢中醉步跟跄、融入人潮。

问：读深邃细腻的文学作品，总觉得简体字无法到位，您有同感吗？听说大陆也有人提出要逐渐恢复繁体字，有可能吗？

答：你的感觉，只是阅读习惯。我两种字体都读，没有同感。

简化汉字，包括简化字数、笔画、异形、异读、古读等很多方面，自魏晋南北朝以来代代都在做。现代的简化汉字运动，始于二十世纪初，比五四运动还早，三十年代出现过好几个简化方案，五十年代那一次，又包含着"扫除文盲"的急迫性。其实，很多简体字是历代草书中反复用过的，因此胡适之先生十分赞赏。

我不知道大陆有人提出恢复繁体字的理由是什么。这既要改变十几亿人的文化习惯，又要花费天文数字的资金，谁敢下这种命令？连终身只会写繁体字的毛泽东也没有下过这种命令，他只是让自己的诗词印了一些繁体字版本送送老人而已。

文化走向

问：现在世界的文化潮流，是模糊"精英"和"通俗"的界限，又促动"全球"和"本土"、"后现代"和"后殖民"的竞争。请问余教授，文学应该如何在这些概念之间觅得定位？

答：很抱歉，这些界限和概念，都是强行切割出来的。文化最无聊的事，是为了讲课和论文，把一个个有机生命切割出很多碎块，再研究这些碎块之间的关系。其实你只要低头看看自己，万物皆备，百学可通，哪有什么界限？歌德说得好："人类靠着聪明分割出很多的疆界，最后又用爱把它们全部推倒。"

文学不是在界限的夹缝里寻找定位的可怜角色，而是自由的精灵，无处不在。

问：在网络出现前，人类只有两件事平等：出生、死亡。现在有了第三件：网络。当今的人类，最大的区分是"数字化"和"非数字化"，您同意吗？

答：不同意。人类的最大区分，还是善良和邪恶。

问：台大学风自由，但是有一些漂亮女生频频在影视中亮相，也引来师长们的批判，认为这牵涉"公德"、"行为模式"和"社会期待"，您同意吗？

答：不同意。美丽是一种文化价值。欧洲文艺复兴这么伟大，仔细一看当时没有什么学术论文发表，只有几位画家和雕塑家呈现了人体的美好。

一所大学的女生频频亮相影视，证明她们各方面都广受观众欢迎，这是十分珍罕的事情。讨论她们该不该出来，十分可笑。请想一想，如果上海的某所大学一直在担忧学生都成了姚明、刘翔该怎么办，是不是有点儿滑稽？

问：二十一世纪的今天，散文会不会像诗歌、小说、戏剧的花样翻新一样，蕴蓄着一种突破？

答：文学的优劣，无关新旧。文学的院子非常巨大，我希望同学们多在里边游览欣赏，并投入自己的几分劳动，而不要老想着破墙挖洞。文学和科学的区别，也在这里。

问：当今的散文中，常常出现虚构的内容，您赞成吗？

答：散文是内心的直接外化。一个人的内心很可能有梦幻、冥想、寓言、童话的成分，因此也有了虚构。请读中国散文之祖《庄子》。

问：在网络上看到，上海成立了"余秋雨大师工作室"。"大师"的尊称，在台湾也有，不知道有没有准确的定义，是近似于"桂冠"，还是近似于"爵位"？

答："大师"的称号，最早还是台湾给我的。很多年前马英九先生主持我的演讲，一开头就当众称我为"大师级的文学家"，我很惭愧。但在大陆，这个称号很通俗，一般指三种人：第一种，路边算命卜卦的人；第二种，民间工艺大师，例如根雕大师、刺绣大师、紫砂壶大师……其实是对亲自动手的"大师傅"的美称；第三种，被追悼的亡故者，一个学者死了，称"国学大师"，一个画家死了，称"绘画大师"，依据的原则是"死者为大"。

上海市教育委员会以我的名义设立"大师工作室",有一番苦衷。他们说,大学的理工科设立了很多高端研究所,但文化艺术没有。因此经过评选,设立了两个,除我之外,还有九十六岁的周小燕教授的"大师工作室"。在我的工作室挂牌那天,我对记者说:"一个人先做大人,后做老人,因此老高于大。我做了几十年老师,现在降老为大,不算什么。"

一句话问题

问:余教授,我们都非常喜欢您锐利、幽默的回答方式。知道您无心多涉世事,却有一种"一点就通"的痛快。我们准备了一些"一句话问题",希望得到您的"一句话回答",作为"闪问"的结束,可以吗?

答:试试吧,否则今天走不了。

问:中华文化几千年,最普及又最不与其他文化重复的精神价值是什么?

答:君子之道、礼仪之道、中庸之道。

问:与西方文化相比,中华文化最缺少的是什么?

答:公共意识、法治意识、实证意识。

问:近三十年,大陆在精神文化上最大的成果是什么?

答:普及了"以人为本、生命第一"的观念。

问:最大的隐忧是什么?

答:在"民意"旗号下的民粹主义泛滥。

问：现在的中国，您最乐观的领域是什么？

答：经济。

问：最悲观的领域是什么？

答：文化。

问：祸害文化发展的主要力量是什么？

答：传媒。那些鼓动文痞糟践文化的传媒。

问：传媒中也有好的吧？

答：也有好的，不多。多数传媒既仗势又媚俗，祸害了文化的精神品质。

问：有没有看到复苏的契机？

答：暂时还没有。读者和观众已经拒绝提升，沦陷于低层次的狂欢。

问：我们每天很多时间都在网上，这样好吗？

答：不好。赶快自救，在滔滔海啸中找一个岛屿。

问：我们在网上可以方便地占有各种资讯，这难道不会使自己更强大一点儿吗？

答：那些资讯百分之九十九对你毫无用处，却把你占有了，你的"强大"是一种错觉。

问：听说您到现在还没有上网？

答：余光中先生说，我们是两条"漏网之鱼（余）"。

问：那么，如果网上出现了您的消息，不管是正面的还是负面的，您也完全不知道？

答：不知道。因为我的妻子、助理，都不上网。

问：网络上好像有您的微博，经常有您的一些话，不是真的吗？

答：我没有开过微博。大概是哪家出版社摘录了我书上的一些话吧。

问：听说您至今还没有用过手机？

答：对。

问：为什么这样做？

答：因为我所佩服的所有巨人都不用手机，也不上网，从老子、墨子到康德、爱因斯坦。

问：落伍了怎么办？

答：独立地笑对天地生命，永不落伍；盲目地追随热闹潮流，很快凋谢。

问：现在像您这样做的人，还多吗？

答：极少，所以享受"独立"。如果大家都像我这样，我就悄然出走，去首先问津网络。就像二十年前独自出走，去考察废墟一样。

问：因此您其实并不是反对网络本身，对吗？

答：对。

问：我们离开校门之后，最应该做的事情是什么？

答：做好准备找一个善良而可信的终身伴侣。

问：最不应该做的事情是什么？
答：以批判之名伤害他人。

问：有很多世界末日的预言，您相信吗？
答：我还没有发现相信或不信的根据。

问：如果那天真的降临，您会做什么？
答：指挥学生驱赶那些用谣言散布最后恐慌的人。

问：您自己的表情呢？
答：用安静的微笑让人安静。安静地走向灭寂，是一种最有尊严的福分。

第二部分

课　程

第一课

童年的歌声

余秋雨：每当我在世界各地看到文明陨灭的证据时，总是感到非常震撼。看到一次就震撼一次，看到十次就震撼十次。看得多了，也就慢慢形成一个结论，那就是：每一种文明的灭亡都是正常的，不灭亡才是偶然的。

灭亡有多种等级。土地的失去、庙宇的毁坏，还不是最高等级的灭亡。最高等级的灭亡是记忆的消失，而记忆消失的最直接原因，是文字的灭亡。

中华文明是特例中的特例。人类最早的四大古文明中只有它没有中断，不仅遗迹处处，而且构成了一个庞大的记忆系统，连很多琐碎的细节也在被后代长时间折腾。

大家知道，太琐碎的记忆，很容易导致记忆的失去。因此，我一开头就要设立一个问题：作为一个中国人，我们对于自己的文化记忆，最好从哪里开始呢？

王牧笛：我认为应该从先秦的诸子百家开始。整个中华文化正是在诸子百家的背景下得以展开的，而且，诸子百家的记忆比神话传说要真实可信。也有人认为中国的文化记忆应该起源于秦汉，因为中国真正延续到现在的一种文化体系，不论是正统还是道统，都是以秦汉作为基本的规制。

万小龙：我觉得应该从新石器时代开始。最初的文化记忆大多来自物质，来自生产生活，无论是半坡还是河姆渡，物质文明提供了记忆的可能，否则记忆怎么可能流传？

王安安：我倒觉得，"文化"记忆并不一定要以物质为依据。早在那之前，我们的远古时代就流传着许许多多美丽的神话传说，夸父逐日、精卫填海、女娲补天……它们才应该是文化记忆的开端。

余秋雨：把神话作为记忆的起点，我赞成王安安同学的这个想法。神话就是为后世记忆而产生的，它们作为"集体无意识"的审美形态，已经成为我们记忆的基础。但是，神话太缥缈了，缺少物态支撑，因此人类还是要靠历史学、考古学来唤醒文化记忆。

文化记忆的唤醒，并不像万小龙和王牧笛设想的那么按部就班。它往往由一种发现激活全盘，就像在欧洲，维纳斯、拉奥孔雕像的发现，庞贝古城的出土，激活了人们的遥远记忆。记忆不是一个严整的课本，而是一个地下室的豁口。记忆不是一种悠悠缅怀，而是一种突然刺激。

我想在这里讲一段往事，说明一种文化记忆被唤醒是何等惊心动魄的事情，这也是我们全部课程的一个隆重开头。

那是中华文明面临灭亡的时刻，距离现在并不遥远——十九世纪晚期。当时的政局、当时的国土、当时的民心，就像盘子一样出现了一条条很大的裂缝，盘子里的文明之水眼看就要全部漏光。

就在这时，一八九九年的秋天，在北京有一个人发现了甲骨文。这次发现，重新唤起了中国人关于自己民族的文化记忆。

这个人叫王懿荣，时任国子监祭酒，是当时国家最高学府的掌门人。他生病了，发现一种叫作"龙骨"的药材上面有字。所谓"龙骨"，其实也就是古代的乌龟壳和动物的骨头。王懿荣是一位研究中国古代钟鼎文的金石学家，他觉得这应该是非常遥远的古人占卜用的一种记录，这里有祖先的声音。

王懿荣还没有来得及研究，命运就发生了巨大的转折。他当时还担任着另一个很紧迫的职位，叫作京师团练大臣。朝廷派他和义和团联系，同时处理关于防卫北京和抵抗八国联军的事务。

一九〇〇年八月十五日，慈禧太后、光绪皇帝逃离北京。作为一个负责防卫事务的长官，他不愿意成为八国联军的俘虏，于是选择了自杀殉国。

我相信他去世前肯定有很多不舍，最放不下的也许就是他书房里边的那一堆甲骨。

从宏观的角度来看，甲骨文的突然发现，在这风雨飘摇、血迹斑斑的时刻，似乎有一个神秘的声音在启示这块土地：你们不该这样灭亡，你们应该去听一听童年的声音！此时的情景，中华民族就像一个遍体鳞伤的武士，在奄奄一息的时候，突然听到了自己童年的歌声。他会精神一振，想起自己生命的本原，思考自己生命的价值。他一定会撑着长矛慢慢地站起来，这就是我们民族当时的形象。而那童年的歌声，就来自甲骨文。

世界上其他古文明灭亡的时候都没有听到这个声音，而当后世的考古学家发现他们远古的声音时，这种文明早已不存在了。也就是说，当童年的歌声传来时，武士们已断气多时。一八三九年玛雅文明被发现时，它已经灭亡几百年了；一八七一年特洛伊古城被发现时，特洛伊文明早已消失了三千多年；一八九九年古代巴比伦文明被发现时，古代巴比伦文明也已经灭绝了三千多年，这个时间和甲骨文被发现是同一年。甲骨文连接的中华文明没有中断，但是古巴比伦文明已经灭亡很久了。一九〇〇年，也就是王懿荣自杀的那一年，古希腊的克里特文明被发现，而这个文明在三千六百多年前就没能继续；再晚一些的一九〇二年，当古埃及文明重新出现在考古学家面前时，这个文明也消失几千年了。

幸运的是，当中华民族童年的歌声传来的时候，这个文明还存在。

上天似乎担心我们听不懂甲骨文的声音，就在王懿荣自杀前不久，敦煌的藏经洞又被发现了。接二连三地让我们听到自己童年的声音、青年的声音，告诉我们这种文明命不该绝。正是这种歌声，重新唤起了我们对文明最初的记忆。

王安安：我很喜欢秋雨老师关于临死武士听到童年歌声的比喻。一种文明的童年歌声在血泊中听到，才更加惊心动魄。秋雨老师用发现甲骨文的故事来开启一门有关文化记忆的课，也让人觉得惊心动魄。但是，具体来说，王懿荣能不能不自杀？如果他继续研究甲骨文，能不能把文化使命完成得更完整？我想到了一个小故事，数学家阿基米德在临死前，当古罗马士兵把刀架在他的脖子上时，他只平静地说了一句："请让我演算完最后一道题再杀死我。"如果是王懿荣，他会做出这种选择吗？

余秋雨：这就是东西方知识分子的重大差别，王懿荣一定会把朝廷使命放在第一位。但是，一百多年过去了，历史记住他，只是因为他发现了甲骨文——一种文化记忆的唤醒。结果，他的自杀，也就不再是政治祭奠，而变成了一种文化祭奠。在他之后，还有好几位祭奠者，具体原因不一，但都为一种文化记忆的唤醒支付了生命的代价。这是一个悲壮的课程，我们下次继续。

第二课

文明的咒语

余秋雨： 王懿荣留给儿子一千多块甲骨，但他儿子王崇焕不是甲骨研究者，想把甲骨出让给真正懂得它们的人，同时换取一定的生活经费。

第一人选是刘鹗，也就是《老残游记》的作者。刘鹗在接过王懿荣留下的大多数甲骨以后，自己又从别的地方收购甲骨，终于在一九〇三年出版了一本合集《铁云藏龟》。刘鹗经过研究做出判断，这是殷人的刀笔。这个判断尽管比较简单，但是非常重要，他把人们的目光准确地拉到了那个重要的时代。

但是没有想到，就在五年以后，刘鹗被问罪了，流放新疆。一九〇九年，因脑溢血在新疆去世。不到十年，为甲骨文的发现做出重大贡献的第一功臣和第二功臣都死了。

诸丛瑜： 很奇怪，在金字塔发现的过程当中，考古学家也是接二连三地死去。据说古埃及的金字塔里有一个法老的咒语："如果谁干扰了法老的安宁，死亡必将降临到他的身上。"从一九二二年到一九二九年，英国考古学家卡特和他的团队前后有二十二个人死于非命，那个神秘的咒语一直困扰着很多人。好像还有一个玛雅文明的水晶头骨，研究者中好多人也会离奇地死去。

余秋雨：对于这一批批伟大遗迹发现者的死，医学家们做了种种解释，却都没有能够完全说服人。后来不断有各种新的说法，比较新的说法是这些考古学家遇到了特殊的辐射。

但是，不管研究的结果如何，我们看到的事实是：当一种沉睡了很久的巨大文明要重新说话的时候，当一个早就遗失的记忆打着哈欠要重新醒来的时候，它会有一股杀气。它好像有一种力量，会把参与者卷入到一种无名的灾难当中。

科学和文化的区别就是这样：文化一直保持着自己庄严的神秘性；科学呢，则要努力地说明它。但是必然有一些最重要的东西永远也说明不了。就像埃及金字塔前那个狮身人面像，它到底在笑什么？不知道。为什么似笑非笑？不知道。

当文化的神秘性完全被解释清楚的时候，文化的宏大感、朦胧感、苍凉感就没有了。

《草叶集》的作者惠特曼曾经说过，文学的魅力是把昨天、今天和明天连在一起。怎么连在一起？不是靠已获得的结论，而是靠永远的悬念。

刘鹗死了，他的儿女亲家罗振玉，是一个更大的学者。罗振玉在刘鹗家里看到了很多甲骨，他快速地做出判断：最重要的问题是找到出土地点。

这说起来很简单，但在当时却非常困难。古董商人为了要垄断市场，编造了好几个地方，一会儿说河南汤阴，一会儿说河南卫辉。罗振玉还派自己家里的人去那些地方考察过，都没有找到。后来，终于从一个喝醉酒的古董商人嘴里听说，出土地好像是河南安阳一个叫小屯的村庄。

对罗振玉这样的大学者来说，只要讲到安阳，他马上就会想到，那是洹水的所在地，很可能就是殷商的都城所在。他意识到了问题的重要性，所以先派自己的弟弟过去。我在这里请大家设想一下，安阳的小屯村在罗振玉弟弟眼前会出现什么样的情景？

王安安：刚才秋雨老师讲到，当时甲骨已经被炒得很热，价格非常高，中国人在收购，外国人也在收购，而这个地方又被古董商人保密着。所以我觉得最可能的就是这个小屯村田地荒芜，大家不做别的事情，都在自己家后院或者田地里刨甲骨。我的眼前呈现出了一个个大坑，村民都在那里挖掘着可以创收的宝贝。说不定还有人已经在着手制作假的甲骨了。

余秋雨：你的设想很合理，你所说的这一切都发生了。

现场的破坏也就是甲骨文生态环境的破坏，其严重性可想而知。罗振玉下了决心，必须亲自去看看那个现场环境。一九一五年的三月，他真的去了小屯村。有人说，这是中国近代考古学的起点。

中国学者只顾在书本中爬行的学术道路，由此画上了一条界限。遗憾的是，直到今天，很多中国民众还不明白田野考察对于人文科学的重要性，以为那是袁隆平先生他们的事。大家还是把尊敬投给那些号称"书斋学者"，也就是凭着古书臆想着种种时空关系的人。

王牧笛：我很喜欢这样一句话，"书斋里的思考在社会上往往以反讽的方式得以实现"。罗振玉这种转向实际上也是对只抱着经典文献死读书的一些书虫的反讽。如果只在书斋里皓首穷经，可能会少了许多"在场"的感觉，也会少了对文化的敏感。罗振玉正是凭着这种文化敏感最终成为这个领域的一代大家。

万小龙：这种精神在中国传统中也并不是没有一种先知式的昭示。像顾炎武就说过，"读万卷书，行万里路"；还有像陆游所说，"纸上得来终觉浅，绝知此事要躬行"。这实际上正是罗振玉以及他所代表的这种实地考察的新学风的历史前奏。

余秋雨：我很高兴你提到顾炎武。在罗振玉之前确实也有像顾炎武这样的人，靠自己的脚去走了很多地方。我很喜欢他的一句诗——"常把《汉书》挂牛角"，可见他是多么喜欢《汉书》，又知道他是赶着牛行走的。我自己后来在万里考察中遇到困难，总想起这句诗。

中华文明在明代之后的衰落，原因很多，其中之一是再也听不到大地的声音。

在安阳，一批伟大的文献就要出土。这批文献一直埋在地下，连孔子都没有读到过，连司马迁也没有读到过。

确定安阳殷墟是商代的大都城并把它送到当代人的眼前，这是罗振玉的贡献。罗振玉身边出现了一个大学者，他的学问比罗振玉还要棒，这个人叫王国维。

这位登上了甲骨文研究最高峰的大学者，和许多古老文明的研究者一样，也没有逃脱自杀的命运。一个王国维死了，而一个商代活了。

我想从宏观上来分析一下。当时的中国表面上看起来，出现了一个非常特别的"三相结构"：社会现实发展得越来越糟糕，古代文物却发现得越来越辉煌，中国学者表现得越来越杰出。这"三相结构"有一种强烈的不一致，对王国维来说，他需要用自己的生命去支撑，最后毁灭的只能是自己的生命。

如果说王国维表现出来的是一个高贵的悲剧结构，那么他的好朋友罗振玉，却进入了一个怪诞的悲剧结构。罗振玉在尖锐的矛盾当中，选择了一个已经被推翻的王朝。他追求复辟，到伪满洲国任职。这等于造成了另外一种自杀。

你们看，当一个民族要把自己早期的声音释放给当代大地听的时候，就会出现那么多牺牲者。牺牲的形态可能是悲壮的，比如王懿荣；可能是窝囊的，比如刘鹗；可能是无奈的，比如王国维；也可能是怪诞的，比如罗振玉。这些中国现代学者的生命，成了一种祭坛前的供奉，而中华文化的童年歌声，却被大家听到了。

第三课

那里没有路标

余秋雨：童年歌声终于变成了悲壮合唱，文化记忆终于变成了集体自尊。一九二八年，也就是王国维死后的第二年，情况发生了根本的变化。国民政府成立了中央研究院，下设历史语言所，重要任务就是考察殷墟，像李济、梁思永等具有国际视野的考古学家也都参与到殷墟考古中来。殷墟和甲骨文的研究，就从血泪斑斑的祭奠阶段解放出来了。

从一九二八年到一九三七年，大规模挖掘十五次。一九三六年，也就是抗日战争爆发的前一年，终于挖掘出了甲骨坑 YH127 号。这可能是古人类文化史上发现的最大的一个皇家档案库。

这个档案库当然必须装火车，运到当时的首都南京。运送的那一天似乎发生了一点儿情况，我看到过一篇资料，不知道真实性有多少——

正当甲骨坑 YH127 号整个用吊车打包，要运到安阳火车站的时候，殷墟边上的洹河突然升起了一股白气，白气升到天上以后变成白云，白云变成乌云，这个乌云就随着这个运输的车，一直到安阳火车站。接着下起倾盆大雨，这个大雨，就落在木箱子上。

如果这个记述是真的，诸位听下来有什么感觉？

金子：我觉得这是我们之前说过的古老文明咒语的一个印证。就像法老的陵墓，任何打扰他安宁的人都可能会遭到厄运。古老的文明都有自己的方式去保持它的神秘感，因为神秘，所以伟大。

王安安：我个人并不是非常喜欢这种神秘主义的比附。一个乌云就是什么冥冥之中的某种天意，我觉得这样说不太可信。但是这又提醒我们，应该对历史和传统保持一种敬畏。尤其是面对文化传承之根的时候，我们应该保持一种恭敬的态度。

余秋雨：当然，不能让文化变成巫术。但是有一点不必讳避，那就是我们所说的王懿荣之死、刘鹗之死、王国维之死、白气直至瓢泼大雨一直跟随YH127号甲骨坑到火车站的这一系列情景，都让我们从平庸的文化现实生活中超拔出来。只有这种超拔，才能使我们面对真正的伟大。我们平日的文化态度可能过于自以为是了，其实我们真正懂得的有多少呢？

前面我们谈到过，在一八九九年，几乎是在甲骨文被发现的同时，敦煌藏经洞也被发现了。其中大量的文物都被西方的考古学家和探险家们带到西方去了，被很好地保存。于是这就产生了一种矛盾心理：这些文物，是让西方考古学家带走好，还是应该让它们留在兵荒马乱的国内？

在今天看来，更大的问题是：这既然是中华文化在濒临灭绝的当口神秘出现的早期记忆，我们能让这种记忆的佐证快速离开本土吗？离开了，会让悲哀的大地增添一分悲哀；不离开，很可能就地毁坏，让遥远的祖先也对这片土地完全断念。

这里边其实还埋藏着一种深刻的悖论：离开了，有可能使一个民族的文化记忆变成全人类的记忆，这对这个民族究竟是好还是坏？是增加尊严，还是更被嘲谑？

中华文化的荣辱存废又一次遭遇了十字路口，但在那里并没有路标。

我希望大家围绕着这个问题，展开一些讨论。

王牧笛：我觉得这是两种截然不同的视角，一种是民族的视角。文化可能是无疆界的，但是民族却是有界可循。我会选择让这些文物留下来。我相信当时中国学人的学术能力，他们已经做出了一些东西，如果说这些文物能够留在他们的身边，凭借天然的语言优势和文化敏感，我想他们会做得更好。

诸丛瑜：我想如果所有这些文物都被运到了国外，它们可能会被很好地保藏和研究，但那似乎只是一些飘零在世界各地的符号，难以改变这个民族文化记忆的消散。

王安安：我的观点和两位恰恰相反。我觉得这些文物是属于全人类的财富，当时兵荒马乱，容不下一方宁静的庭院组织大规模的研究，这些文物甚至很有可能沦为高官的私藏，最后就不知所归，这样的话，不如拉到国外得到很好的保护。

王牧笛：我觉得从十九世纪末走出来的这批中国传统文人，他们有这样高度的文化自觉，同时也对中华传统文化和西学有足够的了解，他们作为一个群体来破读敦煌文化是没有问题的。主要的困难在于必须将这些文化人组织起来，并且要能够确保这些历史遗存得到很好的保护，这就需要国家的介入。其实当时的北洋政府和国民政府都是有比较高的文化修养的，如果这些文物留在国内，应该能够得到很好的保护和破读。

王安安：文化人有这样的自觉，但是中国广大的民众未必有这样的自觉。

王秋实：我一直坚持历史不可以假设。我们所面临的境地永远都是非常复杂的，永远都不是选A或者是选B这样简单的选择题。我觉得更重要的可能是怎么看待这个问题，就像刚才牧笛师兄说到的，一种是文化的视角，一种是民族国家的视角，我们希望文化学者可以以文化的视角把这些文物当作全人类共同的财富来进行研究，但是当我们面临国破家亡的境地时，我们也不得不依附于民族、国家的概念，而保有我们自己和我们整个民族的生存,所以我觉得重要的是如何平衡这两种维度。

余秋雨:这个问题,今后还会争论,永远不会有结论。黑格尔在《美学》中说,最深刻的悲剧发生在两个各有充分理由的片面之间,两个片面谁也不能完全说服对方。我们刚才讨论的,正是这样的问题。今后我们北大学生如果遇到了这样的问题,最好不要陷于一边,而应该同时体察对方,然后做出更高一层的选择。

当时的中国知识分子对于许多重大事件都无能为力,却选择了自己的行为投向。即使不能全部守护,也要做出最佳解读——这就是他们低哑而又坚定的心声。请大家想一想,二十世纪初期的中国,外侮内乱并发,而我们这些文化前辈却不为所动,一个字、一个字地辨识着甲骨文。乍看是多么不合时宜,但是,一个民族的童年歌声终于被唤醒,这其实也是一种集体生命力的被唤醒。

文化的责任,文化人的使命,就在这里。文化的力量,文化人的尊严,也在这里。

第四课

文明的胎记

余秋雨：对于商代的文化记忆，我们只讲了甲骨文的发现，就差不多花费了一个月。文化是一件兜底的大事，表面上看起来温文尔雅，实际上"一脉之颤，十方震动"。因此我要在一个唤醒范例上花费那么多时间。

现在，我们可以一窥其中的内容了。

先要问一问大家，你们有谁是河南人？如果不是，那么，有没有人到过河南？

（现场学生一一表示，自己既不是河南人，也没有到过河南）

必须承认，在中国文化史上，河南的地位非常重要。且不说安阳是商代的中心，商之前，要寻找夏的痕迹，大概也离不开河南。

你们都不是河南人，也没有在河南落过脚，但我还是要问：你们对商代有什么印象？

王牧笛：商代给我的印象是一个似神似鬼的朝代。我了解商代是通过一些艺术品，可能那时的人不认为那是艺术品，但是今天看来很有艺术价值。很多艺术作品上面的纹路，都有宗教色彩，比如在一些玉器上出现的飞鸟，就是图腾的象征。商代器物上的线条没有具体的一条龙或一只鸟，而是比较抽象的符号。它的器物主要是礼器和祭器，比较有威慑力，有一种明丽之美。

金子：一提起商代，我的头脑中就会浮现出两样东西——后母戊大方鼎和四羊方尊。可以说青铜器构成了我对商代的核心理解。

丛治辰：在我所学的商史当中也充斥着商人的战争、杀戮和骄淫奢侈的生活，仿佛就是这些导致了商朝的灭亡。而我更看重商人在文化上的成就和对美的追求。他们的艺术风格，比今天更加飘逸，更加有想象力。

王秋实：今天呈现在我们面前的商朝代表性器物有两种，一种是青铜器，另外一种是玉器。青铜器里非常重要的一个是酒器，另外一个是祭器，就是那些鼎。后母戊大方鼎体现了商朝高度的文化水准和铸造艺术，我觉得这是留给当代人最深刻的文化记忆。还有就是我们前面说了很久的，非常丰富的甲骨宝藏。

王安安：我不知道这样的一种对比是否牵强？我看过古罗马展，我觉得商代有点儿像古罗马的感觉。它的骄奢淫逸也好，它的高度发达的文明也好，它的喜好征战，它的奴隶制度和《封神演义》中的故事，是很阳刚的一种气质，非常硬朗，非常强悍。

余秋雨：从甲骨文中可以看出，商代在世界古文明中已经在几方面处于领先地位。

第一，天象观察的系统性和精确性。在欧洲文艺复兴之前，中国一直是全世界对天文历法研究最系统、最精确的国度。这一点，是从商代开始的。欧洲比较完善的天文历法，是近代航海的结果。相比之下，作为以农耕文明为主的中国，从远古开始就要看天种地，这方面的研究已经早熟。商代，用完整的资料证明了这一点。

第二，商代在铸造青铜器方面成就卓著。在形态上，商代青铜器有一种惊人的美丽和雄伟；在技术上，资料显示，商代在金属材料选择和冶炼工艺方面已达到了当时世界的最高水平。

第三，农作物的播种技术已经发达。畜牧业、打猎、渔业等方面也都在卜辞中有大量记载，完整地呈现出一种"精耕细作型"的农耕文明。

第四，医学也获得了多方面的奠基。现代科学家从卜辞里发现，外科、内科、五官科、妇科、小儿科、感染科的一些基本项目在商代基本都具备了，针灸也取得了不小的成绩。

还有，商代已经有了比较像样的教育事业。

这就让我们看到了一个比较完整的中国古代社会。

正如在座各位感觉的那样，那也是一个凶猛的朝代，但这并不妨碍它成为一个文明高度成熟的朝代。

按今天的眼光，商代的很多东西早已被超越，永远无法被超越的，是经过时代筛选后的美学成果。商代青铜器和玉器的结构、形式、图案，显示了一个伟大民族的审美开端。乍一看，我们可以模仿、复制它们，甚至很逼真，但仔细一想，那是我们几千年前的祖先的原创，在想象力和天真性上完全无法模仿和复制。这不能不让我们在自豪之余产生惶恐。

我历来提倡"审美历史学"。美不是历史的点缀，而是历史的概括。商代历史的归结是青铜器和玉器，就像唐代历史的归结是唐诗，或者说，欧洲好几个历史阶段的归结是希腊神话、达·芬奇和莎士比亚，而不是那些军事政治强人。

迄今为止，如果说中国人心中的历史审美图像系列有一个奠基处，那就是商代。

商代的青铜器，单就其形体和比例而言，就会让后代许许多多的艺术设计师汗颜。

通过青铜器的线条，我们知道这是一个不拘小节的群体。通过青铜器的比例，我们知道这是一个一切都要求安顿得恰到好处的社会结构。

特别需要给大家引入一个符号——饕餮纹。这个符号在中国美学史上非常重要。青铜器里大量已经成为模式的图案，是从一种凶猛、贪婪的野兽头部提炼出来的。当它提炼出来之后还保持着线条的威猛、狰狞，但已经变成图案了，成为当时文化共性的基本图像。而且，也是整个中华文明的"胎记"。

饕餮纹后来慢慢地离开凶猛、贪婪的原始形态，变得越来越抽象，但线条的力度始终保存，这有点儿惊人。它的不再贪婪，不再凶猛，按照美学上的说法就叫"积淀"了。饕餮纹使商代由伟大走向美丽。

除了饕餮纹，我还要说一说甲骨文的书法。甲骨文不是最原始的文字，是文字比较成熟的形态。像半坡文化遗址和红山文化遗址里的一些象形符号，就比甲骨文古老很多。对比一看就能发现，甲骨文已经进行过长时间的提炼了。

甲骨文里的象形文字也与埃及卢克索太阳神庙廊柱里的象形文字有很大区别。甲骨文的象形文字是高度进化了的象形文字，它摆脱了像埃及那样的早期象形文字对自然物种的直接描摹，而是全部线条化了。线条又经过简化、净化，变成一种具有抽象度的通用符号。文字除了实用意义之外还有审美意义，于是，早期的书法家出现了。大家如果有时间看看《甲骨文汇编》，就会发现早期书法家和一般刻写者的明显不同。

商代的第三个美学贡献，是"美"的概念的正式确立。在甲骨文里，第一次出现了"美"字。从象形的角度解释，古人比较讲究物质，羊大了就觉得美，但是许慎做了补充，这个"美"字里面包含着"甘"字的含义。这就由物态上升到风味了。现在一些学者，包括我的朋友萧兵先生提出"美"字的组合不是"羊"、"大"，而是"羊"、"人"。那就是"羊人为美"，即羊和人连在一起为美，这个意义就很不一样了，进入到了文化人类学的范畴。古希腊有羊人剧，古人最早进行表演的时候往往模仿动物的形象，羊是人最喜欢模仿的一种对象。所以在中国文字里，这个

"美"字，一定也是和当时的舞蹈联系在一起的。这个舞者，在当时就是巫。如果看看和商代同时代的三星堆遗址，就可以知道古人的舞蹈是怎么回事，知道把模仿动物的人形作为美是多么自然。

商代完整地创造了"美"字，而且不久之后，中国的智者们已经把它和"善"分开来讨论了，叫"尽善尽美"。"美"字有了一种独立的观照。

总之，商代有资格作为我们的首度记忆。

第五课

稷下学宫和雅典学院

余秋雨：讲过了商代的文化记忆，接下来应该让我们的视线投向何处？毫无疑问，是诸子百家。中华文化从强悍的美丽，走向浓郁的智慧。

说到诸子百家，我们遇到一个奇怪的现象：现在许多人都知道诸子百家，但其中每一"家"的观点究竟是什么，却都不太清楚，比较清晰的只有儒家。这就碰到了一个大问题：我们应该记住百家的热闹，还是应该记住热闹之后执掌门庭的那一家？

王牧笛：每每想到我们的祖先在古老的星空下，纵横五千年间，对社会、人生、哲学、道德做出过如此积极、广泛、深入的探讨，我都觉得很感动。"百家争鸣"的热闹状态反映的是我们祖先积极、睿智、勇敢，对未来充满希望，勇于探索的精神风貌，值得我们后辈子孙永永远远地记忆。

王安安：我觉得比起历史选择的结果，记忆当时热闹的状况更重要，因为我觉得在后来的历史中，我们的民族缺少了很多当时的全方位激情以及当时百家争鸣带来的多元思维方式。对于逐渐走向墨守成规的后代来说，记忆那种古老的热闹、那种创造的激情，可能更为重要。因为这种记忆、这种激情，让我们不仅可以继承优秀的结果，更可以继续创造状态。

金子：百家中的儒家自从汉代以后就成为封建统治倚重的哲学流派，

对两千年来的中国历史有重大影响，我们当然也要重点记住经过历史筛选、作为热闹的精华流传下来的儒家。

余秋雨：历史像一片原野，有很多水脉灌溉着它。后来，逐渐有一些水脉中断了，枯竭了，但我们不能说，最好的水就是最后的水，更不能说，消失的水就是不存在的水。在精神领域，不能那么势利。

我们只能认为，由于历史的选择，儒家影响了中国两千年。就像选择一个单位的长官，当选者不一定是最优秀的，但是他管理多年，这个单位的发展就和他的思维有关了。那些出局的人可能比他更有才，只是对这个单位的影响不大而已。

梁启超先生在《少年中国说》里曾经渴求，何时才能让中国回到少年时代。什么是少年时代呢？少年时代就是天真未凿的时代，草莽混沌的时代。就像小学快毕业的孩子们一样，有着一番叽叽喳喳的无限可能。

我对百家争鸣时代的热闹极其神往，就像永远牢记着小时候无忧无虑的快乐时光。在那样的时光中，每一个小伙伴都是一种笑声、一种奇迹。我们为什么总是要记住那几个后来"成功"的人？如果仅仅这样记忆，那是对少年时代的肢解。

我们可以永远为之骄傲的是，在那个遥远的古代，我们的祖先曾经享受过如此难能可贵的思想自由，创造出了开天辟地的思想成果。

所以我对大家有一个提议：在记忆儒家的同时，也去亲近一下曾经同时出现在中国思想高地上的诸子百家。他们给中国人开拓了很多精神上的可能性。设想这种可能性是非常愉快的事情。

有一种说法，叫"历史不可假设"，这是疲惫无奈的"既成历史学"，如果从"创建历史学"的观点来看，这种说法是窝囊的。

只有尊重多种假设，才能尊重百家争鸣时代的蓬勃生命力。

现在，单一化思维习惯仍然渗透四处。大家已经习惯选择后的独尊，而不再向往选择过程中的无限。

我们所需要的选择,是一种兼容并包、各取其长,而不是你死我活、只求一赢。文化的选择,更应如此。

万小龙:据我了解,本来在汉朝初年,在政治上主张无为而治、在思想上主张清静无为的黄老学说受到重视。后来汉武帝即位,由于他需要进一步强化中央集权制度,所以儒家的大一统思想、仁义思想和君臣伦理观念就显然很"与时俱进"了。在元光元年,也就是公元前一三四年,汉武帝召集各地贤良方正文学之士到长安问策。董仲舒在对策中指出,春秋大一统是"天地之常经,古今之通谊",现在师异道,人异论,百家之言宗旨各不相同,使统治思想不一致,法制数变,百家无所适从。所以他建议"诸不在六艺之科孔子之术者,皆绝其道,勿使并进"。儒术从此逐渐成为以后历代王朝的统治思想,而道家等诸子学说则在政治上遭到贬黜。

余秋雨:我在备课的时候已经下了决心,一定要在今天的课程中给你们留下一个关于百家争鸣的深刻印象。人类最深刻的印象,首先作用于视觉,因此我从世界坐标出发,找了一幅画。

欧洲文艺复兴时,拉斐尔曾经画过一幅名为《雅典学院》(The School of Athens)的画,反映的是古典时期学派林立、相互切磋的景象。欧洲文艺复兴起源地佛罗伦萨(Florence)的统治者美第奇家族(the Medici Family)在文艺复兴到来之前,就开始频频提到雅典学院时代的学术气氛,并且建立了模拟性的柏拉图学院(Plato Academy)。

《雅典学院》中出现了很多学者。站在中心部位、右手指天的是柏拉图,他的左边是学生亚里士多德。两人的周围围绕着很多学者,倾听他们激昂的辩论。欧洲文艺复兴不是仅仅复兴一个柏拉图或亚里士多德,而是全面复兴欧洲整体思维水平和自由精神。因此,拉斐尔在这幅画中又加进了不少雅典之外的精神巨匠,而且延伸到后代。他甚至把自己也画进去了,表现出自己对于这一脉精神的参与。

与雅典学院的创办几乎同时,在遥远的东方,也有一个类似的学术机构,叫稷下学宫。稷下是齐国都城一座城门的名字,究竟是南门还是西南门,有待继续考证。稷下学宫和雅典学院虽然相隔万里,却有很多相似之处:两者都以地名命名,创办时间接近,运行方式也相差无几。

在这里我想停顿一下,讨论几句。大家怎样看待这种巧合?

王牧笛:稷下学宫和雅典学院在时间维度上构成了东西方文明发展的某种暗合。在我看来,人类文明的早期,或者说青少年时期,对话和辩论要比独白更具感染力。雅典学院式的学术共同体的组建,或者说学术组团的这种辩论的方式,可能激发出个体对一个事物的多重面向的考虑,这比对事物的单层面向的考虑给我们更多的思考。

余秋雨:当时人类智能迸发,但有很多思考者还难于进行独立思考,因为缺少思想资源。所以在人类思维的奠基阶段,一定是渴求互砺互淬的。智者们在互砺互淬中找到思考的基点,找到与别人不同的自己。

一个精神成熟的民族,一定要经历一个这样智能聚会的阶段。假若没有,仅仅凭着各自的想法分头痴想,就一定会陷入低层次的重复之中。

我还想继续听听你们对稷下学宫和雅典学院的感觉。

万小龙:我觉得稷下学宫和雅典学院都出现在这样一个社会历史背景下:原有社会权力形态逐渐松动、解体,我们的祖先开始挣脱蒙昧的束缚、权力的压抑,用理性自由地重新思考自然、社会、自身。一时间百花齐放、百家争鸣,一派欣欣向荣的少年气象。但当后来社会权力再次建立、稳固、强大起来后,就对思想产生了巨大的影响和压抑。政治权力选择了保留某种文化记忆，尽管这种选择带有极大的偶然性。

王安安：我突然想起我的中学语文老师曾说过这样的话："少年的时代是诗歌的时代，青年和中年时代是小说的时代，老年就变成散文的时代。"我认为，稷下学宫和雅典学院都是人类在少年时代的一个共同的表现，虽说两者的空间距离非常遥远，但同属于人类的诗歌时代，同属于人类思想初开时具有浓厚兴趣和表达欲望的一个时代。这个时代百家争鸣的稷下学宫和雅典学院给人一种直观的审美的怀念和追想，令人感动、鼓舞。

金子：我一直在想这样一个问题，我们当下的时代无疑是一个国际化、多元化的热闹的时代，我们时代的热闹跟百家争鸣时代的热闹一样吗？为什么我们对现在很多方面的热闹并不喜欢，而对稷下学宫那种古老的热闹却依然倾情？

余秋雨：金子的问题很好。今天的热闹和古老的热闹有什么不一样？我觉得可能有两个方面——

首先是言论的质量。那个时代的齐国政府给稷下学者提供了很好的生活待遇，并赋予了极高的社会地位。但是，学者针对时政的褒贬，政府一概不予追究。稷下学宫在齐国的功能，既是智库，又是学堂，还是一个交流思想文化的场所。当时的高级智能人才如果想立身扬名，要么去做官，要么就去稷下学宫做学者。相比之下，做稷下学者更令人向往。因为这里每位学者的人格和思想都会获得充分尊重，因此也就有可能获得独立的发展。在稷下学宫的众多学者中，名声最大的是孟子，但实际影响最大的是荀子。荀子晚年曾三次成为学官的"祭酒"，也就是主持者。

稷下学宫的百家争鸣，是一种经过严格选择的高等级发言。而我们今天媒体间的发言，却没有这种选择。大家也许要问，既然我们主张言论自由、人格平等，为什么要分等级呢？稷下学宫的回答是，不同人群的言论自由，可以体现在不同的空间。

这中间我们可以看到一种普遍的现代误会，至今还有很多人沉迷其间。这就像人人都有接受教育的权利，却并不是说每个人都可以挤进北大来。大量只有小学文化程度的人，也很难在学术文化上与大学教授对话。但是，这些常识性的社会区隔，在今天常常会在"言论自由"的旗帜下被取消，造成一片混乱。在"文革"中，有一个"考教授"的运动，很多造反派狂徒拿着《学生小字典》来揭露国学大师的"读音不准"，或批判医学泰斗不会打针。我本人前几年也遇到类似的问题，一个文化等级不高的人也用"揭露"式的气势硬要与我讨论他非常不熟悉的古典词语问题、历史地理问题，甚至戏曲史问题，全国一百多家报纸转载报道，港台方面也热了一阵，我却无言以对。因为一旦与他"讨论"起来，我就必须在知识上回到自己草昧未明的年岁，却又要装出吵架的姿势，会让我的读者伤心。

良莠不齐的发言混杂在一起，高低不一的智能胶着成一团，那么结果一定是精英被淘汰，这种现象叫"精英淘汰制"。平静的高层思维一旦陷入这种吵闹，在现场征服力上一定比不了大红大绿的庸俗表演。如果投诸广场辩论，高嗓门一定胜利，大学者一定失败，这就叫"广场哲学"。我们不赞成限制言论，但一定要区分发言的等级，一定要在卡拉OK、文字戏谑的狂潮中救出真正的贝多芬、海明威。

除了言论的质量等级外，稷下学宫超越今天言论的第二个关键，是开山立派的原创气魄。那是在思维荒原上堆出的第一座山、掘出的第一条沟，具有宏大架构的开创性。相比之下，现代社会的热闹，往往是人云亦云，随声起哄。

针对这两个方面，我们在无奈之中也可以有所作为。在今后，国民素质的提高，应该表现在大家对于精神等级的承认和守护，表现在大家对于高层思考者的尊重和礼让。而作为那些真正有责任感的高层思考者，一定要固守文化节操。如果我们的民众开始具有这方面的辨别力，那么，一个新文化的黄金时代将会降临。

第六课

人类文明的早期分工

余秋雨：公元前五世纪前后，人类进入一个重要的历史时期，西方哲学家称之为"轴心时代"。东西方几大文明共同进入一个大创造时代，孔子、释迦牟尼、苏格拉底等人几乎同时出现，共同承担了人类的首度思维大分工。我为了把中华文化史放到世界视野之中，因此还希望大家在那个时代稍做停留。记得牧笛在课外闲聊时曾经提起过"轴心时代"，那还是由你开头吧。

王牧笛：我确实做过一些准备，弄清了一些概念。"轴心时代"这个说法是德国哲学家雅斯贝尔斯在一九四九年出版的《历史的起源与目标》中提出的，他把公元前八〇〇年至公元前二〇〇年这段时间，称为人类文明的"轴心时代"。这个时期是人类文明取得重大突破的时期，各个文明都出现了伟大的精神导师——古希腊的苏格拉底、柏拉图，印度的释迦牟尼，中国的孔子、老子……人们开始用理智的方法、道德的方式来面对这个世界。这是对原始文化的超越和突破。

王安安：超越和突破的不同类型决定了今天东西方不同的文化形态。这些"轴心时代"产生的文化一直延续到今天。所以每当人类社会面临危机或新的飞跃的时候，我们总是能在"轴心时代"的先哲那里获得精神上的指导。

余秋雨：雅斯贝尔斯对于"轴心时代"说过一句很重要的话，希望大家能记住。他说："人类的精神基础同时或独立地在中国、印度、波斯、巴勒斯坦和古希腊开始奠定，而且直到今天，人类仍然附着在这种基础之上。"

人类奠定精神基础，这件事，我们的祖先不仅没有缺席，而且是主角之一。不过有两个问题一直盘旋在我心头。第一个问题是：为什么在那个时代，不同地区的一流的思想家几乎同时出现，这意味着什么？

第二个问题或许更有趣：为什么他们每一个人都开天辟地，而后代子孙只能追随他们，却没有能够超越？为什么人类最精彩的思想创造，集中完成在两千五百年前？对此，你们怎么看？

万小龙：对于这种奇迹，我比较倾向于认为这是历史的偶然，我不相信历史有那么多的必然性和规律性在那里面。在解释历史的时候，有时候接受一点儿偶然性也许意味着更客观的分析视角。这是我对第一个问题的看法。关于第二个问题，为什么后人没有办法超越前辈的创造，一直在追寻先人的脚步？我觉得，原因跟先人创造的学问的性质本身有关。他们思考更多的是哲学、艺术、宗教，而不是科学。科学的发现可以因为工具的进步而不断被超越、被改写，人类对自然规律的认识不断深入、不断扩充，展现了一部不断进步的科学史。而哲学、艺术、宗教却属于另一个范畴，和人类工具的进步、物质文明的不断发展没有直接关系，所以后人未必能超越前辈。

王安安：而且我觉得这个东西就像工艺和艺术之间的区别一样：艺术可以具有不可超越的、永不磨灭的魅力和力量，而工艺却绝无可能占领永恒的制高点。因为艺术是偶然性的、创造性的，而工艺是可传承的、不断进步的。我觉得科学和哲学的关系就可以类比为工艺和艺术的关系。

余秋雨：你们两位的意见我可能不赞成。千万不要把"轴心时代"和以后时代的差别，看成是不同学科之间的差别。科学虽然看起来成熟于近代和现代，但我们仍然可以发现，现代物理学的许多规则，与《周易》为代表的东方神秘主义暗合。

诸丛瑜：我认为这种不可超越性的根源在于我们的前人做了一些框架的东西，我们不得不在这个框架、这个天地当中去做事情。哲学、艺术、宗教，则没有可重复的试验可以检验其对错的，不像科学那样，今后更接近事实、更理性的理论，可以有力、彻底地否定前人。

金子：我倾向于一种神秘主义的理解。可能在冥冥之中，到了这样一个时间段，空间上遥不可及的几个地方的人都走到了人类的童年时代，同时开始思考一些最基本的问题，开始摆脱蒙昧，驾驭尚未成熟的理性驱驰于广袤无边的思维宇宙。我怀念那个人类的创造性思维迸发的时代，因为这种童年的生命力是无法被超越的。知识确实可以不断积累，但是那种新鲜的生命力是很难被超越的，那种新奇喜悦的力量是很难再出现的。

余秋雨：说得不错。面对"轴心时代"，我们会突然发现自身的渺小。我们没有能力解释这一切，也无法超越那些看似童年又是成熟、看似天真又是辉煌的思维。

首先能做的，就是把它记住。记住，要放在解释之前。解释往往是苍白无力的，就像一群孩子面对着一座无法攀越的高山，我们很难解释为什么会有这座大山，为什么会是这个形态。

"轴心时代"的思考，是多种文明的一种"共同作业"，但在内容上又互不相同。现在远远看去，甚至觉得有一种分工。例如，古希腊文明更多地考虑人与自然秩序的关系，印度文明更多地考虑人与超验世界的关系，而中华文明则更多地考虑人与人之间的关系。这种侧重，也影响了各个文明今后的路向。在这一点上，我很赞成雅斯贝尔斯关于人类至今还附着于"轴心时代"精神基础的观点。

多年前我历险几万公里考察各大古文明的遗址，感悟很深。原来，几千年的不同命运，很早就种下了不同的种子。

刘璇：秋雨老师关于"种子"的比喻，使我想起了亚里士多德的一句话——只有深埋在土地里的橡树种子长成橡树时，我们才能发现它的本质。当时同一时期，不同文明的三种不同思考方向可能相当于橡树种子，只有等了两千多年之后它长成了橡树，我们才发现，原来它是那个样子。谈到我们现在怎么办的问题，我觉得就是要互相取长补短，我们的前辈已经在向着这个方向行动了。所以我们才有西学东渐，才要去理解印度的宗教。既然各有所长，各有特色，就需要各个文明之间在相互尊重的基础上，增进交流，相互取长补短。杜维明说现在我们要进入"新轴心时代"，各大文明之间要互相对话，互相理解，这种交流将是意义非凡的。

王安安：秋雨老师的一番话，无意中也解答了我很久以来的一个困惑。外国媒体总是报道部分中国出境游客不讲公德，我就很不理解：我们是礼仪之邦、文明古国啊，我们的各种繁文缛节，只会比别的文明更发达更全面更细致，怎么会遭到这样的指责呢？可能是我们确实从"轴心时代"开始就一直在过度地研究周围的人际关系，而不太在乎没有直接人际关系的公共空间，因此反而失去了人际关系之外的公德。有些时候这种自我编织的人际网络甚至让我们自己也感到压抑。所以在没有人际关系的场合，比如说去国外旅行，就会让我们压抑的神经忽然解放，我们就把一切礼仪的束缚都抛在脑后，甚至忘记了遵守最基本的礼仪小节。

余秋雨：当然，我所说的不同文明的路向，不能直接地用来解释各种生活现象。现象未必是本性的直接外化，不能牵强附会。近几十年来，很多学者喜欢撷取一些社会现象快速归纳出结论，看似有据，其实武断，并不足取。因此，我不希望大家像前辈中的不少学者那样泛论东方西方，空谈中外差异，因为那是一种学术幼稚。

第七课

世界性的老子

余秋雨：前几次我们谈到了一些背景性的大记忆，现在我们开始触及一些重要的个人。我选择老子作为第一对象。我就想听听，你们对老子的印象是什么？零零星星都可以说。

丛治辰：我查到过一个历史记载，说老子身长八尺八寸，黄色美眉，长耳大目，广额疏齿，方口厚唇，就是脸色是黄的，眉毛挺好看，然后耳朵挺长，眼睛挺大，额头很宽很大，但是牙齿没几颗，似乎还蛮丑的。

刘璇：那不就是治贝子园（治贝子园是北京大学燕园东南角的一个小园子）前的老子像嘛！

王安安：对，对，跟那个差不多！不过这些都是关于老子的外形的印象。我对老子的印象是关于他的争论，比如说老子是否当过孔子的师父，孔子是否向老子问学过。

余秋雨：我们对老子的了解实在不多。首先是他的身份，能说的也只有一点，老子做过周王室的图书馆馆长。也有人说是管理员，但一定是比较重要的管理员。那个时代的"图书馆"，也可以理解成王室收藏馆。老子管理着一大堆周朝典籍，是很有学问的一个人。

安安的问题牵涉到一个具体的争议：老子究竟比孔子大还是比孔子小？去年我在美国休斯敦做中国文化史的演讲，一位当地的华人历史学家提问说：余先生，我看到一本书，证明老子比孔子小一百多岁。我说，你看的资料一定是这样的：有个叫太史儋的人，在孔子死后一百二十九年之后出关，目的是去投奔一个君主。他马上点头说是。历史上确实有这么一个记载，连司马迁也没有完全搞明白，所以在汉初就把老子的记忆搞模糊了。部分现代学者也主张老子比孔子小一百多岁，因此孔子问周礼于老子的故事不可能存在。但也有历史学家经过推论，认为老子和太史儋不是同一个人。老子和孔子处在同一时代，年纪比孔子大。我经过仔细辨析，赞同这种观点。

王牧笛：听说今天的课上要讨论老子，我特地去图书馆查了一下。关于孔子问学于老聃，在《史记》的《孔子世家》和《老子传》里，都有记述。在《礼记》、《庄子》、《吕氏春秋》等书中，也有记载。我抄录了五种说法，现在读一下：一是《高士传》、《水经·渭水注》所引，"孔子年十七遂适周见老聃"；二是《孔子世家》所说，"孔子年三十前，与鲁南宫敬叔适周见老子"；三是《孔子年谱》所谓，"三十五岁，与南宫敬叔适周，见老聃而问礼焉"；四是《庄子·天运篇》讲的，"孔子行年五十有一而不闻道，乃南之沛见老聃"；五是《庄子·天道篇》所述，孔子欲藏其所修之书于周室，前去会见"免而归居"的典藏史老聃。

余秋雨：你把这方面的资料都集中了。但是，持相反观点的历史学家也都看到过这些资料，他们做出了否定的推理。我们今天不在这里具体讨论这个问题了，因为那会花费太多时间。我们的课堂还是按照我的选择延续下去吧。

孔子一辈子都研究周礼，三十岁起怀着"三人行，必有我师"的恭敬态度，周游列国拜师问学。有老子这样一位博学的周王室图书馆馆长，孔子当然会去拜访。于是孔子从现在的曲阜出发，沿着黄河到洛阳，也就是当时名义上周天子的所在地洛邑。今天的洛阳还保存着孔子问礼的地方，不过很难具体考证了。

见面后，孔子和老子之间互相有什么问答，一直没有可信的记载，因此历史上也充满了各种各样的猜测和传说。

在这些猜测和传说中，有两则比较合情合理：第一个传说是，孔子问周礼，老子告诉他，周已经没希望了，因为天下一切都在变；第二个传说是，老子当场教训孔子，年轻人不要自傲，也不要过多地追求欲望。史书上记载的孔子，是一个不自傲也不太追求欲望的人，为什么老子会给他这番教训呢？我相信一定是因为出现了这样的情形：安静的老子看到一个青年学者风尘仆仆地来到自己家里，身后尾随着鲁国君主提供的车马仆从，那般气势在老子看来有些过分，就以长者的身份说了上面的一番话。史书确实记载过鲁国君主在孔子问礼于周之前，曾经馈赠车马仆从。

王安安：鲁迅的《出关》里还写了孔子的学生冉有是司机，为孔子驾车。

丛治辰：对，而且还说老子每次都送孔子上车，然后不冷不热地说句客套话。

余秋雨：《出关》这篇虚构的小说表达了鲁迅对孔子的看法。鲁迅笔下的老子总是不太爱搭理孔子，尽管孔子非常小心地问一些问题，老子仍像一根呆木头一样坐着，时不时淡淡地说几句。鲁迅让老子告诉孔子，人需要用一种柔软的态度来面对现实。他张开嘴巴，跟徒弟说：你看我的牙齿在吗？徒弟说没了。老子又问：你看我的舌头在吗？徒弟说在。

于是老子用浑浊的目光看着徒弟说：坚硬的东西一定失败，柔软的东西反而长存。如此几次谈话后，老子觉得孔子已经明白自己的学问，自己就不能留在中原了，搞不好还会有性命之虞，于是决定出关。

孔子问礼和老子出关的关系，当然是小说的虚构。鲁迅在这篇小说中把孔子描写成了一个颇有心计的人，不过他笔下的老子倒真带了几分《道德经》的神韵。

关于老子，有几个问题值得我们好好思考。老子仅仅写了五千字，为什么就能成为诸子百家中极重要的一家？为什么在中国历史上地位低于孔子的老子，却享有很高的世界威望？

王牧笛：老子的国际声望，我觉得跟他自身的哲学思考模式与西方哲学思维更靠近有关。《道德经》本身不失为一部微言大义、简约透彻的优秀哲学作品。老子的思想虽然简约，却是一个自成体系的整体，而孔子留下的更多是言论性、语录式的东西。孔子在中国的地位和影响，得益于政治力量的强制性传播，这种力量和传播的影响范围当然仅限于中华文明圈。如果我们单纯从哲学的角度去考察孔、老二人的学说，我认为，老子学说的哲学含量更高一些。黑格尔就认为孔子是格言大师，不是哲学家。老子更关注一些普通的规律性，即"道"，而孔子可能更关心的是人际关系。所以相比于孔子，西方更看好老子。

丛治辰：老子提出的"道"本身是一个客观唯心的概念，我认为他本人也是一个客观唯心主义者。老子展示了精准的辩证法，提出了"有无相生，福祸相倚"的概念，跟黑格尔的辩证法非常神似。但在面对生命的态度上，老子主张"贵柔"这个概念，与西方哲学"尚刚劲"的主张又形成了强烈的反差。这种差别和神似造就了西方思想家眼中老子的独特魅力。而老子的这种无为、不争的生活主张对西方人来说非常陌生，这种陌生很可能造就了西方人将老子看作是东方哲学的典型。

刘璇：我觉得《道德经》首先谈论的问题是"道"——客观规律性，它不同于《论语》关注的社会管理、道德法则等。客观规律性具有普遍性，而社会管理、道德法则却因地、因时制宜。老子对客观规律的阐述触及了丰富的辩证法，对了西方哲学的"胃口"。而且我觉得老子所处的时代非常有利，他是"百家争鸣"这样一个伟大时代的先行者，老子的理论是总结了三代，甚至更久远的过去的历史经验以及思维。但从时代来说，老子本人和他的著作都起着承前启后、继往开来的作用。

余秋雨：我们暂且撇开内容不管，光在表述方式上，老子就展现了一种让人仰望的简约和神秘。在生活中，寡言和简言是别具魅力的，这对思想家来说更是这样。任何思想如果需要滔滔不绝地说，说明还处于论证阶段，而如果到了可以当作结论的境界，就不会讲太多话了。而且，也没有什么表情了。

简约是一种结论境界，而且，老子要给予的又是对辽阔宇宙的结论，因此由简约走向宏伟。这种宏伟由于覆盖面大，因此又包含着大量未知，结果就走向神秘。

请大家想一想，一种学说，能够简约、宏伟、神秘，它会多么吸引人。就像在一群聪明人的唇枪舌剑中，一个白髯老人出现了，只用男低音说几句大家仿佛听得懂又仿佛听不懂的话，这是一种多么震撼人心的情景。

很少有人具备这样做的资格，所以大家都在大量地写、大量地说。这对读者、听众和他们自己，都是一种牺牲。

老子的生平，像他的学说一样神秘。后来道教也视老子为精神导师，让他进入了另一番传奇。民间有关他的传说各种各样，有的传说很有趣，但我们一定要把传说中的老子和哲学家老子区分开来。比如我们可以看到很多关于他年龄的说法，有人说他活到一百六十岁，也有人说他活到两百多岁，这些都没有证据。

还有很多关于老子出关后的传说，其中还包括他出关后又回来了的故事。我们中国式的思维是这样，不回来让人伤心，消失了让人失落，老百姓都不愿意接受这样的结局。因此要安排他回来，居住在河南和安徽一带的乡野，又活了几十年。还有一种说法更神奇，说老子出关以后，就成了释迦牟尼。我相信这是过于热爱老子的后人，给他加上的各种虚幻光环。

第八课

让我解释几句

余秋雨：中国人如果失去了对老子的记忆，将是一个可怕的世界级笑话。然而现实是，这样的笑话一直存在。

《道德经》开篇，就有点儿把人卡住。人的习惯就是这样，如果一开始弄不明白，大部分人就放弃了。

那么，今天就让我来解释几句吧。这种解释，也正是对老子哲学的一种逼近。至少，可以尝一尝这种古老智慧里的一点点滋味。

请记住，我们的课堂，不喜欢空洞的长论，只喜欢选择性品尝。那就开始——

> 道可道，非常道；名可名，非常名。

"道可道"，这三个字里，第一个"道"字是名词，指的是世间大道。第三个字也是"道"，却是动词，指的是表述。"名可名"的结构也是这样。这几句话连在一起，翻译成现代汉语，大概的意思是：道，可以说得出的就不是永恒的道；名，可以说得出的也不是永恒的名。

老子认为，不管是自然大道、宇宙大道或是人间大道，一旦我们自认为讲明白了，其实就偏离它了。道不受时间、空间的限制，而语言恰恰是一种限制。因此，老子认为，只要我们把大道付诸语言表述，就是对大道的一种剥夺、一种侵蚀、一种切割。这个意思，也适用于我们今天的讲课，老子的在天之灵如果看到又有一伙人在这里谈他的道，也会苦笑一下飘然远去。

后半句"名可名，非常名"，更进一步否定了概念、名号的准确性。有几位西方现代哲学家特别喜欢老子的这个思想，他们说，当你试图用概念、名号去定义时，用的是过去产生的类别划分。类别划分已经取消了事物本身的独特本质，更何况是过去的。这就像让你在操场上排队，被划入了黄队，但黄队是你吗？"黄队"之名，一时之名，权宜之名，非本性之名，非个体之名。遗憾的是，本来为了方便而叫出来的名，却替代了事物的本性，人们还特别容易为了名而争斗。在老子看来，这从一开始就搞错了。

按照老子的哲学，他问你一句："你是谁？"你回答说"北大学生"，或者说"副教授"，老子就会说："你呢？你到哪里去了？"

老子开头这句话，也摆明了一个著作者的矛盾心态。他很谦虚地告诉大家，后面文字所传达的意义并不是他心中的终极意义。终极意义只可意会，不可言传。但是，如果完全不言传，人们就很难抵达意会的入山口。因此，这五千字，就相当于"起跳板"，读者是否要完成那个跳跃，就看自己了。

这就是天下很多第一流著作者的共通心态。他们明知任何表述都是一种错位却又不得不略加表述，为了引导别人却扭曲了自己。老子无奈地写了五千字，这让我们联想到，世上不知道有多少智慧并没有留下踪影。后世滔滔不绝者已是二流，而如果对这种滔滔不绝还沾沾自喜，那只能是三流了。

天下皆知美之为美，斯恶矣。皆知善之为善，斯不善矣。

这是我选取的第二句。它的意思是：当人们都知道什么是美的时候，就是丑了；当大家都知道什么是善的时候，就是不善了。老子认为我们不能举着旗子去宣传"美"和"善"，不能刻意去追求好的东西，因为一追求就走到了反面。请问，你们怎样理解这句话？

刘璇：我的理解是，这是辩证法的一种体验。老子认为有无相生，难易相成，长短相形，高下相倾。一旦你提出一个概念，对立的概念也就随之产生，有正就必然有反。单就社会治理层面来说，有教化就会有反叛。所以不树立这些正面的教化，就避免了随后反面的产生。

余秋雨：看来你已经入了门径。当我们试图去定义什么是"善"时，就已经偏移了真正的"善"。这个偏移当然就是向着"恶"的方向。当偏移了的善被反复强调时，恶也就被放大了。

多讲美，为什么会变得不美呢？我们看看身边的现象就明白了。好好的女孩子，为了追求"美"，每天在自己的脸上涂抹，涂抹成虚假而又雷同的形象，这就是走向了不美；又如，偶尔举行一些选美活动本来也不错，但是如果夹杂着很多竞争、觊觎、嫉妒，也就走向了不美；再如，美和美感，本是一种与生俱来的感觉，不知怎么冒出来那么多"美学教授"，连篇累牍地把美讲得那么枯燥、刻板、啰唆、冗长，这也走向了不美；更可笑的是，由于美的极度张扬，结果造成美的无限贬值，以致像一个讽刺段子所说的，现在街上只要有人呼喊一声"美女"，满街从老太太到小姑娘全会回过头来。

美是这样，善也是这样，一切正面的人文观念都是这样，讲多了，立即走向反面。这个规律，永远有效。不知道我们的宣传部门，什么时候才能理解这个规律。与老子相比，孔子的学说过于追求事功，很少考虑到反面效果。

王安安：因此道家一直不喜欢儒家，说"仁义道德"是伪善，不是自然之道。

余秋雨：没错。当人类刻意去追求美、追求善的时候，最大的问题就是变得不自然了。一旦不自然，就开始滋生丑和恶。

王牧笛：事实上老子思想的一个基本逻辑就是物极必反，所以赞成"无为"。"无为"并不是说什么都不做，而是强调做事情的度。

余秋雨：对。下面这段文字，能够更多地说明老子的这种思维逻辑。

> 大道废，有仁义。智慧出，有大伪。六亲不和，有孝慈。国家昏乱，有忠臣。

老子的这段话是用一种嘲笑的口吻谈论仁义、孝慈等被后世儒家视为道德核心的观念。他认为，人们讲仁义的前提是大道不存；当智慧过度时，就有虚假和欺骗出现；当家庭不和时，才会企盼"孝慈"；当国家混乱时，才会有"忠臣"出现。所以大力提倡"孝慈"、"忠臣"的时代一定是六亲不和、朝政昏聩的时代。

丛治辰：在所有对儒家进行嘲讽的思想家当中，可能老子是最有力量的，他从一个更高的角度来审视儒家。而且他对"伪"的一个分析也很到位：人为即伪，伪即不善，这从根本上否定了儒学的教义。

余秋雨：但是，在这里我必须为儒家说几句话。老子的学说过于彻底了，对于现实社会来说，是一种"理论假设"。也就是说，他在设想着一种干净如白纸的自然和人性。如果真是如此，那就应该不去干扰。但是，问题在于，白纸早已不净，自然早已污染，人性早已扭曲，一切都有待于拯救。既然大道已经废弛，老子所赞颂的小国寡民、百姓淳朴的时代也只是一种幻想。在这种情况下，天下智者能够放任不管，只顾自己隐于野或隐于市吗？面对这样的现实，儒家的观点似乎更积极一些：即使带些刻意，也要一点一点来拯救。

王安安：我觉得儒家的观点确实表现了这种学说的使命感、责任感，"知其不可为而为之"。但如果站在道家的立场说，无论这个世界是善的，还是恶的，你再加什么东西，都是不必要的。

余秋雨：在老子看来，即使一切荒废，也还有自然标准。怕只怕，儒家不以自然为标准，而以仁义为标准，把世界推向更伪。老子一系列相反相成的思维方式，足以把人们从习惯性的单向思维中解救出来。然而令我们羞愧的是，这双解救的手，来自两千多年前。接下来的问题是，被解救出来的人们应该怎么办？对此老子也提出了一套完整的人生哲学。

> 信言不美，美言不信；善者不辩，辩者不善；知者不博，博者不知。圣人不积，既以为人己愈有，既以与人己愈多。天之道利而不害，人之道为而不争。

这段话的意思是：真话不漂亮，漂亮的不是真话；善良的人不巧辩，巧辩的人不善良；真懂的人不炫博，炫博的人不真懂。圣人不积藏，他尽力帮助别人，自己反而更富足；完全给予别人，他自己反而更丰裕。天之道，利万物而不伤害；人之道，有所为却不竞争。你们看，老子把自然之道和人的生活态度连在一起了。

诸丛瑜：我是觉得老子给了我们观察生活、观察世界的另一种视角，从中我们看到与传统的确定性、单向思维的不一样。具备了这种视角，我们也获得了更加智慧、更加通透的生活的可能性。

王牧笛：我觉得孔子就像至刚的拳法——少林拳法，而老子像至柔的拳法——太极八卦。老子是以无为而有为，以不争为争。毛泽东就非常懂老子之道，提出"敌进我退，敌驻我扰；敌疲我打，敌退我追"的运动战策略，其中的哲学思想似乎就是以不争为争。

余秋雨：毛泽东晚年说，《道德经》其实是一部兵书。我当然不赞成这种说法。老子的精神理念与刀兵争逐相距甚远，只不过他相反相成的思维方式可能会给军事家带来某种启发。在文化领域，老子的"知者不博，博者不知"的现象，表现得特别有趣。我小时候在农村，看到上衣口袋别三支钢笔的人，一定是刚刚参加完扫盲班。现在大家忙于经济，没有太多时间投身文化，结果卖弄文化的人就越来越多了。有的人开口闭口背一些古代诗文、朝代年号，有的人整天在咬文嚼字、引经据典，其实都不可能是真正的学者。讲中文时夹带很多英语单词的中国人，英语肯定还没有学好。过度提倡"国学"的，也一定是对传统文化了解不多的人。

那么我们应该怎样去面对生活呢？

为无为，事无事，味无味。

我希望同学们能够记住这简简单单的九个字。以无为当作行为，以无事来做事情，以无味当作好味。总之，不要刻意作为。做事是这样，为人也是一样，君子之交淡如水，真水不香，至味无甜，高人永远不会摆出各种各样的姿态。

再接着听——

> 大成若缺，其用不弊。大盈若冲，其用不穷。大直若屈，大巧若拙，大辩若讷。

这些四字句，是中华智慧的最高总结，也是中国人坚守"中庸之道"的基本理由。中西文化的差异，在这里拉开了最深的裂口。

最圆满的却似乎有欠缺，而且正是凭着这些欠缺而不衰竭。最充实的东西一定有空虚的部位，因为空虚能召唤很多力量来填补自己，无穷无尽。最正直、清白的，看上去倒有很多扭曲之处。最灵巧的，看上去倒好像有些笨拙。最雄辩的，看上去倒好像无话可说。

天底下有多少奋发有为之士，都在追求完满、充实、清白、聪明、雄辩，但老子泼冷水了，说这每一个目标都无法以纯粹的方式达到。只有在看上去达不到的时候，甚至在与目标背道而驰的时候，反而达到了。不残缺的完满是一种假完满，不空虚的充实是一种假充实，这是我们摆脱"假、大、空"的一剂良药。而且，我从历次政治运动中看到，凡是被人家泼脏水最多的人，反倒常常是最干净的人，而那些慷慨激昂地"揭露"别人瘢疤的人，大多不干净。一些看上去"词穷理屈"的人，往往倒是可信的；一些在传媒上口若悬河的人，往往难于信任。

初一听，这些话是一种"反向幽默"，但是，我经历过"文革"灾难，又经历过后来以"追查灾难的名义延续灾难"的闹剧，深知老子的这些话是真理。你们年轻，思维偏于单向突进，多听听老子的话好处很多。不少人往往在伤痕累累之后才能体会老子的话，你们可以少一点儿伤痕。

再听听我选的最后一段：

> 天下多忌讳，而民弥贫。人多利器，国家滋昏。人多伎巧，

奇物滋起。法令滋彰，盗贼多有。故圣人云：我无为而民自化，我好静而民自正，我无事而民自富，我无欲而民自朴。

这是在讲社会管理了。天下禁忌越多，老百姓就越贫困；人间武器越多，国家就越混乱；人们技巧越多，奇邪的事情也越泛滥。

下面这句话，很多法律学家可能会不高兴了。老子认为，法令越是彰显，盗贼反而越多。所以圣人说了，我无所作为，人们才会自然化育；我爱好清静，人们才会自然端正；我不去骚扰，人们才会自然富足；我没有贪欲，人们才会自然淳朴。这里所说的"我"，是圣人的自称，也可以泛指社会管理者。社会管理者不要有很多作为，安安静静地顺应自然，一切反而会更好。

老子的这一系列观念，让人惊讶。我说过，这里包含着一种"理论假设"，设想着在自然人性还十分健康的时候，过分的管理会适得其反。当然事情已经不是这样，因此适度的管理就成了必须。

然而，老子的这些话，在现实生活中仍然具有巨大的教育意义。从各级官员到教师、家长，有多少管理是违背人性自然的？我们的忙忙碌碌，有多少是为自己和别人增添了麻烦？

我一直把老子看成是一位伟大的清道夫，他用"做减法"的哲学把中国人的思维引向简约、质朴，使得中华文明长寿。其实，人的长寿不也是同样的道理吗？我们一生，常常被层层叠叠的虚设目标、虚设赛场所困。你们今后只要又一次被困，不妨抬起头来，看看云端之上那个白发老人的平静目光。

第九课

寻找真实的孔子

余秋雨：终于要会会孔子了。中国人对于孔子的记忆，大多是他的一些话而不是他这个人。这个人，由于被历朝历代供奉了一千多年，也就失去了一个活生生的他。我们现在要穿过千年迷雾，去寻找比较真实的他，哪怕一个背影也好。钱锺书先生说，你吃鸡蛋，不必去了解生这个鸡蛋的母鸡。这虽然是一个玩笑性的比喻，我也完全不赞成。更何况我们面对的不仅是越来越不安全的食品，还有长期运用的精神产品。对于一个注定会影响我们人生的思想家，如果不了解，对他和对我们，都不公平。

这个道理，可以借孔子的亲身经历来说明。

孔子曾经跟鲁国著名乐师师襄学琴，他很聪明，才学了十天，一个曲子就学会了。师襄说，你可以进一步学习其他的技巧了。孔子说："我虽然学会了这个曲子，但还没有掌握它的规律。"

过了几天，师襄说："你已经掌握了它的规律，可以学习其他曲子了。"孔子又说："虽然我掌握了它的规律，但我还没有领悟曲子表达的志向，我还要继续练习。"

又过了一段时间，他已领会了作曲者的志向，但他想知道作曲的这个人是谁。他就跟着乐师不断地弹啊弹，忽而庄严肃穆地凝神深思，忽而怡然自得地举头眺望。突然他高兴地说:"我抓住他了!这个人身材修长,皮肤黝黑,目光深邃,犹如君临天下的圣王。就是这个人,我抓住他了,除了周文王没有其他人了!"

师襄恭敬地赞叹道:"这个曲子正是《文王操》。"

这个故事说起来有点儿神秘,却有深刻的象征意义。所以,我们也有理由在诵读了孔子的很多教导之后,去把握他这个人。

王安安:我读《论语》的时候就觉得,孔子的所有大道理都跟他讲话的情景有关系。有时候我甚至不看他说了什么,就看他在什么情况下说的,想象他说那些话的时候的表情和心态,就会觉得这是一个很好玩的老头子,很可爱。

余秋雨:这就是哲学态度和诗学态度的区别。哲学态度追求严谨的词语理性,而诗学态度则关注生动的人格状态。看来安安更靠近诗学态度,这很好。因为近二十年来,由于高校教学的"伪学术"习气,诗学态度很难寻得了。

用哲学态度对待古人,古人也就变成了理念;用美学态度对待古人,古人便从理念中释放出来重新成为活人。美学态度是一种亲切态度、俏皮态度、平视态度,可能会引起学究们的不悦,不管他们。因为好的人生就是诗,隔了两千多年还在被人惦记的人生,更是诗。

好吧,那就让我们向孔子走近。

孔子的先人是殷商王朝的王室成员微子,他的墓就在山东微山湖。在殷王朝向周王朝转化的过程中他起过重要作用,因此受到周王朝的重用,被周成王封为宋国的国君。孔子说自己是殷人之后,就是和微子这个祖先有关。孔子的前五代,为了避祸,来到曲阜地区。由此可见,孔子是有贵族血统的,只是前几代祖先已经在兵荒马乱当中败落了,家世也就从诸侯而降为公卿，又由公卿而降为士民。这在孔子的文化记忆中，埋下了贵族意识和平民意识的双重结构。

孔子的父亲是一位身材高大、力气惊人的将军，在一次战争中，他居然靠自己的力气把城门顶起来，立下了大功。我们的大思想家有一个身体健壮的父亲，这事听起来比"家学渊源"更让人开心。我一直认为，一个人对父辈的继承，继承财产是最低等级，继承学识是中间等级，继承健康才是最高等级。这里所说的健康，包括生理健康和心理健康。孔子一生历尽磨难却一直身心健康，我想与他这位扛起了城门的父亲很有关系。他也凭一人之力，扛起了一座大门。这门，比城门还要大、还要重。

司晨：古人讲究"礼、乐、射、御、书、数"六艺，其实是全面发展，后来读书人就忘记这个教训了，很孱弱，这个影响一直到现在。其实身体好对脑力劳动也有很大帮助，大家还是应该学学孔子的。

余秋雨：我听说，司晨是足球踢得很好的北大博士，有资格说这个话。从司晨回到孔子，我们继续。孔子的父亲和母亲年龄相差很大，最常见的说法是孔子的母亲在十七岁生下他时，他父亲已经七十一岁了。中国民间一直有"老夫少妻出神童"的说法，不知有没有科学根据，但至少孔子是一个例证。在现代，做过我们北大校长的胡适之先生也是一个例子，他的父亲和母亲的年龄相差也很大。孔子的母亲姓颜，与孔子后来的学生颜回是一个家族的。

孔子出生之后三年，父亲去世。不久，母亲也去世了，所以孔子早年的生活有点儿艰难。这是他终于成为一个重要人物的人生起点。他多次讲过这样的话：因为出身贫贱，所以对于各种鄙事，我都能忍受，都会应对。

裘小玉："吾生也贱，故多能鄙事。"

余秋雨：对。他的童年虽然谈不上大悲大苦，却使他对于人间大地有了一种切身的感受。他又一次证明，卑贱开拓命运。

孔子说他"十有五而志于学"。可见，十五岁是他的一个转折点。他当时所在的鲁国，保存着最为完整的周代礼乐文明，当时有"周礼尽在鲁国"的说法。这给孔子提供了比较完善的学习内容。

费晟：我从一些材料中获得一种印象，孔子还喜欢到社会实践中学习知识。

余秋雨：确实，孔子从来不是书呆子。遗憾的是，在他身后两千多年，中国多数书呆子凭他而活。

孔子对每个年龄阶段都有界定，三十岁是他"立"的年份。这个"立"，根据我的分析，大概有三个内容：第一是他有了比较明确的政治主张，那就是重建礼乐；第二是他已经取得了一定的社会声望，大家对他产生了信任；第三是他具备了一定的专业特长，能够做很多事。这三个加在一起，使他觉得自己成为一个独立的社会人。

对于这个问题，我希望在座各位稍加注意。你们很可能以为自己早已"立"了，考上北大就"立"了。你们都不到三十，都"立"了，好像有点儿早。按照上面说的标准，所谓"立"，必须具备三点，即明确的主张、社会的信任、专业的特长。如果具备了，一生可以真正开始了。

三十而立之后，他为自己制定了三个任务。一是开办私学，他收学生了。用我们现在的话说，他有了一个学术团队。这一点非常重要，后来他不管到哪儿周游，由于学生们的记录，留存了我们今天奉为经典的语录。

王安安：有时候觉得孔子像一个黑社会老大一样，带着一票人到处跑。这票人里面什么人才都有，有能打架的，有能说会道的。孔子有这样一些厉害的门徒跟着，也不显得像丧家犬，倒是挺"拉风"的。

余秋雨：这是你的现代想象。在古代，公共知识分子的人格卫护和学术传递，确实需要一定数量的"人体中介"。而且，这些"人体中介"的功能不能过于单一，因此什么样的人都有。

好，让我接着说下去。孔子为自己制定的第二个任务是进行比较完整的考察。例如：他到各个地方学习周代的礼仪，对于太庙里祭祀程序的每一个细节，都弄得清清楚楚。他还在路上不断思考遇到的各种社会问题，这使他的人生阅历和知识结构大大扩充。

他为自己制定的第三个任务是开始问政。他给各种各样的政治人物和军事人物提出建议，或者给他们讲课，希望他们听了以后能够实践他的仁政主张。

他从三十岁到五十岁这二十年时间里，基本上就做了这么三件事情。

在这二十年中，孔子逐步走向伟大。像一切伟大的人一样，他有很通畅的输入渠道和输出渠道。输入渠道就是一路问学，输出渠道是一路言政。但是，那些政治家发现，他的政治主张听起来很好，做起来却要从根本上改变自己，这太难了。因此，谁也不听他的。

周双双：刚刚安安说孔子像黑社会老大，很"拉风"，那是跟他的弟子们在一起的时候。孔子向那些君主推销自己政治主张的情景，倒真是让我觉得很心酸。一个很善良的学者，苦口婆心地一直说，那些君主根本就没有在听。孔子那一套人家全不感兴趣，他们全都转过脸去，觉得还不如看看宫女跳舞呢。

余秋雨：确实是这样。我可以举一个例子来解剖一下他与各国君主之间的尴尬关系，说明他为何一次次从"被崇拜"走向"被驱逐"。他三十岁这一年，齐景公和晏子来到鲁国，齐景公问孔子："秦国地方小而偏僻，秦穆公为什么能称霸呢？"孔子说："秦国虽然地处边缘，但行为中正。国家虽小，但志向很大。秦穆公能用五张黑羊皮把贤人百里奚从牢里赎出来，与他交谈三天，就把政务交给他。秦就是凭着这样的仁义，成就了王业。一个君主如果想仅靠武力称霸诸侯，那是生硬的，无法把自己的潜力发挥出来。"齐景公和晏子听了，很是佩服。

几年之后，孔子到齐国，齐景公再次问政。孔子说君臣父子各安其位，各谋其事，国家就能得到治理；如果上下错位，国家就会混乱。这个观点也引起了齐景公的共鸣。

齐景公想起用孔子，晏子阻挠说：儒者能言善辩，不受法令的制约；自我感觉良好，不甘居人之下；破费讲究礼仪，岂能作为风俗；喜欢游说乞贷，岂能借以立国；现在礼崩乐坏，若想恢复周礼，几代难以穷尽，怎可指导民众？不久，景公对孔子说："吾老矣，弗能用也。"等于下了逐客令。

这是一个很典型的例子。晏子所说的理由，也就是当时所有的诸侯邦国拒绝孔子的原因。孔子从三十岁到五十岁的基本状态就是这样，他得到了人们的尊重，但得不到重用。

孔子就这样从"而立之年"走过"不惑之年"，终于到达了"知天命"的人生关口。所谓知天命，就是知道了上天让他来做什么。一个人要明白自己的人生使命是很难的，因为这里交错着"应该做什么"和"能够做什么"两个互相制约的命题。"应该"的事很多，但有很大一部分自己不"能够"；"能够"的事也很多，但有很大一部分自知不"应该"。两者交合处，便是"天命"。为此他走了二十年，终于他把握住了"天命"，成了一个独立人格的自由人。

费晟：一个人在知道"应该"和"能够"之后就会采取一些果断的行为。孔子其实也做了一段时间的官，在任上也很有魄力。比如杀少正卯那件事，到现在还会引起争议。《荀子》里对这件事的记载，我读几句：少正卯"心达而险，行辟而坚，言伪而辩，记丑而博，顺非而泽"，所以不能留下，孔子非杀他不可了。《庄子》里的记载却说少正卯在鲁国与孔子齐名，很有信众，导致孔门三盈三虚，也就是说孔子的弟子虽然多次满员，却又多次倾巢而出，去少正卯那边从学去了。把孔子说成是因争学生争不过，产生嫉妒而公报私仇。《庄子》这个说法很有意思，不过我不大相信。

余秋雨：我赞成你的想法，孔子做这件事不像是挟私报复。因为他一生真诚地嫌弃小人伎俩，倡导君子政治，不可能在大庭广众之下做一件明显违背自己理念的事。如果那样做，他就不是孔子了。

我觉得，孔子为官最出色的表现，是在外交领域。当时各诸侯邦国在名义上还都从属于周王朝，如果在正式场合的行为不符合礼仪，就意味着未脱野蛮，是非常丢人的事情。于是在这种场合，大家都需要一个通晓礼仪的人来担任指挥，而这个人就是孔子，这很为鲁国争光。在鲁国国君和齐国国君的一次聚会上，他多次指出齐国不合礼仪的地方，使齐景公大为惭愧，于是归还了原先侵占鲁国的一些土地，并且向鲁国道歉。我想，这方面的成绩，应该是孔子能够在鲁国做到"代理国相"的一个重要理由吧。

我想与大家讨论的是，孔子的直接问政、做官，这对于他的思想完成，起了什么样的作用。他这么一个知识分子，直接地参与政治，正面意义何在，负面意义又何在呢？

裘小玉：我觉得所谓"知识分子"，就是以非官员身份探究国事的一批人。可能中国知识分子入仕，就是从孔子开始的一个传统。知识分子直接出来当官，积极的作用在于可以实践自己的政治主张、政治理想，重新审视自己的学说。负面的意义就是可能会让他们丧失独立性，失去立场。

余秋雨：知识分子，在西方主要是两条脉络：一是德国康德的说法，认为知识分子是"敢于在一切公共场合运用理性"的人；二是一百年前从法国产生的一个概念，认为知识分子是能够对主流意识形态进行批判的人。这两条脉络都有道理，但我更偏向康德，因为他主张知识分子是可以靠自己的理性和勇气进入公共空间，改变公共空间，并创造主流意识形态的人。

孔子在周游列国时行使过独立批评，但没有用，因此他要进行局部示范。在中国古代，有些"清流"和"隐士"看似独立却总是隔靴搔痒，于事无补，而一旦被重用则大多清谈误国，一败涂地。这些人与孔子相比，差得远了。孔子的政治实践，并没有磨损他的政治理想。而且，他为了不让理想沉溺于一地，不断行走，使人生充满动感。

刘璇：有人概括这样的知识分子用了两个有点儿诗意的概念：庙堂上的理想和驴背上的诗情。也许这就是知识分子与专业官员的不同。

余秋雨：我们可以设想一下，如果官一直做下去，孔子会怎样？按照能力，孔子应该能当上宰相，从而成为管仲、晏婴这样的人。但是这么一来，他就不再是孔子，中国历史上也就没有这个伟大的思想家了。所以，我赞成知识分子为理想而投入一定程度的实践体验，却又不主张被权力吸引，把官一直做下去。幸好，由于一些主观和客观的原因，孔子不得不离官而去。离开得好，从此他又回归了自己的文化本位。

孔子遇到的问题直到今天还存在。中国当代知识分子为了把理想付诸实践，有不少人也会做官。但是，官场权力又最容易销蚀他们在精神层面上的使命，因此如有可能，仍然要退回到自身思考的独立性。究竟有多少人出而实践、退而思考？又在什么契口上完成这种转化？转化的结果是不是一定回到文化本位？……这些问题，永远存在。中国知识分子的利钝高下，也都与此有关。

第十课

一路冷遇成就的伟大

余秋雨：造就孔子真正的伟大的，是他从五十五岁到六十八岁之间的行程。没有周游过列国的孔子，就不是孔子。

毕竟已经是一个老人，毕竟已经是一个大学者，毕竟已经是一个门徒众多的资深教师，就这样风风雨雨不断地往前走，一走十四年。这个形象，在我们后辈看来，仍然气韵无限。

孔子的这一行程，可说是"中华文化的第一行程"。中华文化的组成，除了靠一堆堆文字之外，还靠一排排脚印。大家都知道，我特别看重包含着很多脚印的文字，或者说，包含着很多文字的脚印。

好，有谁来说说孔子的出发？

费晟：我记得孔子当时离开鲁国是被迫的。当时鲁国政权实际掌握在季孙氏、叔孙氏、孟孙氏三家世卿手里，孔子为了削弱他们的势力，采取"堕三都"的措施。结果季孙氏和叔孙氏的私邑被毁以后，孟孙氏就以武力对抗，"堕三都"的行动就半途而废了。这样一来，孔子与这三大门阀之间的矛盾也就变得非常尖锐。当时的鲁国国君又不争气，迷恋女乐，惰于政事，孔子很失望。鲁国举行郊祭的时候，祭祀后按照惯例要送给大夫们的祭肉也没有送给孔子，说明鲁国国君不想再用他了。孔子也只好离开鲁国，开始在各个国家之间乱转，还是挺凄凉的。

余秋雨：对，他就这样出发了。但请大家注意，不要泛泛地为历史人物伤心。一切伟大的行程，往往都是从无可奈何的凄凉开始的。

他行程的第一站是卫国。还没有到都城的时候，学生看到四周有那么多人，就问孔子，人多了，当政者应该对他们做什么呢？孔子的回答只有两个字——"富之"，让他们富裕起来。学生接着又问，他们富了以后，应该再为他们做什么呢？又是两个字——"教之"，就是对他们进行教育。

不要小看这四个字。只有非常成熟的政治家，才会用最简单的语言回答复杂的问题。

由于孔子已有的名声，卫国的国君很快就知道了他的到来。在宫里会见的时候，国君就问孔子过去的薪酬有多少。孔子在鲁国的薪酬是六万斗米（粟），这可是很大的一个数字。卫国的国君很慷慨，立即就说，我们也给六万斗。但是对于孔子政治上的建议，他充耳不闻。这大体可以概括孔子后来十四年的共同经历。

王安安：我想孔子其实也不在乎什么待遇。他想要的别人不给他，不想要的硬塞给他，这真是太悲情了。

余秋雨：在卫国度过了无聊的几个月，孔子只是在政界和商界认识了一些人，也不多。不巧的是，其中一个他认识不久的人和朝廷的叛乱案件有关。于是孔子和他的学生也成了卫国的监视对象，一头雾水的孔子只好离开了。

离开卫国以后不久，到了一个叫作匡的地方，在现在的河南省境内。孔子在这里被当地人围困了很长时间，说他长得像一个叫阳虎的人。阳虎在这儿打过仗，曾经攻击过匡人。以后，孔子一行在其他地方也经常被困，有时是军队，有时是暴民，被围的理由各不相同，但每次都有死亡的危险。孔子和他的学生，永远在逃奔。

王牧笛：孔子这十四年，也可以算作一场文化苦旅，他惶惑如丧家之犬，知其不可为而为之。比如他当时在陈蔡之地被困的时候，虽然绝粮，却依然带着他的学生唱歌、弹琴，这样一种君子之乐，应该也是成就他伟大的一个重要因素。

刘璇：孔子说他五十而知天命，我记得钱穆先生曾经说过这个天命是什么：对外我知道现实是不可以掌握，不可以用我的主张的；对内我也知道自己是什么样子，我自己不管别人用不用，我都要继续我的行为，用我自己的主张去实践它、传播它。孔子这十四年，对他个人而言，对后代知识分子而言，我觉得都是非常重要的，因为他树立了一个知识分子处世修身的典型。

余秋雨：刘璇在这个关口上说到天命的问题，非常合适。孔子走来走去，处处碰壁，其实正是在实践他对天命的感悟。钱穆先生的说法有点儿绕，其实孔子所谓知天命，就是不断地领会现实对自己的容忍程度，也就是自己能够在现实中的发挥程度。这也可以说是对自己生命行为的"边界触摸"。触摸的结果，知道了自己，也知道了"天"的意思，因此也知道了"命"。

正是在这里，我们可以看到中国君子和西方英雄的重大区别。西方英雄是挑战型的，根据自己的强烈意志，向天地挑战，向命运挑战，即使头破血流也成了悲剧英雄。这是从古希腊悲剧中就可以看到的形象。中国君子不是这样，他们不欣赏这种悲剧性，而是要在大悲剧产生前获取一份天人谈判的中庸合约。孔子因为在五十岁时就知道了这个道理，因此对后来的行程就不觉得苦了。

请不要把孔子的这种行为方式看成消极。在我看来，这是一种特别成熟又特别勇敢的文化态度。探索天命本身就是一种勇敢，比那种不管天命的自我牺牲更勇敢。请注意，探索天命并不是贪图自身安全，恰恰相反，孔子常常寻找一种有价值的不安全。他总是在寻找"可为"和"不可为"的红线，仔细地琢磨越线的风险和可能。

周双双：我觉得刚刚秋雨老师提到的中国君子和西方英雄的对比很有启发。西方的英雄形象，往往在一个非常大的悲壮事件当中，明知道前方是毁灭，但是为了尊严和荣誉，他们坚持到生命最后一滴血的流尽。而孔子这种行为，不追求一个轰轰烈烈的事件，也不追求过于响亮的荣耀，而在一个绵延的坚持当中一步步寻找，这同样也是一种英雄的行为。

余秋雨：孔子在遇到麻烦的时候，并不是一头撞向危险，而是愈加掂量自己的使命。在匡地被围五天五夜，有学生问他：我们难道就这么完了吗？孔子说：周文王已经没了，文明的重担显而易见落到了我们的肩上。如果先王和上苍不想延续文明和道德，那就不可能让我们学那么多东西。既然让我们学了，就是暗示我们有延续的希望。只要这个文明在延续，现在包围着我们的这些人就不能对我们怎样。因为这是先王的意志，也是上苍的意志。

后来孔子在离开陈国到蔡国去的路上，不小心进入了战场，出不去了，七天都没有吃东西，饿坏了。但是他还在唱歌，还在弹琴。当时也有过一段令人难忘的谈话，让我们远远地听一听。

孔子说：我们不是犀牛，我们不是老虎，为什么永远在旷野里流浪？——这段话好像在抱怨，其实是在启发学生回答这个问题。

学生子路说：是不是我们仁德不够，别人不信任我们？或者是我们的智慧不够，别人无法按照我们的方案来实行？

孔子回答说：如果天下的仁德都能获得人们信任，怎么可能有伯夷和叔齐的悲剧呢？如果天下的智慧都能被人接受，怎么可能有比干的灾难？他告诉子路和其他学生，不能以他人的接受不接受，来判断自己的仁德和智慧。

孔子接着又问学生子贡：我们怎么会走到绝路上？子贡说：老师啊，是不是你的理想太高了，一般人接受不了？我们能不能把理想降低一点儿，让一般人都能接受，那该多好。

孔子看了他一眼，说：你错了，天下最优秀的农民，不一定有最好的收获。天下最优秀的工匠，不一定都能够让人们满意。我们即使找到了循序渐进的办法，一步步把我们的理想都实现，也不见得能被天下的人完全接受。子贡，如果为了求得人们的接受就降低我们的标准，你的志向也太低了吧？

最后，轮到了学生颜回，孔子也问了他同样的问题。颜回说：老师的理想这么高大，一般的人不接受，那才证明老师是真正的君子。如果我们的政治方案不完善，别人不接受，那是我们的耻辱，但是如果我们的方案很完善，别人不接受，那是他们的耻辱。

孔子一听就笑了，觉得颜回讲得真好。他开玩笑说：颜家的后生什么时候赚了钱，老头我来负责给你管账。

子路、子贡和颜回当中，颜回最让孔子满意。颜回认为，真君子本来就难以被人接受。按照他的说法，真君子不但要走，而且要以一种高水平的方式走得很远，再回头看看一路上被接受的程度，这也等于考察了民众。在民众的接受和自己的理想之间，就是君子的立身之所。

丛治辰：我倒是不大喜欢颜回，这个人可能太会做人。他这个看法不就是从孔子对子路和子贡的回答里综合来的吗？八面玲珑。道理是说得没错，但是他的行为方式我看不上。比较起来我更喜欢子路的坦诚、率直和反省态度。跟子路的回答相比，我觉得孔子都没有足够的反省，这个老头在这里有点儿逃避责任。

余秋雨：我尊重你对孔子和颜回的意见，但是，我觉得不能对他们的谈话用一般的人情世故来衡量。颜回的回答恰恰碰撞到了孔子哲学的核心——中庸之道，也就是在"不被接受"和"设法接受"这两者之间嵌入一种追求。"不被接受"是预计中的，因为我们高于民众。所以既要面对民众，又要审视民众、考验民众。

孔子我们还要讨论，因为他还在路上。

第十一课

黄昏晚风萧瑟

余秋雨：孔子在年岁已高的时候花费十四年时间游历各国，充分显示了他强大的生命力。

生命力不仅仅指身体，更是指他全身心面对不同空间、不同事物时的一种能力，一种敏感，一种兴趣，一种试探，一种回应。这一切加在一起，就构成了一个生命存在的真实性。

比孔子晚生九十年的古希腊哲学家德谟克利特，曾追寻着他自己所崇拜的古希腊历史学家希罗多德的足迹，出发上路，不断地走，从埃及走到巴比伦，走到古波斯，一直走到印度。他把父亲的遗产用完了，回到古希腊，被控告挥霍财产。在法庭上，他朗读了一路上写的《宇宙大系统》，征服了法官和听众，不仅打赢了官司，还获得了高额奖赏。这个官司给欧洲后来的学者带来了巨大的启发，代代相继出行，一直到法国的思想家卢梭等人。他们在旅途中写下了大量的著作，完成了他们的思考。他们甚至认为，自己在不行走时就不能思考。

王牧笛：余老师好像一直很强调这种行走在大地上的知识分子的生命状态，您写《文化苦旅》，也在践行这种理念。

余秋雨：我很早就发觉，中国知识分子的整体萎靡，既有外在原因，也有内在原因。当外在原因发生了变化，他们为什么还是不行？那只能是内在原因了。内在原因初看是互相伤害，实际上是自我禁锢，造成了生命状态的畸形。直到现在，大量"伪精英"、"伪斗士"的出现，都是在狭小的圈子里装腔作势、尔虞我诈。这种状态实在让人不敢对比两千多年前孔子一行。我觉得，下一代知识分子若想走出陷阱，应该远远地追慕孔子和他学生们的风范，走到万千世界中去，面对千姿百态的生态和心灵，学会感受、学会思考、学会表述。

孔子在路上，从五十五岁的壮年变成了六十八岁的老人，终于回来了。刚回到家里，得知自己的妻子已经在一年前去世。回家的第二年，独生儿子孔鲤也去世了。中国家庭伦理的奠基者，失去了自己的家庭。

王湘宁：好在他还有子路，有颜回，这些跟了他那么多年的学生，还能够让他有个寄托。

余秋雨：又过了一年多，最喜欢的学生颜回也去世了。他对妻子和儿子的去世并没有强烈的表达，但对颜回的去世，他就向着上苍哭喊了："噫！天丧予，天丧予！"老天哪！你要了我的命啊，你要了我的命啊！再过一年，忠心耿耿的子路也死了。那时卫国发生内乱，子路闻讯，赴难就义，死得很惨烈，被人家剁成肉酱。差不多同时，他的另一个学生司马耕也去世了。学生们的去世，对他的打击非常大，比他十四年来在每个国家吃闭门羹还要难受得多。

至少，在吃闭门羹的时候，他还有很多幽默。有一次，他在郑国和学生失散了。有人告诉子贡说：东门有个人，疲惫惶惑有如丧家之犬，大概就是你们要找的人吧？子贡顺着这个人的指点找到了孔子，并把这个人的话告诉他。孔子一听就笑了，说："说我像丧家之犬，是的啊，是的啊！"可见这是一个懂得幽默的老人。但是现在面对亲人和学生的一个个去世，他幽默不起来了。他感到任务很重：一方面，随着名声越来越大，拜到他门下的学生越来越多，他来者不拒，要给他们开课；另一方面，他还要大规模地整理古典文化，六经就是在那个时候开始整理的。他用心最多的是《春秋》，这是一部开创性的编年史。在思想内容上，他还提出了大一统、尊王攘夷、王道等重要的政治观念。

裘小玉：这些，后来也深入人心。如果没有这些思想，可能汉武帝也不会那么容易就接受儒家吧。

余秋雨：一部编年史变成了一部政治学，这个学术现象很值得我们注意。中外一些顶级哲人的思维，是通过讲述往事来体现的，这比"裸露状态"的哲理更有价值。因为失去了时空定位的哲理，往往只是一些离开树枝的落叶。孔子以编年史的方式表达的政治观念，证明是在中国的土地上实行过的，因此更有说服力。

一天，有人在西边狩猎获得了麒麟，孔子听到以后心中一震，说："吾道穷矣。"他感到上苍给了他一个信号，他已经靠近大限了。于是，他那一天在《春秋》上写了四个字："西狩获麟。"《春秋》就此结束。

《春秋》后面的篇章，是他的学生补写的。因此，他自己的"编年史"也结束了。他开始得病，还唱了一首歌："太山坏乎！梁柱摧乎！哲人萎乎！"泰山要倒下来了，梁木要断裂了，哲人要枯萎了。七天以后，他就离开了人世，活了七十三岁。

先秦时期人们的寿命都不长，但奇怪的是，"仁者寿"，智者亦寿，先秦诸子的寿命都很长。墨子活了八十九岁，孟子八十四岁，庄子八十四岁，荀子七十八岁，比起来孔子算少的了。当然，也有不正常死亡的，比如韩非子，死的时候只有四十多岁。总的来说，先秦诸子以高寿完成了一座座思想大厦的建造。

司晨：我记得鲁哀公还专门作了诔文悼念孔子，这好像是最早的诔文。中国的事情很奇怪，伟人活着的时候大家都不大看重他，死了之后，才纷纷醒悟那个人好伟大。

余秋雨：这种情况现在还是这样，活着的人总是有"争议"，因此大家只把他看成"争议"一方，不予尊重。等到一死，"争议"结束，立即"伟大"。

孔子生前特别强调周礼当中的丧葬之礼，这一点和道家的区别比较明显。道家觉得人生就是一片浮云，哪儿来哪儿走，哪儿起哪儿止，无所谓。可以消失在流沙荒漠，可以消失在草泽江湖。但对孔子来说，人生不是一朵云、一股气，而是一个庄严的过程，要用隆重的仪式来终结它。

孔子为什么要重视丧葬之礼？在横向上，可以通过丧葬方式来维系生灵之间的互尊；在纵向上，可以通过丧葬方式来护佑家属之间的传代。他的学生因为认真学习了这方面的知识，所以孔子本人葬仪之隆重，可想而知。

尤其让后世关注的，是学生们的守墓仪式。大家要在墓边守三年，穿衣、吃饭都有特殊规定。墓边还搭建了窝棚，这些学生的家庭也要搬过来陪。来了那么多家庭，亲戚和相关服务人员也随之而来，结果就成了一个不小的村落。

王安安：我到曲阜去，还看到孔庙里收藏了孔子用过的衣服、帽子、琴、书、车，不知是真是假。后来很多皇帝都亲自去曲阜，祭奠孔子，孔子身后真是很受重视，他活着的时候根本没法比。

余秋雨：那是到了汉代以后，孔子不仅是纪念对象，而且成了精神坐标。有许多皇帝亲自来祭孔。最先来的是汉高祖刘邦，后来有东汉的光武帝、明帝、章帝、安帝，我所喜欢的北魏孝文帝也来了。唐高宗、唐玄宗都来过曲阜，后周的太祖、宋真宗，直到清代的几个皇帝，清圣祖、清高宗也都来过。祭孔，已经成为一种国家仪式。

费晟：那些学生为孔子守墓非常真诚，但后世的皇帝祭孔子就显得有点儿矫情了。孔子的学生为他守墓的时候，孔子依然是一个鲜活的形象，可是当后世把孔子的学说政治化以后，展现出来的就是一个冷冰冰的形象。孔子的学说被附上政治含义以后，丧失了它作为一个学说的独立性，被片面和畸形地发展了。

余秋雨：于是我们眼前出现了两个孔子：一个是我们喜欢的思想家孔子，他的自然生命了结在七十三岁；另外一个是被偶像化了的孔子，他的学说被统治者们引到了另一个侧面。

王安安：这些皇帝确实是利用孔子，把孔子哲学变成一种国家的意识形态。但是我想，也正因为政权的力量，儒家学说才会被普遍接受。那么，皇帝的推崇是不是也起到了一定的好的作用呢？

余秋雨：当然有积极作用。你看，中国那么多的朝代，那么多的皇帝，他们民族不一、政见不一、血缘不一，共同地尊重一个人，这个人不是皇帝，也不是神，而是一个文化人，这种现象，不管怎么说也是人类文明的奇迹。他作为一个"统一符号"，保证了中华文化的千年传承。

不仅如此，从隋唐开始的一千三百多年的科举制度，考试的内容有不少变化，但越到后来越偏重于儒家学说。那些学生可能只是为了做官，并不是为了孔子，但是却用极大的精力去背诵儒家经典。表面上，好像是孔子滋养了他们，实际上，却是无数年轻的生命滋养了孔子、滋养了《论语》、滋养了儒家学说。那些人考上科举后拿了孔子的学说去做官，那么无论在文官选拔层面，还是官场实践层面上，孔子变成了一个"大孔子"，变成了一个横跨时空的惊人文化现象，这在人类历史上没有别人可比。

我们为这个"大孔子"高兴，但在心底里，还是喜欢那个一路被人拒绝、一路自我安慰、一路唱歌弹琴、一路颇为狼狈的孔子。

第十二课

君子的修身与治国

余秋雨：今天我想问大家：你觉得孔子对历史的最大影响是什么？

王牧笛：在我看来，孔子是后世读书人的典范，敏而好学，不耻下问，为人师表，垂范后世。当然，他的女性观在如今应该被抛弃了。

费晟：孔子提倡一种以家庭伦理为基点和核心的中国式的思维方式，在我看来，这是与西方文化最大的差别之一，它和西方那种终极关怀是完全不同的两种路径。两千年来所有的中国人安身立命之处都是以家庭为原点。

余秋雨：你说得不错。孔子很重要的思想就是以家庭伦理为基础的社会结构重建。他把家庭的模式，扩大到整个社会结构。

本来，研究社会结构是政治家的事情，一般老百姓不会关心，也缺少思考的资源。没想到孔子创造了一个可亲可爱的思维方式，那就是把人人都能体验的家庭生活方式当作一个象征体，推而广之，使宏观政治问题变成了家庭问题的放大，使一般民众也具备了思考的基点。后来孟子也用了这个思维模式，推己及人，推小及大，借由普通民众能够感受到的境遇，来设想一个社会和一个国家。在一般中国人看来，家庭的血缘伦理是自然的，难以动摇的，由此扩大，政治也渐渐变成了一种"自然伦理"。我觉得这是一项高明的理论策略。

中国人的家庭伦理观念，与农耕文明有关。农耕文明不同于海洋文明和游牧文明。对游牧文明来说，马背是家，帐篷是家，只要远方有水草，那就是我要去的地方。海洋文明，则永远在向往彼岸。彼岸在何方，可能永远不知道，因此也可能永远不能回来。中国的农耕文明是"精耕细作"的文明，从春耕到秋收有好多程序，非常复杂。它延续的前提就是聚族而居，一家老小"日出而作，日落而息"。聚族而居就要讲究伦理结构，有了这种结构才能完成生产的程序和财物的分配，才能协调彼此的关系。孔子找到了这个结构，并把它扩充来治理天下。他的逻辑结构是从修身开始来齐家，然后是治国平天下。

孔子找到了一个起点，一个平台。例如中国民间信奉的第一法规是孝，把对父母不孝的人骂成是"狼心狗肺"，也就是脱离了做人的最低限度。孔子就把这个关系推延到了君臣关系当中，也就是从"亲亲"直通"尊尊"，形成了整体的治国观念。

这个观念又进一步要求人们在社会伦理中"扮演"家庭伦理，构建一种简单、严谨、快乐的"礼乐"仪式。

这样的社会靠什么支撑起来？靠君子。如果没有君子，就缺少人格的基点，缺少实践者、引领者和监督者。因此，孔子把君子人格的养成，看成社会理想的核心，他一直以极大的热忱在呼吁君子之道。在他之后，儒家学者大多会在君子之道上下很大功夫。荀子对君子的重要性更是做过最简明的概括，他说，"君子者，礼义之始也"；"君子者，天地之参，万物之总"。

裘小玉：君子之道的内容很丰富，例如确定了君子的人际交往原则，"己所不欲，勿施于人"，到现在仍有价值。

余秋雨：对。但遗憾的是，当他的学说被历代朝廷推崇的时候，君子之道被淡化了。因为皇帝们很难做君子，他们更多地信赖法家，甚至暗地里信赖丛林原则。

我写过一篇专门论小人的文章，在海峡两岸都曾经产生过不小的影响。不是因为我写得好，而是因为在中国人的社会中，作为君子对立面的小人，势力太大了。君子，尽管被呼吁了两千多年，却还是"稀有动物"。

丛治辰：写小人的那篇文章我还记得，秋雨老师没有给小人做抽象定义，而只是用大量感性实例来调动读者的经验系统和判断系统。例如，文章里面讲到一个小人，为太子娶亲接新娘，看到新娘的形象实在太好了，就半路转了个身，把她献给正当政的国君。太子妃变成了太子的娘，实在叫人感叹不已。

余秋雨：君子和小人的区别，比好人和坏人的区别更深刻。很多敌对营垒里的人，很可能是君子；很多与我们完全站在一起的人，很可能是小人。因此，这种划分能够把社会历史从表层的是是非非中解救出来，增加一层人格坐标。

从两千多年前开始就醒目地划出君子和小人的区别，这是中华文化的一大优点。但是，由于这种区别只停留在一种不确定的感觉上，很多读书人都自称是君子，即使不是也很难否定。读书人一旦通过科举考试做了官，大多会陷入官场权谋，甚至变成小人政客；没通过科举考试，就可能变成鲁迅笔下的孔乙己，穷困潦倒还自称"君子固穷"，构成对"君子"这个名号的讽刺。

刘璇：读书读得顺的去当官，开始搞权谋，读得不顺就变成孔乙己。这样一想，真是叫人有点儿悲观。那如果读书人里都很难出君子，又该怎么办呢？

余秋雨：我也有点儿悲观。而且无数事实证明，最多的小人集中在文人之中。

我只希望，那些埋没在小人堆里的君子能够互相认识。尽管周围都是密密层层的肩膀，但在肩膀和肩膀的缝隙中，却看到了一种与自己近似的眼神。

为此，我们还需要重温一下孔子对君子和小人的划分。

孔子在这个问题上的划分很多，我在这里只能随口说几个方面，例如在外部标志上，在人际关系上，在道义使命上，君子和小人的区别。

在外部标志上，孔子说："君子坦荡荡，小人长戚戚。"这是无法掩饰的直觉形态。就像我们进一个屋子，还没有搞清楚里边究竟藏了什么，但一眼就可以看出是敞亮的，还是局促的。君子为什么能够坦荡荡呢？孔子解释道，因为君子是仁者，所以不忧；君子是智者，所以不惑；君子是勇者，所以不惧。

在人际关系的对比上，孔子讲了不少。例如："君子成人之美，不成人之恶，小人反是"；"君子和而不同，小人同而不和"；"君子泰而不骄，小人骄而不泰"；"君子求诸己，小人求诸人"；"君子周而不比，小人比而不周"，等等。可见他特别重视在人际关系中看人品。如果有一个大学者，著述甚丰，但细想起来，从来没有怎么帮助过别人，反而几度坏了别人的事，那么，这个大学者在本质上很可能是一个小人。在这些对比中，"和而不同"和"同而不和"的界限、"周而不比"和"比而不周"的区别，最为深刻。这两重对比，保障了君子们在和睦中的独立性，否定了小人们在趋同中的攀比。因此，也证明了那种没有不同意见的千篇一律，只能滋生小人而不是君子。

在道义使命上的对比，孔子觉得最为根本。他提出了一些简明原则，例如："君子喻于义，小人喻于利"；"君子怀德，小人怀土"，等等，认为君子不同于小人的基本点，在于能够超越利益和境遇，追求道义和仁德。

从反复的对比中让大多数中国人感悟到君子和小人的差别，这是一笔延续两千多年的精神遗产。我希望同学们在儒家关于君子和小人的对比上投下更多的时间来体会。作为一个有文化的中国人，一辈子修身的目标就是做一个君子。我们，都应以君子之道共勉。

王牧笛：刚刚余老师讲的是君子之道，我知道孔子还特别强调一个东西，就是"中庸之道"，它又该怎么理解呢？

余秋雨：感谢你提得那么及时，成了我讲课的自然过渡。如果说君子之道属于人格论，那么中庸之道便属于方法论。中庸之道，是反对极端主义和单边主义的一种制衡哲学。

人类，太容易走极端了。能不能在两个极端之间，找一条最恰当、最合适的路？儒家的好处，就是相信这条路的存在。即使一时找不到，它也存在。这种信念，变成了一种信仰，因此方法论也就变成了目的论。

实际上每个年轻人都有可能沾染极端主义思维。极端主义的初级形态就是追求危言耸听的"痛快"，极端主义的高级形态就是争取成为站在悬崖峭壁上的"英雄"。为什么是站在悬崖峭壁上的呢？因为这些人越要吸引观瞻，就要把对立面看得越大、越强，结果把自己脚下可踩踏的地方越逼越小。我见过"文革"时期的造反派头头以及某些族群分裂主义首领，几乎都是这样。他们为什么能成为首领？因为提出的口号特别刺激。特别刺激的口号一定是狭隘、苛刻、夸张的，那就成了"原教旨主义者",或者说"基本教义派"。他们容不得任何修正、宽容和妥协,并把修正、宽容、妥协看成是叛变。这种思维,把满世界都看成是仇敌,那就只能把自己看成是无以立足的孤独者了。不少人喜欢仰望这种形象,于是他们也就扮演起这种形象,到后来,让别人和自己都没法活。

中庸之道否定了这种扮演,笑眯眯地解救了这些人,也解救了他们的所谓"仇敌"。天下的活动空间很大,人类的生存方式很多,何必玩这种极端?极端主义认为,"离佛一尺即是魔"。这种理论看似保护了佛的纯洁性,其实是孤立佛、限制佛,让佛失去了话语空间和行为自由,并对一尺之外的所有物象进行呵斥和打斗,那么佛也就不再是佛。中庸之道正相反,认为"离魔一尺即是佛",佛的世界无比广阔,一切人都能走向光明。

正因为这样,孔子把中庸之道看成是最高、最广的道德。他在《论语》中说:"中庸之为德也,其至矣乎。"他由此进一步认为,"君子中庸,小人反中庸"。也就是说,那些永远在玩弄极端概念、陈述刺激话语的"英雄",基本上是小人。这话,希望大家记住。我为什么历来不与极端主义辩论?因为心中早有孔子的这个判断。

学习中庸之道,我建议大家多读儒家经典《礼记》中的《中庸》篇,这是孔子的弟子和再传弟子们所记述的,很有价值。我在这里忍不住要为大家读一段:"喜怒哀乐之未发,谓之中;发而皆中节,谓之和。中也者,天下之大本也;和也者,天下之达道也。致中和,天地位焉,万物育焉。"

我一直认为,中庸之道,是二十一世纪建立世界新秩序的最佳哲学,可惜很难让外国人领会。我还认为,中庸之道加上君子之道,是儒家的灵魂所在,也是中华文化的灵魂所在。

第十三课

关于下一项记忆的争论

余秋雨：在甲骨文、商代、老子、孔子之后，接下来应该讨论哪一个重大文化现象？这一定会引起争议，因为已经攀越的这几座大山无可争议，而后面的大山则很多，选哪一座呢？我希望听到不同意见，然后再来讨论。顺便还请各位说一说，文化记忆对一个民族而言，是多一些好，还是少一些好，分寸如何把握？

丛治辰：我觉得文化记忆过多不好，过少也不好，均衡就好。就像某个著名的洋快餐广告语说的，均衡的营养对于我们才是健康的。对于一个民族来讲，也是均衡一点儿为好。在讨论了甲骨文、商代、老子、孔子之后，我想下一个值得记忆的应该是与他们的思维有一点儿不同的，能构成一个互补关系的思想家，我推荐公孙龙。我的理由很简单："缺什么补什么。"在整个中国文化长河中，逻辑学一直很缺乏，直到近代以来，许多大家像金岳霖先生，都要去西方学习逻辑学。其实，我们的老祖宗本身就有好的逻辑学传统。如果能从公孙龙身上，包括从后期墨家身上，学一点儿逻辑学的知识，也许会让我们对近代的理性、近代的科学有更好的理解。

王安安：我推荐的候选人是庄子。现在中国人对艺术的兴趣越来越浓，各种画展、各种艺术展览都是人头攒动。但在大量外国艺术作品进入中国的时刻，我们不禁反思，为什么现代中国没有艺术的精神和审美的精神？其实中国艺术的思想渊源和文化渊源是从庄子这儿来的。所以我认为庄子很值得大家研究和记忆。

余秋雨：丛治辰的想法很有趣。但是，我们对于古代经典，不能采取实用主义的态度。这就像不能让我们年迈的曾祖父，去修剪花园的大草坪，尽管曾祖父年轻时务过农，而我们的草坪又一直杂草丛生，缺少一个修剪工。我们古代确实有过不错的逻辑学，但是从今天的需要而言，则应该学习以科学精神为基础的现代逻辑学。我本人的逻辑学基础是从欧几里得几何学打下的，在这方面，不必强调民族界限。

庄子的情况不太一样，他代表着一种后世无法取代的人生态度和艺术精神，是东方文明的标志之一。对于一般民众而言，庄子比公孙龙更值得记忆。

魏然：我认为韩非子也应该被记忆。在诸子百家的学说当中，真正脱颖而出，为统治者所采用并且成功实践的是韩非子代表的法家学说。中国古代形成发达的中央集权政治，跟法家密不可分。

余秋雨：不错，几千年来的中国政权中，法家一直是一个若隐若现的核心结构。麻烦的是，它太普及了，一种畸形的普及。法家提出的"法、术、势"，除了"法"的概念比较艰深外，"术"和"势"的概念几乎成了一般文化人读解中国历史的基本门径。权术、谋术、拉帮结派、造势炒作……成了人们对中国文化的低层领悟，而且已经渗入很多人的骨髓。直到今天，很多历史评论、文化演讲，包括历史题材的电视剧、电影、小说，都很少离开这个格局。因此，我主张在学术上为法家正名，让它恢复作为一种古典政治学和管理学的宏大内涵，但在民族记忆上，却应该淡化它，不要火上浇油，不要继续张扬。

丛治辰：秋雨老师曾经说过，文化太多了并不是一件好事情，应该对文化做减法，我们真正需要继承的是精髓性的文化。从普通老百姓的角度来讲，主要还是应该继承孔孟学说的一些亮点，比如说："忠"、"孝"、"仁"、"义"、"和平"、"浩然之气"等。

余秋雨：如果缩小到只剩孔孟之道，又太单调了。因为那毕竟是百家争鸣的时代。

诸丛瑜：对不起，秋雨老师，您的观点和刚才发言同学的观点我都不能同意。我认为这是一种精英主义立场的观点。普通民众的文化记忆的多少和内容都不是任何人可以为之选择和设定的，文化记忆是一件非常个性化的事情。在新闻学里面有一个理论叫作选择性记忆，是说受众可能对新闻做选择性的记忆。我认为对于文化记忆而言，实际上也是一个选择性记忆的过程，比如说，一个从小爱好军事的人，可能会对孔子、孟子没什么感觉，却会记住白起、王翦等人，一个喜欢水利的人则会记住郑国、李冰这样的名字。一个民族的文化记忆是由许许多多的个性化记忆组成的谱系。

余秋雨：你这里有一个潜在的假设，以为全部文化资源都已经摊开在广大民众面前可供挑拣，其实不是这样。一般民众由于教育和专业的局限，并不知道存在那么多资源。因此你的无限个性化选择，很有可能是取消选择。就像我们在一个极大的范围内选举领导人，如果没有候选人，便完全无法实行。这里就出现了文化人的责任：为一个时代选择一个范围,并把选择的理由讨论清楚,然后才能让民众自由选择。这个过程,也是启蒙的一部分。

魏然:那么我推荐一个人,他在几千年前就发出了个人主义的微弱呼声,他就是杨朱。我们中国一直是推崇集体主义的,他非常重视个人的价值。

余秋雨:遗憾的是,杨朱留下的资料太少,我们不能了解他系统的论述。他说"拔一毛而利天下,不为也",一般认为是极端利己主义。但我认为,他既然能在智者如云的时代成为一个思想流派,一定不会那么浅薄。他可能会认为,"天下"是一个空洞概念,因此也可能是一个虚假概念,而个体是实在的。安顿个体,不要制造"利天下"或"害天下"的借口来剥夺个体。因此,不随便拔毛——这只是猜想。我们不能凭着猜想来选择记忆。

刘璇:那我来推荐一位研究资料比较多的先秦思想家——孙子,尤其是他的"慎战"思想。孙子认为战争不是一个必要的手段,只是最后的手段。他说"上兵伐谋,其次伐兵,其下攻城",短兵相接、攻城略地是不得已的选择,也是最下策的选择。战争是国之大事,需要谨慎。听说我国领导人访问美国的时候,赠给小布什一本《孙子兵法》,寓意很明显。自布什当政以来,他在中东是"伐谋"不足,"伐兵"有余,逢城必攻。因此,中国就来告诉美国:世界需要和谐,美国需要节制。孙子的"慎战"思想,是值得当今全世界重新记忆的。

丛治辰:我倒觉得从文化记忆这个"高尚"的口袋中,最不应该拿出来的就是孙子。孙子心机太多,良知太少。当下孙子已经很泛滥了,处处是《孙子兵法》与商战、与市场竞争、与企业管理。我们已经把孙子泛滥化、庸俗化，甚至妖邪化了。所以在这种情况下，既然孙子审慎地对待战争，我们也应该审慎地对待孙子。

刘璇： 我不同意你的观点，正如你刚才所说，我们已经把孙子泛滥化、庸俗化，甚至妖邪化了，正因为如此，我们更应该还原本真的孙子，去看看《孙子兵法》到底是怎样的一部书。

王牧笛： 请注意，现在人们大肆宣扬的是兵家、法家的谋略智慧术，是些阴暗的东西，会带来严重后果。我认为孟子的性善论是一针强心剂，值得我们认真思考。

万小龙： 各位，你们刚才讲了这么多，无论老子、孔子、孟子，还是孙子，都是很精英化的人物，然而我们的老百姓到哪里去了呢？精英学者都在津津乐道这些形而上的东西，但是我们的贩夫走卒，我们的引车卖浆者，他们的英雄肯定不是孔子，不是孟子，也不是孙子。他们有自己的偶像，从金庸小说的流行可见，武侠、任侠的精神，实际上是中国民间社会几千年来非常崇尚也非常渴望的精神，将这种精神体现得最明显的还是墨家，是墨子。王小波写过一本书叫《沉默的大多数》，我觉得沉默的大多数并不是知识分子，而是知识分子所想代言的那个平民阶层。他们才是真正的沉默的大多数。在春秋战国时代，我们很庆幸有这样一个叫墨翟的人，代表了那一批沉默的大多数，使那个时代变得如此丰富、灿烂。无数标榜自己代表着沉默的大多数的社会精英，我想问问他们，你们是否真正了解那批沉默的大多数？

郭战伟： 我也同意我们最该记忆墨子。除了刚才这位同学提到的他来自草根阶层的原因之外，还有一个原因是他强调实践性。这可能是中国文化中最为缺乏的一点。中国读书人，自古以来都是崇尚空谈不讲求务实，而墨子在这方面提出了很多有意义的观点，他值得被记忆。

王安安： 刚才听了这么多同学的意见，纵览中国先秦哲学史上如此多的思想家，令人疑惑的是几乎没有人提出"快乐"这个词。大家乐此不疲地畅言如何改造社会，如何处理人际关系，怎么样去搞定国家、搞定君主、搞定身边的人，几乎没有人提出要使自己获得心灵的自由，获得心灵的快乐。幸好我们还有庄子。在记住这么多"家"的同时，我们一定不要忘了庄子，不要忘了让自己的心灵获得一分宁静、一分快乐、一分自由，我觉得这倒是现在中国人最缺乏的东西。

余秋雨：我赞成把墨子和庄子作为我们下一步谈论的重点。当然，在先秦思想家中，提出"人本善"的孟子和"人本恶"的荀子，都具有极高的理论价值，因为他们为儒学提供了人性论基础。而且，还提出了"民本"、"王道"、"仁政"、"一天下"等影响中国历史两千年的政治学。但是，我们既然已经把孔子选为儒家的代表，就只能把他们放在那个大家庭里了。其实，他们在很多学术层面上，已经高于孔子。

墨子很容易被遗忘，却不该被遗忘。刚才刘璇称赞孙子的"慎战"思想，而墨子干脆提出了"非攻"，观念更明确了。他还提出过"兼爱"，这在中国思想界简直是空谷足音。因此直到近代，连孙中山、梁启超这些很有世界眼光的人，也认为中国最需要墨子。

至于庄子，正如王安安所说，他给人一种心灵的快乐。我要说明的是，庄子为心灵提供快乐的依据，一是自然，二是艺术，因此很"现代"。

自然的诗化，诗化的自然，是最美好的精神出路。

第十四课

一个让我们惭愧的名字

余秋雨：今天我想先听听大家对墨子的印象。印象，也许是古人在今日世界的最终归宿。

王牧笛：墨子的外貌似乎比较疾苦，是一个劳苦大众的形象。孟子说墨子秃顶，脚后跟由于经常走路是破的。庄子说墨子腿肚上没有毛，也没有肉，也就是我们说的骨瘦如柴。鲁迅写小说，写到墨子时，说这个人脸很黑，像个乞丐。

郭战伟：墨子可以手脑并用，他一有想法马上就会付诸实践。准确地说，墨子不仅是一位思想家，更是一位行动者、实践家。这在诸子百家中非常少见。

王安安：墨子是一位仁者，也有孤胆游侠的气质。即使大家都不理解他，他还是能够坚持自己的原则。不仅"言必信，行必果"，而且为了信仰可以抛弃七情六欲。

余秋雨：能不能把他与我们前几堂课说过的几个思想家做一些对比？

王牧笛：不妨打个比喻，如果孔子是一只狮子王，墨子就是一匹领头狼。孔子强调某种高贵的生存态度,在这种高贵的姿态之下,对民众难免产生疏离之感。而墨子本身就来自民间,代表着平民化的生存态度。总的来说,我觉得墨子比孔子更有包容的生存态度,生存能力也更加顽强。

余秋雨:关于墨子,我的第一印象是颜色——黑色,"墨"就是黑色。如果说其他的诸子百家都是用自己学派的理念来命名,那么,墨家则用一种颜色发言,而这个颜色恰恰是他的姓氏。冯友兰先生、钱穆先生都对此做过考证,认为墨子堂而皇之地用"墨"作为自己学派的名号,也就是承认自己代表着社会底层。"墨",一方面指黑衣、黑肤、黑脸,社会底层的形象;另一方面,"墨"是当时的一种刑法——墨刑,代表着比社会底层更艰苦的刑徒。

一九二八年,有一位叫胡怀琛的学者,提出墨子是印度人。胡怀琛先生的理由是,墨子名"墨翟",墨不是姓,翟也不是名,而是"貊狄"或"蛮狄"的同音转借,这两个词都是对不知名姓的外国人的称呼。当时不少中国学者对外国了解不多,觉得一个黑皮肤的外国人,当然就是印度人了。而且,墨子的"兼爱"思想又颇有佛教的影子。但是佛教的太虚法师认为墨家的学说不太像佛教,而像印度本土的婆罗门教。有人便顺着这个势头进一步推理下去,比如卫聚贤先生,认为不仅墨子是印度人,老子应该也是印度人。还有金祖同先生,居然认为墨子应该是阿拉伯的穆斯林。看到这些争论的文章我笑了,心想我们老一辈很有学问的学者怎么会这样闭塞又这样武断?

墨子的颜色,是一种纯粹的中国黑色。墨子的哲学,是一种高贵的黑色哲学。

先秦诸子都喜欢旅行,他们一会儿坐牛车,一会儿坐马车,有的时候还坐轿子,但墨子靠双脚走路。最著名的一次是去楚国,劝阻一场伐宋之战,并跟公输般(即鲁班)辩论。这条路很长,起点在泰山脚下,终点是楚国的郢都，在今天的湖北荆州一带。这就是说，墨子要穿过山东的一小半，再穿过河南全境，然后才到湖北。到了湖北还要走很长的路，才能到达目的地。十天十夜，他全在步行，走得脚上起疱，他从黑色的衣服上撕下黑色的布条，包扎一下之后继续走在黑夜里。就这样孤身一人，去阻止楚国攻打宋国。他成功地阻止了这场战争，于是他又走回来，走到被他解救的宋国。当时下起了大雨，他想到城门下躲雨，却被宋国的人赶走了。他在大雨中暗暗自嘲：一个人呐，靠大智慧救苦救难谁也不会知道，凭小聪明整天折腾谁都会认识他。

他的这种黑夜行走，看上去很孤独，其实他很享受这种独行，如果他要召唤一些徒弟陪同，非常方便，因为他一直拥有一个与他言行相依的团队，组合成一种正义的集体力量。这样一个人，让我们惭愧，又让我们怀念。

丛治辰：秋雨老师说到这里，我脑海中一下子跳出来一个形象，金庸《天龙八部》里的乔峰——一个穿着粗布衣服奔走在路上，制止战争、维护和平的英雄。还有一个形象是金庸《鹿鼎记》里天地会总舵主陈近南——以替天行道为己任，有一个非常忠诚的团队，有他的帮规和信仰，为大家所拥戴。这两个形象的合一就是我理解的墨子——都体现出"侠"的精神，墨子正是一个侠客。《墨子·贵义》里面讲"万事莫贵于义"，他对"义"的追求，就是后来侠客精神的重要来源。

余秋雨：你说得不错，墨子和侠客确实一脉相承。司马迁所说的任侠精神在墨子身上获得了完善的体现。不过，一般侠客都没有像墨子那样有明确的思想体系，而墨子提出了"兼爱"、"非攻"等一整套理论，已经成为一位跨时代的精神导师。

王安安：我觉得墨子虽然不是印度人，但他的形象很贴近印度的甘地，提倡清苦的日常生活与非暴力的和平主张，并不是整日刀光剑影、飞花落叶、人头落地。墨家的法规非常严苛，杀人者死，伤人者刑，实际上和甘地的非暴力主张很契合。我认为墨子比天地会、乔峰都要高很多。

郭战伟：不，安安误会了。墨子不是不要暴力，实际上他就是以武力作为基础参与到那个时代的生态中去。如果没有暴力，便不存在"非攻"的说法。我倒愿意从墨子身后的那个浓重的底色——他的团队来透析墨子。他们都是墨家学派的弟子，但存在着严密的效忠关系，某种意义上类似一个教团，具有宗教性。而且，这个团体也正是墨子的暴力组织，他们用墨家的战争经验直接参与到各国实务性的政治活动中。

余秋雨：不错，他拥有一支以学生为主体的强悍团队。先秦诸子的其他学派也会有不少学生，但墨子的情况完全不同。他是司令，指挥重大行动，而不仅仅是教师。这使他具有其他学派所不可能有的力量。例如那次他步行十天十夜到楚国去救宋国，看似孤身一人，却有一个武装团队作为强大后盾。因此，当公输般知道比不过他，隐晦地表示可以通过除掉他来取得胜利时，他就沉着地说，自己的弟子三百人已经全副武装地等在宋国的城头。由此可见，他的"非攻"思想是由盾牌守护的。

萨琳娜：我认为墨家团队有点儿半宗教的性质，然而他们不信奉某个特定的神灵，所以不能说它是完全的宗教组织。但是它通过"巨子"制度形成非常严密的组织，有着共同的道德伦理、价值观以及信仰，很类似于宗教组织。

郭战伟：我非常同意你的说法。墨家是有一种宗教情怀，它一方面施行军事化的管理，另外一方面通过某种半宗教信仰使这些人可以"赴汤蹈火、摩顶放踵"，在所不惜。但是我一直有一个疑问：为什么墨家团队夭折了，之后的中国历史上没有了它的身影？难道仅仅是因为它没有一个单一的神、一个崇拜的偶像吗，还是因为其他原因？

万小龙：有学者认为，墨家是一个半军事化的教团组织。它为什么没有留下来，我觉得归根结底在于它的组织制度——巨子制，这种组织制度有"权"，作为团队的领导者，享有足够的权威，甚至掌控了团员的生杀大权。这是它跟其他学派最大的区别，有权就必然产生争权，所以墨子刚一去世，墨家马上分为三派。儒家的老师对学生并没有那么大的人身控制权，没有权力就无所谓争权。

丛治辰：我不是很同意你的观点。墨家分成三派，孔子死后儒家分成了八派，那可以反证儒家的争夺更厉害吗？我觉得墨家团队消失的决定性原因不在争权。

万小龙：不可否认"巨子"制的弊端是一个重要原因。我这里有一个例证，在墨家后期有一个巨子叫孟胜，他和楚国的阳城君关系非常好。后来阳城君参与了楚国贵族的叛乱，孟胜就率领一百八十二个弟子帮助阳城君守他的封地，结果孟胜和他一百八十二个弟子全部阵亡了。这件事情有另外一个版本，说当时孟胜参与守城行动，但是阳城君逃跑以后，楚国来收回这个城，孟胜率领他的一百八十二个弟子集体自杀就"义"了，就是墨家强调的这个"义"。大量的墨家弟子，只能是巨子的随葬品，这个组织制度弊端太明显了。以现在的观点看，可能有点儿邪教的性质。

余秋雨：我补充一个细节。这个巨子孟胜在自杀以前，为了墨家团队的延续，任命远方的田襄子接任自己，于是派两个弟子去传达任命。传达完了，那两个弟子要返回楚国，像团队的其他成员一样自杀。新任巨子的田襄子说，现在我是巨子，我命令你们不能自杀。但那两个弟子还是不听他的命令，回来自杀了。因此对这两个弟子的评价产生了很大的矛盾，一方面说他们是壮士，另外一方面则又说他们是不听命令的人。从这样一个小小的情节，可以知道墨家团队在纪律上的严格，也可以看到由此产生的弊端。请注意，过于严格的僵硬，一定会造成机体内部的不协调，并由此产生断裂。

萨琳娜：我记得钱穆先生说，墨学的衰亡很重要的一点是因为墨家追求一种彻底的清教徒式的思想和行为方式，而中国的文化类型，或者民族性里面很难彻底贯彻这样一种清教徒的信仰和生活方式。比如墨家讲"非乐"，不要音乐了；讲"节葬"，节俭葬礼，就连父母的丧礼也很苛刻，做得很彻底、很决绝，彻底斩断个人的家庭理念。这些思想和行为并不适应中国传统的社会形态。

余秋雨：我很高兴大家对墨家衰败的原因能发表这么多高质量的意见。这个问题的学术分量很重，关及中国这片文化土壤对社会团体的容忍程度。我认为，墨家的毛病出在极端化和权力化这两个方面。

极端化的弊端，我们在分析儒家的中庸之道时曾经讲了不少，墨家就是这方面的一个例证——过度地追求清教徒式的思想和行为，活生生地把自己逼到了一个很小的地盘上，成了"悬崖上的悲壮英雄"，失去了回旋的余地。例如，墨家的基本主张本来是面向底层民众的，但是，动不动就有多少年轻人集体自杀，这种行为完全不符合农耕社会的家族伦理，因此也突破了民众同情的底线，很难继续扩大队伍。

权力化的弊端，正是由团队的组织产生的。虽然不是官场，却要花费巨大的精力制定规则、调配力量、执行纪律，这就使一个学派无法再在学理上创新发展。又由于权力，引起朝廷的警惕，而自己却找不到足以维系团队生存的经济基础。这种严重的生存危机，墨家无法摆脱。

墨家无可挽回地衰微了，但这并不影响它的伟大。就连我们刚才所说的加速它衰微的那些因素，也包含着让人怦然心动的高贵。这又一次证明，伟大与成功无关。

第十五课

中国会不会因他而走另一条路

余秋雨：今天，我要借着墨子和墨家，说一说文化思维上的一个大问题。

一个重大的思想流派，最后成果是它对民间社会的渗透程度。而对其中最重要的思想流派来说，则要看它在民族集体心理中的沉淀状况。墨子和墨家，只是衰微在政治界和文化界，丢失在史官的笔墨间，而对中华民族的集体心理而论，却不是这样。中国民间许多公认的品质并不完全来自儒家，似乎更与墨家有关。例如——

一、"言必信，行必果"；

二、对朋友恪守情义，却又不沾染江湖气息；

三、对于危难中人，即使不是朋友，也愿意拔刀相助；

四、以最朴素、最实在的方式施行人间大道，不喜欢高谈阔论；

五、从不拒绝艰险困苦，甚至不惜赴汤蹈火。

…………

请不要小看这些民间品质，它们虽然很少见诸朝廷庙廊、书斋文苑，却是中华民族的重要"脾性"，与田头巷陌、槐下童叟有关。与它们相比，那些书籍记述，反倒浅薄。

这让我们想起一些现代武侠小说。它们正是把这种民间品质提炼成了现代成人童话，而广受华语读者的欢迎，拍成电影后也能让外国观众眼睛一亮。如果从历史学的刻板标准来衡量，它们好像缺少太多依据，但从民族精神的高度来衡量，它们反倒比历史学更真实。一种游离于历史文本之外却渗透在历史事实之中的中国精神，在那里初露端倪。

我们今天讨论墨子的基本思想——"兼爱"和"非攻"。

"兼爱"的思想，和儒家的"仁爱"思想有所不同。在那个时代，儒家和墨家对此就有过很激烈的争论。《墨子》一书里面有许多批判儒家的内容，后来儒家的孟子对墨子也有过很严厉的批评。

哪位同学能简单说一说儒家和墨家在爱的问题上的主要差别？

丛治辰：墨家将批判的矛头直接指向儒家的一些核心命题，其中对"仁爱"思想反对得尤其厉害。儒家讲究爱有等差，"亲亲有术，尊贤有等"，也就是认为爱人要有亲疏厚薄的区别，而且是由己及人的关系，从爱我的亲人再到爱他人的亲人。墨家提倡"兼爱"，主张爱人要"远施周遍"，不应该有亲疏厚薄之分。

余秋雨：儒家恰恰不能接受"无差别之爱"。所以，孟子很不客气地批评墨家说，你们难道能把一个陌生人当作自己的父亲那样来爱吗？那岂不是取消父亲？取消父亲是"无父"，那就是禽兽。这种批评很偏激，脱离了儒家温文尔雅的风貌，有点儿上纲上线了。那么，我要问大家，儒家如此强硬地坚持有等级的爱，原因何在？

王安安：儒家遵从周礼，孔子说"郁郁乎文哉，吾从周"，周礼本来就是一套等级分明的价值与行为标准的体系。在这个体系的影响下，儒家的伦理观不可能不"爱有等差"。

王牧笛：我觉得儒家的很多思考是以"家"为起点的，墨家则像是以类似共产主义社会这样一个互敬互爱、绝对平均主义的社会为思考出发点。儒家的"仁爱"和墨家的"兼爱"表面上看起来矛盾,其实它们并没有在一个交锋点上。"仁爱"适合于以家庭为基本单位的社会组织形式,而"兼爱"更适合墨家学派这样一个由巨子领导的半宗教化的团队。

丛治辰:我认为儒家讲究有等差的爱,是源于现实可操作性的一种思考。爱这种东西是需要训练的,需要推此及彼、由近及远,因此自然产生一种级差。首先是爱你的亲人,爱你的朋友,爱你的同事,然后再推远到爱陌生人。但如果不管是对一个陌生人,还是对一个熟悉的人,乃至对你的父母,你的爱都是同样的,做到"兼爱"了,即使不能断言你是虚伪的,那么其实也很难真正做到。

余秋雨:都说得很好。你们刚才所表现的水平,已高于外面不少学者对同类问题的讨论。你们的优点是抓住了事情的"简单理由"。"简单理由"也就是"基本理由",很多学者抓不住,只能靠晦涩的言辞来掩盖。一切低智状态总是以高智状态来装潢的,但真正的智者不喜欢云山雾罩。

安安认为,儒家有等差的爱,出于他们的理想体系;牧笛认为,出于他们的关注起点;治辰认为,出于现实的可操作性。这三方面,都没有说错。

但是,产生的理由不等于产生的后果。儒家有等差的爱的后果如何?

事实证明,有等差的爱确实比兼爱更便于实行。按照儒家的设计,中国人把家庭伦理之爱发挥到了极致。但是,当这种家庭伦理之爱放大到朝廷伦理的时候,等差就远远超越了仁爱。等差把仁爱变成了一种上下服从的行政文化、侍从文化、效忠文化、门生文化。这对社会管理既带来便利又带来负累,但在精神建设上却整体后退了。

有等差的爱,在家庭和朝廷里还能勉强实行,但是,到了家庭和朝廷之间的公共空间,分辨等差就成了难事。大量非亲非官的民众,都不能纳入爱的范围。

相比之下，墨子不以亲疏为界，不以等级为阶，敞开胸怀兼爱他人，兼爱众生，才是中国精神文化的更新之道。在这方面，除了墨子，佛教也埋下了很好的种子。

由"兼爱"，必然会引致"非攻"，这里面有一种逻辑关系。墨子的"非攻"思想，是一种比儒家更彻底的和平主义。儒家说，不要去追杀败逃的敌人，他们逃跑时战车如果卡住了，我们还要上前帮忙抬一抬。但在墨家看起来，战争本来就不应该发生，任何攻击性的行为都应该被否定，这就是墨家的"非攻"。

墨子彻底反对战争，体现了劳苦大众的心理。从表面上看，上层社会说了很多"息愤止战"、"和为贵"的话，但都还想在战争中谋取名利。真正反对战争的，永远是劳苦大众。战争对他们而言，是做壮丁、当炮灰、背井离乡、抛尸千里。所以，墨子"非攻"的思想就出自社会底层。

吕帆：按照秋雨老师的思路，能不能这样说，墨子并不是仅仅站在某一国反对另一国，而是站在一切被欺侮群体的方位上。因此，墨子的"非攻"思想，体现了一种被征服者的立场，是以一个弱者的姿态和地位来说的。这种弱者的姿态和地位不会随着时代的改变而消失，任何一个时代都有征服者和被征服者、强者和弱者的区分，现在这个时代也存在这两个阶层，在这种意义上，墨子具有一种永恒的价值。虽然他的理想在现实中往往无法实现，但是他替弱者一方发出了声音。

余秋雨：我赞成你的这一视角，把"非攻"的意义扩大到了战争之外。你所说的"弱者"，或者说被统治者，数量庞大，却无法主宰自己的命运。在历朝历代，固然每个时期看上去都有一些被攻击的上层集团，但是，受到最大伤害的却永远是喋血荒野的兵卒、颠沛流离的难民。

更重要的是,"非攻"这两个字还否定了中国人习惯于互攻、互耗的集体心理,因此又是墨子对中国文化的一大贡献。上层社会和文人集团都能说出互攻、互耗的千百条理由,但在底层民众看来,所有的理由都是借口,目的只是为"攻"。因此,一个"非"字,干脆利落,说明社会底层取得了居高临下的整体判决权,让人有一种痛快感。

刘璇:中国集体文化心理中的内耗习惯,是不是起源于中国人把战场的内移?中国文化不同于游牧文化和海洋文化,战场一直不在外面,而在自己内部,而其他的民族就可能会向外寻求争夺的对象,把国人的目光引向一处。

丛治辰:内耗当然不好啦,但是把"耗"引向外部,引到非洲、拉丁美洲去,那就好吗?

王安安:中国先秦的学派大多包含了对斗和争的理解。儒家注重人际关系,对于人际关系的处理有很多争斗、内耗的成分。即便是道家在谈到"以其不争,故天下莫能与之争"时,其实也还暗藏了一种心机,那就是:以不争来争。就像秋雨老师说的,与"兼爱"、"非攻"有逻辑关系,墨家正是从"兼爱"这个信仰出发,退守到"非攻",二者是前提和结论的关系。先是"兼爱",别人的父亲和你自己的父亲应该同等地去爱,这样才可能不以自己父亲的名义,而去攻击别人的父亲。

王牧笛:安安说得对,墨家实际上给出了一个拒绝争斗、维系团结的根基,给出了一个团结的合法性的说明。在其他一些国家中,团结可能有两个根基:一是宗教的神,另一个可能是外在的敌人。中国文化中既没有对一个统一的神的信仰,历史上也比较少有强大的外敌,所以一直缺乏这种团结一致不内耗的根基。墨家恰恰给出了这样一种根基,从"兼爱"出发,以"非攻"为表现。

丛治辰:在我看来,墨子的"非攻"思想非常值得赞赏,只可惜它超越了它所属的时代。在当时的情况下,中国必然需要血与火的洗礼走向统一和强大。在我们这个时代,人类经过"一战"、"二战"的惨痛记忆之后,和平主义的兴起才显得那么有价值。所以在今天和平主义主导的语境下,墨子的"非攻"思想也极其有意义。

余秋雨:在难于实现的时代仍然大声提出来,并身体力行,这就是信仰的力量。我们不能永远成为"审时度势"的实用主义者,而应该在清醒了解周围环境之后,抬起头来看看天上永恒的太阳。

墨子的辛苦,在于眼见周围的人都在苟且偷安、袖手旁观,但他还要埋头努力。《墨子》里有一段话,说家里有十个孩子,九个人都不劳而获,只有一个人在奋斗,这个人只能更勤劳,才能支撑这个家庭。其实,对一家是如此,对整个社会大家庭也是如此。

墨子的言行,一直让我很感动。说到底,文化不是单纯地传播文化知识,更不是关起门来做一些自得其乐的研究,而应该像墨子一样,传达一种信仰。

最后我想郑重地向你们谈一点儿自己的归结性感受。以前我总是认为,博爱、和平等理念是上层社会精英分子对于下层社会普通民众的教导,后来发现不是这样。中国的上层社会统制严密、地盘不大,因此精英分子大多表面斯文,实际排他,时时准备着互相攻击;下层社会辽阔松散,无权可争,因此普通民众大多自食其力,又能在天灾人祸中守望相助。在我自己的经历中,看到许多争斗,都是以"弱势群体"的名义发起的,争斗双方都号称"为了民众利益",其实与民众没有关系。民众更能接受的,是墨子的"兼爱"、"非攻",也就是博爱、和平。

中国文人为什么历来离墨子很远?因为他们的生命本性无法接受"兼爱"和"非攻"。学过了墨子,我们就能进一步认识文人队伍中那些成天骂人、损人、整人、毁人的"大批判专家"了。在他们制造的大量谎言中，最大的那句谎言是他们"为了民众"、"为了弱势群体"。以谎言为旗帜而实施攻击，是天下最无耻的事，希望在座的同学能用慧眼在第一时间识破。

第十六课

诸子百家中文学品质最高的人

余秋雨：不少人由于文化水平不高，一看到文言文就以为是文学，这是一种误会。其实在诸子百家中，思维品质高的人很多，而文学品质高的却不多，最高的是庄子。

但是，我本人接触庄子，却与文学无关。记得我曾经在一篇文章中写到过，我二十岁那年遇到了一场叫作"文化大革命"的社会灾难，爸爸被关，叔叔自杀，全家衣食无着，我自己又在学校里受到造反派的围攻，真是走投无路，天大愁苦。这时有一位女同学告诉我，一九五七年，也就是在"文化大革命"之前的九年，她爸爸被划为"右派"，家里也是一片痛苦，她爸爸就要全家读《庄子》。听了这个我本来并不熟悉的同学的话，我立即找了《庄子》来看。看了几天我渐渐明白，对付灾难，不能用灾难语法。世上有另外一种语法，可以让自己从精神上脱身而出，藐视灾难，重新认识世界和人生，取得一种诗化的自由。

这个阅读经历极为重要，对我今后的人生一直有很大影响。你们知道我以后又经历过大量磨难，却能一直保持着达观的心情，直到今天还能如此开心地与你们谈庄子，这都与庄子有关。

王牧笛：秋雨老师的经历让我想起，庄子本身也遇到过很大的灾难。

他的妻子去世了，他的好朋友惠施去看他，发现庄子不但没有哭泣反而在鼓盆而歌。惠施说：你不哭也就罢了，还唱歌，是不是太过分了？庄子说：她刚死的时候，难道我会没有感慨吗？但一想到人最初本来就没有生命，不仅仅没有生命而且没有形体，不仅仅没有形体而且没有元气，人的生死就像春夏秋冬四季更替一样，她都已经安息于大自然之间了，我为什么还要哭泣？现在我每次想到庄子，都会联想到两句话，一是海德格尔说的"人，诗意地栖居"，还有一个是歌名——《白衣飘飘的年代》，都是一种美丽的生命状态：达观、逍遥。

何琳：前几年网上流行一个"小鸡为什么过马路"的思想游戏，由网友代各位故去的思想家进行个性化的回答。比如，柏拉图会说"为了寻找更高的善"，达尔文会说"为了寻找更好的进化坐标"，拿破仑的答案是"不想过马路的小鸡不是好鸡"，孔子拒绝回答，曰"不知人，焉知鸡"。面对"小鸡为什么过马路"的困惑，我觉得庄子一定会取消问题，鼓盆而歌："那只鸡好快乐啊！"

王安安：可庄子是否真的快乐呢？当他在濮水钓鱼的时候，楚国想重用他，派人来请。庄子说："楚国有被祭祀的神龟，它是宁肯死了享受被祭祀的高贵的名声呢，还是想活着游弋在泥涂中呢？"来人说当然活着快乐。庄子说："我还是垂钓自由自在。"庄子宁可选择做身上背着盔甲、活在泥潭里的乌龟，可我总觉得这表明了他的一种痛苦，这是庄子作为一位哲人的孤独感、寂寞感。他没有一个可以真正对话的同时代人，在战国纷争的年代，他所谓的快乐只不过是自我安慰罢了。谁又能知道他坚硬的盔甲下面是怎样一颗柔软的心呢？

余秋雨：安安提出的问题很深刻。但是，庄子毕竟是庄子，比安安更加深刻。对他来说，不存在你所说的"真的快乐"、"真的痛苦"，甚至，也没有你所说的"孤独感"、"寂寞感"。尽管在我们看来，他必然是孤独和寂寞的，但他对此已无所"感"。对于自由与不自由，肮脏与干净，在他看来也是相对的。对于盔甲的坚硬和内心的柔软，他也会有另外一种看法。例如，他会认为，当盔甲是柔软的时候，内心就坚硬了，但是，柔软的盔甲和坚硬的内心一样，都是没有意义的，都是否定自身存在的。

金子：听秋雨老师一说，确实明白了庄子独特的深刻性。这真是一个了不起的哲学家。我的问题是：这样的哲学家，对社会管理有什么意义？在儒家看来，只有做官才能实施良好的社会管理。庄子是不想做官的，但在做官和个人自由之外有没有另一个空间，可以让民众有一个更好的憩息场所？

余秋雨：庄子不在乎社会管理，只在乎精神管理。其实他对精神也不想管理，只不过客观上能起到这种作用。

硬要说社会管理，老子、庄子的哲学也能提供一种近似于"无为而治"的简约方式，这在历史需要休养生息的时期颇为重要。例如汉代初年的文景之治就是这样，马王堆汉墓帛书中记述的政治理念，如"重柔者吉，重刚者灭"、"至正者静，至静者圣"等，很接近老庄哲学。唐朝的王室，也有类似的理念。由此可见，即使是伟大的汉唐文明，也不完全出于儒家和法家思想。

老庄哲学只是想把人世拉回到本来状态，结果反倒超过了别的管理方式。

丛治辰：我也觉得庄子哲学不在于管理，很大程度上是因为它不怨天尤人，不在外部找原因，而是探讨如何从自我突破。假设庄子现在正在谈恋爱，庄子不会刻意找一个浪漫的环境，他会调整自己的心态，在心中生发出一种浪漫的情调。

余秋雨：这个例子比喻不太精彩，但是我欣赏你在说庄子时用到"情调"这个概念。也就是说，他真正在意的，不是社会的结构秩序，而是生命的诗化情调。

庄子与老子有渊源关系，但又比老子讲究诗化情调。正是这种特性，使他成为诸子百家中最具有文学性的一位。

庄子的诗化情调和文学素质，主要表现在两个方面：一是想象力，二是寓言化。而且，他在这两方面都达到了极致。

这两方面的共同特点，就是对一般真实的脱离。这是其他学派所不敢用的，因为他们都想在"可信性"、"真实性"上说服人。庄子没有这种企图，想象力使他遨游于南溟北海，把自己设想为似人非人的无限力量，这就使他的智慧获得了真正的文学形态。

想象力的凝聚体就是寓言化。我多次论证，文学的起点和终点都是寓言。庄子的寓言与一般童话中的寓言不同，一上来就表现出一种仰天俯地的哲学规模。但这种规模毕竟由自由感性和想象力支撑着，因此在本质上还是文学。

寓言化的基本结构是象征隐喻。A 不仅是 A，而且是 B 加 C 加 D、E、F、G……直至无限。正是这种由有限通达无限的机能，使文学和哲学获得了思维尊严和审美尊严。

这些话大家听起来可能有点儿陌生，因为我已进入到另外一个领域即美学领域。这需要以后抽时间专门讲述，今天点到为止。下面希望大家回想一下自己印象最深的庄子寓言，也算是一种温习吧。

王牧笛：庄子在寓言中好像很喜欢借用"鸟"。比如他曾经讲过，有一只海鸟停在鲁国的大海边上，鲁侯就把这只鸟请回了太庙，给它喝最好的酒，听最好的音乐，吃最好的肉。可是这只鸟非常害怕，不吃不喝，三天就死掉了。这是一个有关"自然"的讲述，一切刻意的人为和强加都是违反"自然"的，也违反庄子所展示的那个诗意的、自由的生命状态。

王安安：我想到了"骈拇"的寓言。讲的是正常人的手掌只有五个手指，一个人如果贪心，希望再长出一个手指，这不符合自然的状态，也毫无用处。联想到后来在中国历史上，慈禧一顿饭要吃一百多道菜，可是没有一道菜真正给她带来快乐。人为的多余，违反自然之道，这是为庄子所痛斥的。他用"骈拇"这个比喻，来批评儒家刻意追求"仁义"行为，也是一种违反自然并且毫无用途的东西。

金子：《庄子·齐物论》中有一个养猴人的故事。有一年粮食歉收，养猴人就跟猴子说，现在早晨给你们每只猴子三个橡子吃，晚上吃四个。猴子听了——不行不行，早上怎么比晚上还少呢！养猴的人于是说，那这样吧，早上吃四个，晚上吃三个。猴子听了之后就特别开心了。庄子通过这个故事告诉人们，实际上世间许多东西，从很多角度来看，并没有质的区别。这个故事就是成语"朝三暮四"的来源，不过后来似乎与"朝秦暮楚"用混了。

何琳：还有一个"盗亦有道"的寓言。有一个大盗叫作跖，他手下人问他，成为大盗有什么窍门？盗跖说这里面窍门大着呢：在屋外就能知道屋里有多少财富，就是圣；第一个冲进去抢夺，就是勇；最后一个离开，就是义；判断能不能进去就是智；分配均匀就是仁。这五者不备不能成为大盗。

余秋雨：庄子所说的"盗亦有道"，与我们后来用这个成语时的意思很不相同。他幽默地完成了对儒家道德体系的"解构"：道德家们最喜欢用的那些命题，用在负面人物身上也完全合适。你看，对盗也可以蒙上五德的光环——圣、勇、义、智、仁，但它整个系统的根基却是盗。这种解构，幽默中让人惊诧。原来世上的种种道德名号，就是送给不道德的人拿去玩的。对于真正有道德的人，一点儿也没用。

丛治辰：我还记得有一个故事，是说庄子去楚国，路上看到一个骷髅，他就用马鞭敲敲，问这个骷髅说："你是不幸遭遇什么灾祸而死的吗？是战死的、自杀死的，还是老死的？"说完就枕着骷髅睡着了。梦里那个骷髅对庄子说："你问我的灾祸都是生人的累患，死人是没有这些忧虑的。告诉你死人的情形吧，不瞒你说，我现在觉得挺高兴的。你看你整天招呼上级下级，不吃饭你饿，不穿衣服又冷，你实在挺辛苦的，哪有我快乐？我根本就没有这些烦恼。"庄子说："那我要让神灵将你起死回生，让你跟你的父母、妻儿、邻里一起过日子，你愿意吗？"骷髅忧郁地说："说实话我还真不愿意呢。我何必放弃现在的快乐，去挑起人间烦恼的重担？"庄子在这个故事里泯灭了生死的执着。死亡并不是恐怖的，死亡将结束一切畏惧，无所谓喜忧。我觉得这种生死观也是庄子哲学的一个很重大的元素。

余秋雨：优秀的寓言总会给人们提供一种新的视角，随之带来精神解脱。你们的争相讲述也诱发了我，我想说说对我年轻时具有启蒙意义的那篇《秋水》。这个篇名跟我的名字有点儿关系，所以感到特别亲切，抢先拿来阅读。一读，眼界大开。你看河神多么有气势，奔腾万里，浩浩荡荡，从他的角度看起来，"我"似乎什么都具备了。但是一流到北海，情况完全变了。海是烟雾渺茫的一个存在，"我"只是加入它而已，而且加入以后完全不见痕迹。于是河神和海神有了一段对话。河神觉得自己以前认定的重要东西，现在却显得非常不重要。海神就告诉他，你能够走出那么小的空间来到更大的地方，很好，但你也要明白我的局限：海和天相比，那又是太小太小了。

庄子认为，要获得这种眼界很困难。但是，我们如果要用自己的眼界强加给他们，又是不自然的事。他说："井蛙不可以语于海者，拘于虚也。夏虫不可以语于冰者，笃于时也。曲士不可以语于道者，束于教也。"这话很有价值，你们最好也能背诵。现在我把它翻译成现代口语。庄子说：井底之蛙，你没有办法同它谈海，它被空间束缚了；夏天的虫，你不可能给它讲冰，因为它被时间束缚了；局促的文人，你没法给他讲大道，因为他被教坏了。按照庄子的说法，大家都在自贬，把空间和时间越折腾越小。这样的人实在太多，庄子无奈地说，不必和他们讲话。

为什么不必讲话？庄子觉得完全没法讲明白。你能把空间的束缚、时间的束缚、教育的束缚都取消吗？取消不了，那么再讲也无效。

既然不必讲话，为什么还有《庄子》呢？那是他获得精神自由的自我记述，也想让少数同道获得共鸣，如此而已。

庄子在美学上的意义是多方面的。这里我还想提一句，他提倡"物我两忘"的境界，是东方美学对世界美学的重大贡献。

另外还须说明，过去有不少学者认为"寓言象征"是西方现代派文学所独有的特征，那是一种片面的说法，庄子对此提出了否定。我在二十多年前写的那本《艺术创造论》中就提出，现代世界第一流的文艺作品，三分之二以上都是寓言结构，而在古代，最早进入这种寓言结构并立即显现成熟风貌的，是中国的庄子。

第十七课

一个难解的世界奇迹

余秋雨：屈原是一个世界奇迹。

第一，他的死距今已有近两千三百年，在这么漫长的时间里，却被那么多中国人年年祭祀，这在世界历史上找不到第二个例子；

第二，这个被祭祀的人不是皇帝，不是将军，也不是一个哲学家，而是一个诗人；

第三，对孔子的祭祀，主要集中在曲阜和各地的一些文庙里，而对屈原的祭祀却遍布全国任何角落，只要有江河，有村落，到了端午节，包粽子、赛龙舟，到处都在祭祀；

第四，虽然有那么多人在祭祀他，但是能够读懂他作品的人却少之又少，大家其实是在祭祀一个自己并不了解的人。

这四个奇迹加在一起，就构成了中国文化一种非理性的惊人动员力。这种情景已经远远大于祭祀对象本人，而是反映了一种大众的精神需求。我们平常研究中国文化，大多只是针对一个个作者和一部部作品，忘却了数千年来一个庞大人群不约而同的集体行为。我觉得在文化上没有别的事情比这件事情更宏大的了，直到今天我们只能惊叹，不能读解。

正因为不能读解大众，我们只能回到屈原。但一说到屈原，我们又有可能一下子陷入咬文嚼字的泥坑。首先应该花一点儿时间想一想自己的祖父、曾祖父年轻时划龙舟的姿态；祖母、曾祖母年年包粽子的辛劳，想想那些充溢在中国大地，甚至世界很多华人社区的划船声、粽子香……

屈原活了六十二岁，这个时间不算太长，也不算太短。我们可以把他的一生做一个简单的划分。

第一阶段：年少得志，二十二岁就做到了楚国的高官；

第二阶段：受到小人的挑拨，失去君主的信任，离开统治核心，郁郁寡欢；

第三阶段：楚国遇到外交灾难，由于耿直地谏言，第一次被流放；

第四阶段：第二次被流放，长达二十年，直到自沉汨罗江。

为了更多地了解他，我想听听诸位对他人生起点的看法。

王牧笛：屈原出生于公元前三三九年，一个非常特殊的日子：庚寅日。据说庚寅日出生的男人很特殊，当时被认为是一个巫神。传说，屈原出生当天他家屋顶上有道彩虹贯顶，这成了屈原此后追溯自己生平时引以为荣的资历——《离骚》开篇就说"摄提贞于孟陬兮，惟庚寅吾以降"；他多次提到自己这一脉与黄帝的渊源，从小就树立了一种"家族荣誉观"；他接受的教育不光是楚国当地的，还包括中原的诗书、礼仪、经书的浸淫。屈原在楚国当外交官的时候，在齐国的稷下学宫跟学者名流们泡在一起，充分浸染了那里的学风。

王安安：屈原年少得志的时代可以追溯到公元前三一八年——这一年的春天，屈原出使齐国定下"齐楚之盟"，受到齐宣王的赏识，在政坛崭露头角。屈原逐渐被楚怀王委以重任，"入则与王图议国事，以出号令；出则接遇宾客，应对诸侯"。就是帮助楚怀王制定内政外交的重大政策方针。

余秋雨：屈原出身的王族世家已经有点儿败落，所以贵族的"贵"，是贵在他所受的教育上。司马迁说他"博闻强识",说明他接受教育的效果很好。估计他的形象不错,否则《离骚》里不会有那么一些句子,描述自己喜欢在服装上下功夫。

根据自己家庭的历史以及自己出生的时间,他突然觉得自己有某种"天命"。《离骚》也就由此开篇。血统的高贵、地位的高贵、知识的高贵、形体的高贵、姿态的高贵,成了他文学陈述的进入方式。其实,也是他政治生涯的进入方式。

不过这也带来一个麻烦:他们很容易进入政坛,却不懂得政治生态。其中最优秀的人物更会因坚持理想而不愿趋炎附势。屈原,就是这样一个人。理想化的洁癖使他在心态上缺少弹性。因此,当我们看到屈原在作品中不断强调自己的高贵、洁净时,我们就知道,等待这位男子的一定是悲剧。

何琳:他那些理想高远的话,包括那种自豪感,可能别人不好理解,如果不能沉浸到那个世界中去,就会认为他是自大。其实那不完全是自大,而是一种理想,把自己跟天命放在一起的理想。因此,他的悲剧不是自大者的悲剧,而是理想者的悲剧。

余秋雨:说得很对,但请注意,"理想"和"自大"并不是完全对立的概念。理想者的内心必然会有自大的成分,"不自大"的理想者,只是把"不自大"当作一个实现理想的亲民策略罢了。但是,屈原没有这种策略。

没有策略而跻身政治,就会遇到一个天然的困境:即使是潜在的盟友,也都没有那么高贵和纯净。当你没有争取盟友的能力,只是企盼着人们的理解,那么这种企盼一定落空。一切潜在的盟友都会因你的骄傲而产生心理隔膜,自然地投向一些笑脸,而那些笑脸很可能出自小人。

请注意，不是投向有强权的坏人，而是投向小人，因为小人没有明确的政治主张，让一切投向他们的人感到一种处于中间状态的安全。于是，小人的队伍大大扩充，而原先潜在的盟友，也必然在小人的王国里激发出更多的小人心理，形成一种辽阔的政治气候。正是在这种情况下，屈原很快就置身于觊觎、嫉妒、冷眼、误会的包围中。

好，那就让我们说说这方面的事情吧。哪一位来说？

丛治辰：那就我来说吧。屈原年少得志，受到楚怀王的信任和重用，因此招来很多嫉妒者，其中的上官大夫靳尚就策划了一件事情：屈原正在替楚怀王拟定一个宪令（国家法令），他来了，说："你能不能把宪令的草稿给我看一下？"屈原想："我把草稿给你看了，被你私自篡改岂不麻烦？"于是拒绝了，那人就灰溜溜地走了。

这个人为什么会跑过来看草稿呢？因为屈原老说自己是"受天命"的，政治主张上很"改革"。而靳尚，包括后来参与到陷害屈原事件中的公子子兰、郑袖都是保守派，这个草稿很可能倾向于改革，屈原担心让他们看了，他们会篡改。于是，就把靳尚给得罪了。加上以前的一些积怨，靳尚就到楚王那里，演了一出小人戏。他一见楚王就说："大王啊，您要改革，为此要做个宪令，大家都知道这是您的英明，屈原只是给您打个草稿罢了，谁知他每写完一条就出去吹嘘，说：'你看看我多牛！这些都是我写的！'"小人不仅会对当权者谄媚，而且很会抓住人的弱点：屈原确实有点儿自恋！这么一挑拨，楚王果然很不高兴。屈原就这样遭到了楚王的疏远，以至流放。流放是屈原的不幸，却是中国文化的大幸——正是因为流放的郁闷，屈原才写下了千古不朽的《离骚》。

王安安：屈原的流放是靳尚、郑袖和楚王三人合力造成的。一个成功的统治者、英明的领导人，对小人的谗言理应有一套自己的判断标准和处理方法。所以，楚怀王对此也有不可推卸的责任。

余秋雨：但是，同时你应该看到，造就屈原的深切诗情，恰恰也有这个楚怀王的一份。屈原不管受到多大委屈，对楚怀王的情感一直无边无沿。他走得再远，也把楚怀王作为一个倾诉对象。因此，不管我们多么责怪楚怀王，他也是屈原诗歌中的一个主角。我这么说，又是文学思维与政治思维的一个重大区别了。

即使从政治思维来说，楚怀王也让屈原割舍不下。楚怀王能够在屈原那么年轻的时候对他加以重用，可见眼光独到。他交给屈原的任务，也是当时楚国政治、外交上的敏感点，因此他不能不对屈原的所作所为高度敏感。屈原不可能傲视楚怀王，但纯净如他，又必然把楚怀王对他的任用看作是一种全方位的信任，因此不会曲意奉承，只会安然自得。这种神情，也会让楚怀王觉得不舒服。而这种不舒服哪怕只有一点点，也是小人挑拨的起点。屈原始终不敢承认，他对楚怀王一厢情愿的知心判断只是一种幻觉。由幻觉所产生的期待又切断了他与楚怀王进行政治对话的正常方式，这就造成了无可挽救的分裂。

正是这种分裂，产生了一种正面效果：使中国的文学和诗歌，从政治语境中分裂出来，渐渐自立自为。屈原，在流放地让诗歌流放，并因流放而独立、而伟大。

屈原的生平记载是从遭受诬陷开始的，诸子百家中只有韩非子与他相似。但韩非子主张残酷的刑罚，所以很少得到后人的同情。由屈原，人们开始用集体情感救赎一个个遭受诬陷的文人。

诸子百家的流浪是一种主动选择，而屈原的流浪却是一种被迫无奈。这又构成了另一个起点：自屈原以后，中国知识分子主动流浪的人越来越少，被迫流浪的人却越来越多，最终组成数量庞大的贬官文化。屈原就是贬官文化的起点。

现在我建议谈谈屈原流放的事情。

王牧笛：屈原的第一次被放逐与一次外交灾难有关，他生于"天下一统"的前期——一个纵横捭阖的外交时代。当时几乎所有的政治家都要回答一个问题，那就是："我们要联合谁？反对谁？"作为政治家的屈原，对这个问题的判断是比较准确的，那就是"联齐共抗虎豹之秦"。可是，从某种程度上说，他的实践是失败的，尤其是他出使齐国，而秦国的张仪出使楚国，在这场较量中，屈原输给了张仪。原因很简单，屈原的高贵人格中容不下欺骗。张仪用"秦愿献商於之地六百里"的谎言欺骗了楚国，取得了外交联合中的胜利。张仪也好，苏秦也好，韩非子也罢，作为政治家，他们虽说失去了祖国，但赢得了天下，是成功的。但屈原失去了天下，也失去了祖国。他的被放逐、流浪是一种宿命。

刘璇：屈原第二次被流放，是在"六百里事件"后的又一骗局之后：怀王被骗去秦国谈判，被埋伏的重兵抓起来当人质。楚国没有受秦国要挟，而是扶顷襄王上了台。按道理来说，顷襄王应该讨厌上官大夫靳尚，因为当初楚怀王被劫去当人质，就是这些投降派闹的。但这种讨厌持续了没多久，顷襄王就又开始亲近他们，为什么？他这个心态跟南宋第一个皇帝赵构很像，因为怀王还没死，如果怀王回来了就会威胁他的王位。所以，他不希望抗秦派占主导地位，于是就越来越倾向这些投降派。这些人又制造了一个陷阱，就是诬陷屈原，把他流放。流放的时间有不同版本，最长的说法是二十年，总之是屈原到死也没有再到过长江以北，再没有回到楚国的政治中心。

余秋雨：屈原的第一次被流放是在三十五岁左右，时间是四年，流放地是现在湖北的北面，大致在现在襄樊的西北；第二次被流放是四十三岁左右，一直到他六十二岁时投江，流放地是湖南的湘水、沅水一带。这两次流放，从某种意义上说使屈原远离了首都的各种政治灾难，不再日日夜夜有那么多切肤之痛了。痛苦当然还存在，但有了层层叠叠的阻隔，升华为一种整体忧伤，与山水相融，使政治郁闷蒸腾为文化诗情。

难过归难过，但他却由此走向伟大。他的《离骚》到底写于什么时期，直到现在还有不同看法。一般认为是在他第一次流放之后，也就是三十五岁之后写的；也有的人认为是写于第二次流放之后。这个争论，与文学创作的某种规律有关。

一派认为，《离骚》这部大结构的诗歌作品，能够一气呵成，不见断续痕迹，写作时的年纪应该不会太老；另一派认为，《离骚》所表达的悲愤和对生活的看法，好像需要有两次流放才写得出来。

我比较赞成第一派的观点。因为《离骚》里反复讲到：趁现在年纪还轻，要做很多事情。这显然是年轻人的口气。屈原并不是一直用这种口气写作的，他后来的作品中经常出现感叹自己上了年纪的话。而且，《离骚》所透露出来的一股气，确实是一股以香草、美人作为象征的盛年之气。

我历来非常注意文学作品中隐藏的那股气，似乎不可捉摸，却又扑面而来。文章是生命的外化，这股生命气息是文学作品的灵魂，时时刻刻在诱导着我们自己的生命气息。《离骚》的气息，比较年轻。

万小龙：从秋雨老师的讲述可以明白，文学的灵魂来自生命的气息。屈原的生命气息是伟大而美好的，可惜，断得早了。我认为屈原最大的悲剧莫过于投江自尽。在这之前有个非常有趣的故事：他走到江边问一位渔夫，汨罗江怎么走？渔夫说："你去那儿干吗？"屈原说："我要投江自尽。"渔夫说："你为什么这么干？"屈原就说了一句非常著名的话："举世皆浊我独清，众人皆醉我独醒。"渔夫就说："傻帽，你书读得太多了吧！"不久，屈原就投江了。这个日子就在农历五月初五左右，本来是民间的一个节日，因为屈原的故事，后来逐渐演变为包粽子纪念屈原的端午节。

余秋雨：屈原投江是一个悲剧，但是我不赞成对这件事做一般意义上的哀痛理解。

这里有一个前提：屈原生活在一个巫风很盛的地区。人们经常举行的对各种神灵的祭祀，是一种凄美的仪式。龙舟和粽子，都是这个仪式的一部分。屈原的投江，是自古以来"由人入神"的巫傩仪式的延续，也开启了一个新的祭祀命题。

屈原在流放期间，非常充分地了解了当地的原生风习、民间崇拜。这一切对于一个顶级诗人的吸引力，实在太大了。他的生命，融入了神话和大地之间，已经成为山水精灵、天地诗魂，不再仅仅是一个失意谪官。在这个意义上来理解他的投水，以及民众的千里祭仪，就是另一番境界了。

许多年以后，西方一些诗人和哲学家也都选择了和屈原一样的归宿。海德格尔在解释这种现象时说，人对自己的出身、处境、病衰都没有控制力，唯一能控制的就是如何结束自己的生命，这是最重要的哲学问题。我们对屈原之死的理解，也应该提升到更高层面。

第十八课

长江推举他出场

余秋雨：研究屈原，可以动用很多文化方位。今天我们不妨换一个角度，从地域上来讨论他。

大家应该还记得，我们在讲墨子的时候曾经提到，墨子为了救宋，从泰山脚下步行到楚国的都城，走了十天十夜，黑衣、黑脸，脚上受了伤，就从黑衣服上撕下一块黑布条，包着黝黑的脚，继续走。

在这条路上，曾经有一个人逆着墨子的方向走，起点和终点也正好对调：从楚国出发，走到泰山脚下。有趣的是，这个人的衣着、面貌、姿态与墨子完全不同，他就是屈原。屈原是作为楚国的一个官员去拜访稷下学宫的，如果换用一句现代散文来说，这是长江文明的最高代表去拜访黄河文明。

中华文明是大河文明，在很长时间内以两条大河为主脉，那就是黄河和长江。黄河流域是中华文明迈出一系列关键性步伐的地方，无论是黄帝、炎帝的主要活动区域，还是老子、孔子的行旅范围，都离不开黄河。

但是，已经有越来越多的考古事实证明，长江流域的文明也很古老、很发达。只不过，在一次次考古发现之前，人们还很难提出长江文明不输于黄河文明的证据。于是，屈原的出现，如孤柱独立，如一帆高矗，使长江文明获得慰藉。

长江文明与黄河文明有明显的区别，但是，四周有着山海屏障的中华文明，自黄帝开始直到夏、商、周，都产生了追求整合和统一的意向。按照德国社会学家马克斯·韦伯的说法，由于黄河、长江都横贯万里，又连年发生灾难，仅仅出于治河的目的，幅员广阔的中国也必须统一而不能割据。如果说，出于治河需要的统一是东西统一，那么，东西统一又必须带动南北统一。尽管这种统一，常常是通过一次次内战的方式来实现的。

于是，屈原就被嵌在一个两难境地中了：一方面，他可以代表长江文明来拜访黄河文明；另一方面，他又必须抵拒黄河文明的秦国，来保卫长江文明的楚国。

在他的时代，一种以秦国为代表的谋求全国大统一的努力已经开始。从历史的大视野来判断，秦统一中国是必然趋势，因此屈原试图保卫楚国的诉求虽然感人却可能是一种历史障碍。请记住，很多历史障碍都是感人至深的，很多历史开拓都是让人惊恐的。

在屈原身后，秦灭了楚并统一了中国。但是，秦的统治时间不长，当汉朝很快建立起来的时候，人们发现，那又是楚的一次胜利。

这里就出现了一个尖锐的问题：现在有不少学术界人士还把屈原称为"爱国诗人"，这个称号放在他身上合适吗？这里的"国"，是楚国、秦国，还是中国？对于这个问题，我很想听听诸位的想法。

王牧笛：我觉得"爱国诗人"这称谓还是挺好的。一是因为，既然大家都这么叫了，将错就错，这个错是有合理成分的。可以理解为爱土地、爱故乡，如果屈原少了这一层含义，他的精神内涵也少了很多魅力。我记得萧伯纳说过这样一句话："爱国主义是一种信仰，你相信你的国家优于其他一切国家的唯一理由就是因为你生在那里。"前几天看的话剧《哥本哈根》里有一句台词蛮震撼的，德国人海森伯说："人们有时候会错误地以为，那些正好处于战争非正义一方的人民，会比较不爱自己的祖国。"

屈原在感情上肯定是趋向于自己的国家胜利，而不希望别的国家把自己的国家打败。这种感情是无可争议的。

王安安：我不同意。"爱国"和"诗人"是没有关系的两个词。倒不是说诗人就不应该爱国，而是说，诗人就是诗人，没有什么爱国不爱国的，这是两个不同的判断标准，同时拿来评判一个人，会产生不必要的障碍。作为一个有这么高的文化素养的艺术创作者，对自己祖国的爱，就像他爱母亲、爱父亲一样，是一种本能。如果因为他写过很多的爱国诗篇，就把他叫作"爱国诗人"，那冰心写过很多爱母亲的散文，她是不是就应该叫"爱母作家"？

丛治辰：冰心也被称为有母性的作家、有爱心的作家啊，为什么不能把"爱国"跟"有母性"、"有爱心"同样单纯地看作一个修饰定语，而一定要作为价值评判的定语来对待呢？你们可能正是政治敏感度太高，才把一种有可能创作出纯文学来的说法套上了政治概念。

王安安：政治概念和纯文学概念可以并存，但我心中的政治概念要比"爱国"大得多。我觉得屈原在汨罗江畔自沉的感觉，也许就跟孔子当时在鲁国听闻西狩获麟，产生"凤鸟不至，河不出图"的感觉有共通性，都是感慨自己的理想不能在有生之年实现。可以说它是跟政治联系在一起的，但这不能用"爱国"这么一个非常现代而概括力不足的概念去说它。他最终感叹的不是他的国家被吞并，而是一种高贵文化被虎豹豺狼的文化所吞并。

万小龙：我觉得这个"爱"字需要考察。"爱"在古代也有"吝啬"的意思。我们说的这个爱，究竟是偏私还是博爱？是只爱自己的祖国，把它所做的任何事情都认为是正义，别人所做的任何事都认为是不正义，还是在对祖国抱有温暖感情之外，还能够允许别的文化生态存在？

余秋雨：这样的讨论，说不定下一代还会延续。

我的态度很明确：不赞成把屈原说成"爱国诗人"。理由有下面三条：

第一，屈原当时所爱的，明明白白只是楚国。他的故事太有名，很难"泛化"得了。楚国是诸侯邦国，与秦汉之后的统一大国在概念上根本不同。如果认为这两种"国"可以互相置换，那么，诸子百家中会冒出来多少"爱国学者"？推衍到后代，《三国演义》里边的诸葛亮、曹操都成了"爱国将领"，连写了"故国不堪回首月明中"的李煜都成了"爱国皇帝"，这能让人受得了吗？

第二，即使能把"爱国"两字泛化，让人忘记具体的楚国，那也还是一个政治概念。屈原是一位大诗人，文化大于政治，没有必要在文化命题之上再套一顶政治帽子。这就像没有必要把老子、陶渊明说成是"不合作主义作家"，把杜甫说成是"民本主义诗人"，把陆游、辛弃疾说成是"反侵略文化精英"，把《红楼梦》说成是"宫廷影射小说"。政治概念容易对某些低层文化接受者产生一时的号召力，却会扭曲和阉割真正宏大的文化。

第三，更重要的是，中华民族对于屈原的千年祭祀早已不分地域。不管是当初被楚国侵略的地域还是侵略过楚国的地域，一到端午节都在划龙舟、包粽子，这就证明了文化无界。我们如果用暧昧不清的"爱国"概念重新激活千年前的政治界定，那么，客观上是把一个大家庭里的兄弟推向敌对营垒。于是，龙舟遇到了江上铁索，粽子也只成了小地方的土产。这是大家愿意看到的吗？

记住，不管有多少漂亮的名号，我们都不能够把文化做小。把文化做小，是一些满脑子只有政治概念的文化评论者的专业，他们只有通过层层切割才能构建自己的所谓"学问"。对此，我们在座的北大学子千万不要上当。

第十九课

生活在别处

余秋雨：借着屈原，我们还要继续讨论大家为什么喜欢为文化贴政治标签的问题。

这个问题我为什么那么感兴趣？因为即使在今天的现实生活中，也一直盘旋着政治标签的浓重阴影。记得我在上海戏剧学院当院长的时候曾经主持过不少追悼会，发现一些艺术家去世后，为他们写的悼词里只说政治待遇，做过什么代表、什么委员，或做过退休职工管理小组的副组长……至于他们在艺术上不同于别人的成就和突破，却没有出现在悼词里。我曾试图改变这种状况，但是这已经变成了一种习惯，很难改。我们学院改了，其他单位仍然如此。每次想到这种情况我都会自我嘲笑：像我这样一个辞光了一切职务，又不愿担任任何一个级别代表、委员的人，百年之后的悼词，大概只剩下性别和生卒年月了。

中国几千年的专制集权，积淀成了一种"官本位"的文化思维。这种思维，蔓延在官场已经让人感到厌恶，而渗透到了文化学术领域，则不能不让人感到恐惧了。然而，问题的严重性在于，文化学术领域对此格外起劲，甚至超过官场。

根据"官本位"的文化思维，屈原失去楚怀王的宠信是他一生最大的悲剧。你们如果到图书馆去翻阅一下屈原研究论文，包括一部部《中国文学史》中写到屈原的部分，都会发现当代竟有那么多学者一直在大声地惋叹屈原没有做高官，而且不怕重复地一再惋叹。似乎如果屈原做了楚怀王身边最忙碌的宠臣，忙碌到没有时间写诗作文，他们才会满意。

不仅仅是对屈原。对于屈原之后的魏晋名士、唐宋文杰，他们都会惋叹，惋叹这些古人官场失意、仕途不畅。这实在是中国文化思维中最为奇怪的事情。他们好像一直要等到李白做了宰相、苏东坡做了元帅、李清照做了武则天才不会惋叹。或者，一直等到《中国文学史》全部并入《中国政治史》才不会留有遗憾。

当政治话语凌驾于文化话语，文化坐标就会乱成一团。在我自己的经历中，曾经一再目睹过由于政治凌驾而产生的文化混乱。例如，在"文革"中，把作家分成"革命作家"和"不革命作家"，在"革命作家"中，又分成"去了延安的作家"和"没有去延安的作家"。这么层层叠叠分下来，文学本身的等级就错乱了。有趣的是，等到"文革"一结束，十年间发生的一切文化现象又以新的政治坐标来划分了，哪怕是编教材、编词典、演杂技都被判定为"四人帮阴谋"，连"文革"中出土的地下文物，如河姆渡、兵马俑、马王堆、妇好墓，直到今天都没有人敢说这是什么时候出土的，因为一说似乎是证明那十年对于古代文物不完全是彻底破坏。这就是说，那些两千年前的俑人、女尸，都犯了现代的政治错误：不该在那个时期出土。这个思维，直到你们老师一代，都还比较顽固。

我真希望从你们这一代开始能够摆脱这种长久的魔影，让文化开始按照自己的逻辑自立。这也是我花那么长时间开设这门课程，并在屈原上停留那么久的原因之一。

好，那就让我们重新回到屈原吧。我很想听听你们对一个问题的看法：屈原的人生境遇如何造就了他的文化人格？

王安安：在政治坐标系里屈原一路下跌，可是在文化坐标系里他却是一路上扬，所以对屈原的放逐、流浪的苦难，我觉得不该选择"惋惜"，而应该是"庆幸"——当然不是幸灾乐祸，而是一种站在宏观文明视野中的理解。我们庆幸这个苦难降临到他身上，就像"天将降大任于斯人也，必先苦其心志，劳其筋骨，饿其体肤"。正因为有了这段苦难，屈原才走向了边缘，走向了自己，走向了心灵，创造出那么多瑰丽的诗篇，以至于很多年后，李白感叹说："屈平辞赋悬日月，楚王台榭空山丘。"

余秋雨：这就是那首我所喜欢的《江上吟》。李白毕竟是李白，他一语道破了文化价值的伟大和永恒，又一眼看破了政治得失的虚空和易逝。

王安安：我不惋惜屈原的遭遇，但我惋惜他十分孤独和窘迫的流放生态。我不希望他做官，却希望他能在一个比较从容的环境里多写点儿诗。

丛治辰：我倒不这么认为。诗人的生活不能过于从容和安逸，因为这会磨损他的生命力度。诗人跟散文家、小说家不一样，诗人的作品是跟生命高度统一的，不像小说家的创作那样可以虚构。有人批评中国当代诗歌缺乏力度，为什么？就是因为很多诗人过着中产阶级的生活，他的生命状态跟他写诗的状态分裂了。屈原最后的自沉，他对生命的体验，和他的作品最后达到的力度、高度是一体的。

万小龙：我想起自杀的诗人海子，他说他的一生有三种受难：流浪、爱情、生存；他的一生有三种幸福：诗歌、王位、太阳。

丛治辰：前一阵子非常流行一句话："生活在别处。"我还专门考证过：歌德说过，海德格尔说过，法国诗人兰波说过，捷克作家米兰·昆德拉也说过。我想可能屈原的真实生活很悲惨，但他的精神生活在别处。

余秋雨："生活在别处"，这个说法很精辟。谢谢你在我们谈话的关键部位及时提出，给了我们一个新的视角。

"生活在别处"，是指用主动的分裂方法获得一种精神释放。但是，这种精神释放不像我们寻常理解的那样批判什么、冲破什么、排除什么、征服什么，而是从整体上把自己抽离出来，放逐到陌生之地，面对另一个世界。这等于造就另一个天地，另一个自我。这个自我与原来的自我距离很远，有可能产生冲突，却很少有可能和解。只有真正的大诗人、大作家、大学者才有这样的特殊心理结构。

我认为，屈原的《离骚》，在标题上就包含着"生活在别处"的意思。他的离别，是一种精神离别。

丛治辰：秋雨老师，可不可以这么说：选择分裂肯定要比选择平衡痛苦一些？

余秋雨：从深刻的意义上说，平衡的痛苦更难以忍受。如果他渐渐适应了，那也就由平衡走向平庸了。在我的印象中，生性温和、一生好运的歌德是一直在追求平衡的，他在魏玛做了大半辈子的高官，又在写《浮士德》，几乎没有遇到过麻烦，应该说是很平衡的了。但是，他越来越感到平庸的痛苦，后来席勒的出现挽救了他，每天只跟他谈艺术问题，不谈政务。席勒需要歌德的帮助，但在精神上反过来帮助了歌德，抗拒了他已经出现的平庸。屈原是以一种干脆利落的方式陷入了灾难，因此先是被动，后来就主动地选择了分裂。选择了分裂，也就是选择了山河断裂式的壮美，选择了悬崖峭壁式的决绝。

万小龙：现在很少出现"大家"的一个原因，就是由于这个"均质化"的时代。比如说牛奶，过去这个牛奶和那个牛奶都不一样，现在我们喝的牛奶一般都是均质化牛奶，都是一样的。社会也给每个人一种压力，希望你成为大家所希望的、没有缺陷的标准人。那些看似有缺陷的人本来可能有很多不一般的成就，但被社会认为是一种病态。如果屈原生在现代，很可能会被瞧不起。

王安安：有人说，歌德是个天才，但他不伟大。是不是因为他的市侩和顺境，也就是所谓的平衡呢？那么是不是"伟大"这个词本身就有对缺憾、断裂的要求？这种倾向从何而来呢？

余秋雨：歌德还是伟大的。他在平衡的生活形态中不断制造着内心的不平衡，而这种制造又出自他的本能。例如，他那么权重位显、德高望重，却在七八十岁时还在追求一个十九岁的女孩。恋爱只是路遇，而那个小女孩又相当庸俗。这个世界第一流的诗人，给那个小市民女孩写了很多的诗。这个歌德是可爱的，也有一点儿愚蠢。歌德好像很平顺，但他心里的分裂因子没有消失。我在他的故居里看到，他一直在研究各种各样的矿物标本、化学标本，试图突破自己作为一个文学家的局限。这种焦躁的情绪，也是他由分裂、离别而走向伟大的一方面原因。

丛治辰：那么导致我们追求平庸的究竟是这个"均质化"的时代，还是对幸福生活的朴素愿望呢？屈原因为苦难写下了《离骚》这样伟大美妙的诗篇，但如果我们要求屈原去过颠沛流离、饱受磨难的生活，是不是很残忍呢？

余秋雨：伟大不是苦难造就的。这正像说泥潭中也能造起高塔，并不是说泥潭本身就能造就高塔。世上饱受磨难的人那么多，而伟大的文学家又那么少，可见两者之间不存在直接转换的关系。你刚刚引述的那句话"生活在别处"倒是关键。为了"生活在别处"，精神上的"颠沛流离"是少不了的。这个过程其实比生活上的磨难更为痛苦，却是通向伟大的"必要程序"。

　　当然，这一切都应该有一条底线。我本人对此有过一种特殊的体验。"文革"结束后我担任院长时，曾经对受屈多年的教师抱有极大的希望，认为他们一定能显现出一种特殊的人格力量。但是，当我逐个考察他们之后却很失望，发现过度的人生坎坷很可能会毁坏一个人的人格。他们中的相当一部分人，已经成了不断通过攻击别人以自保的小人。为此，我后来在写清代流放者的文章时，专门论述了那些大学者在流放地无法写出优秀作品的原因。

　　刘璇：有很多杰出的人一生过得都很顺、很稳定。比如说俄国的普希金，他是个出身贵族的诗人，一度跟皇室走得很近，最后虽然死于决斗，但也称不上苦难。还有鲁迅，也没经历过什么苦难。

　　何琳：不一定有苦难，但"孤独"很重要。有句话说："男人因为孤独而优秀，女人因为优秀而孤独。"女人我不知道，起码男人要能承受内心的孤独，才能成就伟大。百老汇著名音乐《歌剧魅影》里的魅影，与生俱来的缺憾让他一个人待在孤独的角落里等待救赎，成就了伟大的作品。

　　丛治辰：苦难看起来是一个外部的东西，更重要的是你内部的心理反应。比如刚才说的普希金没有经受苦难，怎么会？他很忧愤啊！鲁迅可以说一直很有钱，一个月赚不少钱应该算富裕，但他疲于奔命，在日本还受到了民族心灵创伤。只有外加的苦难才叫苦难吗？只有被流放、被陷害才叫苦难吗？一个人可以身处一个温暖的地方，但他自己感觉被流放、被疏离于时代，他们照样可以创造出杰出的作品。

　　王安安：我想到了莫扎特。他是人类历史上典型的天才人物，不用说年少得志，简直就是年幼得志，进入王宫，被赏识、发掘，一生被鲜花和掌声围绕着，后来英年早逝，如同一颗"超新星"。他对生活、对世界一直都持很积极的态度，也很快乐，他伟大的音乐作品，也不是在表现痛苦和孤独，而是充满神性的欢乐。伟大的必要条件不能说是苦难，而是有伟大的基因——如果身处苦难，则呈现出一种样态；身处顺境，则呈现出另一种样态。有了这种神秘的基因，现实世界能否让诗人有创作的材料和冲动，取决于诗人的内心。第一是否足够敏感；第二是否足够坚强。如果足够敏感，即使在一个非常顺利的环境，平静的东西在他的心灵镜子上映照出来，也是无限丰富的；如果足够坚强，外部对他不足以造成大的影响，他就可以维持心灵的独立运行。

丛治辰：用一种比较宽泛的眼光来看，其实没有一个人会不经历任何苦难。用选择性的举例来划分出类型并不客观。如果从大历史观来看，我们不能为伟大和杰作的产生寻找简单原因。

余秋雨：顺着屈原的话题我们讨论得那么热闹，真要感谢遥远的他，值得我们如此借题发挥。

这样的讨论当然不会有结论。但是，大家一定看出来了，我们在七嘴八舌之间已经摆脱了中国文化界的很多评论套路和思维陷阱，抓住了真正有意思的课题。例如，一个伟大的文学创造者的人格形成问题。我们似乎都比较赞成，这种人格的形成，与分裂、孤独、放逐、自立有关，与"生活在别处"有关，与一次次离别有关，因此也与《离骚》有关。

第二十课

何为诗人

余秋雨：现在，我们终于可以留出不多的时间，来稍稍直面屈原的文学成就了。有一个通行的说法：屈原是中国历史上的第一个诗人。这种说法遇到了一个小障碍："第一个"之前，中国已经有了《诗经》。

《诗经》很了不得。这三百多篇诗，组成了中国早期文明的不朽诗情。我一直认为，古代比现代更有诗意，《诗经》就是最早的证据。

但是，《诗经》虽好，却没有为我们提供任何一个让人印象深刻的诗人。《诗经》中虽然也有少量署名，但我们认为那是对集体创作所采取的一种个人署名方式，还不足以指向一个个明确的个人。在《诗经》里，不管是由宫廷采来的乐歌，还是从乡间取来的民谣，都经过无数次的修改整理，本质上还是集体创作。

请大家品味一下"诗经"这两个字。在生产力极端低下的时候，我们的先人已经"以诗为经"。把诗当作族群精神的经典，这实在是一个了不起的文明开端。发展了几千年之后，我们现在重新向往一种诗化的生活，希望在繁杂忙碌的尘嚣中升起袅袅诗意，使精神不再苦涩，使生活不再窘迫。这也就是连现代西方人都十分迷醉的所谓"诗意地栖居"。

在诗意上，人类有一种共同失落。几个伟大文明的开端都有一个史诗阶段，都以诗的语言来奠基一个民族的基础话语。遗憾的是，就像法国哲学家狄德罗所说的,大家越到后来越没有诗意了。中国与其他古文明的史诗传统有一点儿差别,那就是,中国的《诗经》主要是散篇抒情诗,特别在乎脚下的现实悲欢,在乎散散落落的亮点,而不太在乎叙事的整体结构。在我看来,西方民族诗情的宏伟性和整体性也许与游牧文明和海洋文明的生态方式有关,而中国的农耕文明则决定了诗情的真切、简短、随性。

《诗经》是四言为主的诗体。用如此简洁的汉语短句表达出如此经典的喜怒哀乐,又表达得那么大气从容,实在让我佩服。现在不少人在呼吁让孩子们从小读古代经典,开了好些篇目,但奇怪的是,居然没有《诗经》。可见那些人只愿意向孩子们灌输教条,而不是诗情。实际上,当年诸子百家在黄河流域走来走去的时候,心中总是回荡着那些诗。这是当时上层社会的风尚。墨子行走十天十夜,他看到树丛,看到炊烟,看到草堆,脑子里一定会出现《诗经》中的相关句子,更不要说孔子、孟子了。

《诗经》是一种集体话语,到了屈原,变成了个体话语。这就使他成了第一个真正意义上的诗人。

屈原与诸子百家也不一样。诸子百家中很多人都有一种"大道尽在我心"的导师形态、教主形态,像一尊尊雕塑一样矗立在门徒们面前,等待他们提问。屈原正好相反,他觉得自己有浑身的问题得不到解答,他完全不知道用什么去训导别人。他要呈现的,是自己内心的全部苦恼、哀怨、分裂。他没有雕塑般的坚硬,而有一种多愁善感的柔软。他不认为世间有多少通用的哲理,只担忧杜鹃叫得太早,群芳谢得太快。

我这么一说大家都听出来了,这么一个孤独人物的出现,是中华文化一个重要的里程碑。

丛治辰:《诗经》作为中华先祖的歌吟,确实是一种集体话语,我觉得这可能与黄河流域的地理环境有很大关系。我们的早期文明长期活跃在黄河流域的千里旷野，那里适合于聚族而居、相邻而居；而在屈原被放逐流浪的地方，交通不便，物产却丰裕，适合满足个体生存，于是就容易产生个体化的诗。秋雨老师，您也曾在一本书中说过，《诗经》第一次告诉我们，什么是诗；而屈原第一次告诉我们，什么是诗人。

余秋雨：诗人是一种个体精神的审美自立。诗人的自立与思想家的自立不同，需要有一种自然环境的诱发，或者说，有一种天人之间的互动。你说到他的流放地交通不便而物产不乏，保障了精神上的个体生存，这说得不错。我可能更看重他流放地的另一种环境，例如，树木幽深处的花开花落，奇山怪水处的似梦似幻，巫风浓郁处的神人对话，大江险峻处的生死抗衡……正是这一切，熏陶着他，塑造了他。结果，像《诗经》那样的黄河流域的"平原小合唱"，也就变成了长江流域的"悬崖独吟曲"。

万小龙：说到这里，我想应该把"诗人"放在一个更高的人生坐标上：并非只是一个写诗的人，而是一个在生命整体上充满诗人气质的人。

余秋雨：把自己的生命彻底诗化的人物，在屈原之前还没有出现过，至少我们没有看到。其实直到现在，我们还能看到两种诗人。一种就是你所说的只是"写诗的人"，看到云，看到水，他就冒出了写云、写水的诗句；另一种人则相反，他本身就是诗，比他写出来的诗更像诗。他的思维、情感以及待人接物的方式，都是一团让人痴迷的天籁。他有点儿怪异，不擅长交际，大家都不愿意把太多的荣誉交给他。结果，"诗人"的桂冠，常常落到了第一种人，也就是"写诗的人"头上。

顺着这个话题我想起一件小事。两年前我看到一些文章和著作在论述二十世纪的古体诗，还排出了名次。有的以内容的重要性来排名，有的以作者的社会地位来排名。我觉得不妥，便自己动手排了一至十名。出乎很多学者的意料，我排列的中国二十世纪古体诗作者名次，第一位是郁达夫，第二位是苏曼殊，原因就在于他们在骨子里就是诗人，而不仅仅是"写诗的人"。我一排出来，很多深谙此道的研究者都点头了。原来他们也知道其中深味，却没有胆量避开重要人物和重要话题。

其实，诗人就是诗人。不承认这一点，就不会有诗的时代。

第二十一课

二十四史的起点

余秋雨：从今天开始，我要花费较多的时间与大家一起讨论中国文化史上另一个重要人物，他就是司马迁。他不仅仅是一个杰出的史学家，而且是一个改变了我们所有中国人的人。是他，使每一个中国人成为"历史中人"。

中国有一套完整的二十四史，过去曾被集中装在檀香木的专门书柜里，既气派又堂皇。这套卷帙浩繁的史书所记朝代不一，编撰人员不同，却有相同的体制。这个体制的设计者，就是司马迁。因此，我们也可以把他看成是二十四史的总策划。

有了他这个起点，漫长的中国历史有了清晰而密集的脚印。这个全人类唯一没有被湮灭和中断的古文明，也有了雄辩的佐证。但是，我们在一次次为这种千年辉煌而欣慰的时候，会突然安静下来。像被秋天的凉水激了一下，我们清醒了，因为我们看到了远处那个总策划的身影。那是一个脸色苍白、身体衰弱的男人。

他以自己破残的生命，换来了一个民族完整的历史；他以自己难言的委屈，换来了千万民众宏伟的记忆；他以自己莫名的耻辱，换来了华夏文化无比的尊严。

司马迁的《史记》写了十几年，如果再算上修改的时间，大概是二十年。他父亲是个太史令，已经开始在做这方面的事情了，司马迁继承了父亲的事业。他二十岁就开始了考察，走了很多很多的路，就在他准备把考察的结果一一写下来的时候，突然遇到了一场重大的人生灾祸，那就是"李陵之祸"。

这场灾祸让我们这些后人听起来十分痛心。但是，和一般模式不同的是，这场灾祸的制造者并不是一个卑鄙小人，而是另一个伟大人物，那就是汉武帝。

请注意，在历史上，伤害伟人的并不一定是小人，而很可能也是伟人。这是巨石与巨石的撞击，大潮与大浪的相遇，让我们在惊心动魄间目瞪口呆。

汉武帝无疑开辟了重要的时代，以至今天的中国人想起他还会精神振奋。汉武帝年纪轻轻就登基了，他不能忍受前辈皇帝只能用一个个汉族女子以公主的身份与匈奴和亲的方式去换取北部边疆的和平。他觉得，这样的事情很屈辱，这样的和平很脆弱。他想用武力来问一问，我们到底还有没有另外的力量？因此他开始不断地打仗，在位五十四年，差不多打了五十年。

用现在的眼光来看，汉武帝实在是做了人类文明史上的一件大事。人类的一切大文明，都会遇到野蛮力量的围攻。最终胜利的，大多是野蛮。因此，真正的大文明必须选择最有效的防范措施。中华文明当时遇到的最大野蛮力量，就是匈奴。对匈奴，秦始皇的对付办法是长城，汉武帝的对付办法是战争。否则，匈奴一旦入主中原，很可能是中华文明的消解。后来匈奴的主体终于被驱赶到西方去了，到了西方，他们又与当地的野蛮力量会合，把一度与中华帝国并驾齐驱的西罗马帝国灭亡了。罗马文明，连带着希腊文明，就此中断，欧洲陷入了漫长的中世纪。两相比较，汉武帝功不可没。

汉武帝的时代是个英雄的时代。开疆拓土，平定边境，凯歌和悲歌交织，锋芒和粗粝俱现。英雄时代的逻辑与平常时代是不太一样的，司马迁的悲剧也就是英雄时代的悲剧。

对于司马迁悲剧的具体情节，大家应该知道，我在《历史的母本》中也做过系统论述，今天就不在这里重复了。我只想说一说我对司马迁的总体评价——正是这个在油灯下天天埋首的"刑余之人"，规定了中国人几千年的历史意识和历史规范。他使我们所有的人，都拥有了一个共同的家谱。

王安安：我听到有一种说法，说中国人没有宗教信仰，"历史"就是他们的信仰，中国人追求"不朽"靠的是"青史留名"，避免的是"遗臭万年"。

余秋雨：我很喜欢这种说法。不是"宗教的历史"，而是"历史的宗教"。历史被拟人化，变成了一个生命，似乎能看到一切、裁判一切、奖惩一切。这个历史，就具有"亚宗教"的人格力量。不错，历史在中国，是一种裁判坐标，而未必是真实坐标。

不管是帝王将相，还是侠客游士、文人骚客，他们在做每一件大事的时候，都觉得自己的脑袋后面有一支巨大的史笔。这支史笔在一定程度上控制了历史，也传达了一种有关人间正义的基本界限。

我想对大家提一个问题。在司马迁之前，《春秋》和《尚书》都已经开辟了修史的门径，那么司马迁对后来整个中国历史的走向，有什么特殊意义？其中有没有负面意义？

王牧笛：我觉得司马迁的特殊地位在于他是一个史学体例的开创者。在他之前，孔子赋予了历史一种功能，就是"以史言志"，比如他写《春秋》，是把自己的志向和理念融入到历史的记录当中，分辨善、恶、褒、贬，判断是非。司马迁把孔子的功能追求规整化为一种结构性体例。

王安安：除了一个结构性的体例外，《史记》还创造了许多"原型"人物，比如我们会说谁是"项羽式的人物"、"刘邦式的人物"。这就是一个很大的贡献，以人物为核心的写史的方式，影响深远。现在很多历史事件我们可能记得不那么清楚了，但是那些人物却留在了我们的文化记忆当中。

余秋雨：你们两位说得都很对。《春秋》，包括《尚书》，以一种大事记的方式提供了一种"史学理念"，但在"史学理念"之后还必须创造一个可以长久延续的"史学模式"。这个模式，就由司马迁创造出来了。理念是像云一样飘荡的东西，人们可以仰望它的光彩，但是要完整地按照一定的格局和程序承接下来，必须有模式。如果史学模式没有创造出来，这代人按照这种方式写，那代人按照那种方式写，上下缺少可比性，这也就构不成历史气脉。世界上其他古文明往往就出现这个毛病：某一段历史有记录，某一段历史是传说，某一段历史是空白。相比之下，中国的史学模式实在不凡，这首先要归功于司马迁。

同时，不管是理念还是模式，都应该被广泛接受。它需要好好读，需要在人们的心中产生强烈的效应，而且接受的范围必须超过史学界，超过少数精英阶层。这是因为，历史与每个人有关。正如安安所说，司马迁的《史记》通过创造"原型"人物的方式使历史具有了生动的形象性，代代都愿意读，于是模式具有了时间的下伸性。

裘小玉：秋雨老师，我们经常会说历史是公正客观的，可是我们也清楚地看到司马迁个人的立场，或者说他自己的价值判断在《史记》里的强烈体现，这算不算客观？应该如何看待这一点呢？比如说，写到"垓下之围"，英雄末路的项羽，唱起"力拔山兮气盖世"，与心爱的虞姬告别，最后的几百个壮士也在这场战役中牺牲了。那么，是谁目睹了项羽临终前的一系列戏剧性场景？司马迁没有告诉我们这个材料的来源，就把它写到《史记》里面，我们也把它当作事实接受了。这个传统延续到后面中国历史的书写当中，有怎样的影响呢？

余秋雨：你触及了一个重大的学术问题，牵涉到了西方近代史学和中国古典史学之间的差别。为此，我要为中国古典史学讲几句话。

其一，到现在为止，没有哪个西方历史学家敢于担保自己的历史表述是充分客观的，尽管他们经常会以充分客观的面貌表现出来。

史料漫无边际，而且永远可以被挖掘。我们不妨设想一下，几个朋友携带家人一起外出郊游，回来后的第二天大家的回忆已经很不相同，如果再过半年，彼此的印象就更加五花八门了。这还只是一次人数不多的小小郊游，如果换成一个各色人等参与的大事件，结果会怎么样？彼此利益各有冲突，互相观点各不相同，所见所闻各有角度，大家在记述中难免包含着大量的隐讳和夸张，又缺少当场对证和辩驳机制，时间一长，所谓"客观"的历史几乎无从谈起。这一点，二十世纪的法国新史学已经尖锐地指了出来，他们到后来只相信"心中的历史"，或者说，只相信历史在集体心理中的个别投影。这就是说，过去大量看起来"确证无疑"的历史，其实都有明确的主观立场，只不过在西方现代，都被科学主义的客观形态掩饰了。司马迁很诚实地表达了自己的立场，这与当时流行的官场意志相比，已经比较客观了。他把官场不喜欢也不在意的那些群落，比如失败的英雄、孤独的侠客和其他种种"边缘人物"，也都一一写了进去，让我们看到了官场立场之外的世界。

其二，司马迁怎么知道项羽唱歌、虞姬自杀的具体情景？他其实有过不少考察，不仅有当时留下的文字资料，还亲自到过那些地方，搜集过各种传闻。如果司马迁还在，你问他，他会告诉你当时是根据多少资料的集中对比才做出最后选择的。但他不知道两千年后会有一些西方史学流派的博士论文必须以注释来证明每一个观点的来源。如果知道，他也不会这么做，因为他不想做"历史学博士"，哪怕是北大的。

因此，司马迁的史学是一种"文学化的史学"，而不是"科学化的史学"。这也是中国文化的一大特征。但是，司马迁毕竟是在写史，因此他的文学又受到严格控制。例如，写到传说的地方，他会让读者感觉到这是传说，彼此心照不宣。

过了几千年以后，我们年轻的读者才会对这样的传说产生合理的疑问。司马迁其实没有消灭这些疑问，也没有消灭自己说法之外的其他可能性，这对于一个古代历史学家来说已经不错了。我们今天可以评判他的得失利弊，但是，从更宏观的历史悖论来看，我们现在的选择，真会比司马迁更好吗？其实我们没有这个信心。

萨琳娜：秋雨老师，您认为《史记》所确立的价值观念，对中国这个官本位的文化，有什么样的影响，是一种促进，还是有某种程度的制约呢？

余秋雨：司马迁的基本思维确实是"官本位"的。第一，他是一个史官，而不是现代意义上的"独立知识分子"；第二，身处英雄的时代，使他对汉武帝的业绩由衷地钦佩，自然而然地成了他价值判断的主轴。

当代中国学者太懒，不知亲自考察和思考，只会顺着两千年前的观点来讲述历史，一切都是朝廷博弈，权谋高下，名士沉浮，几乎不理当时的社会生态和民众心理。此风沿袭到现代史研究，仍然没有多大变化，例如，写"文革"总是停留在"红墙"之内的政治升降，派别胜负，而完全无涉几亿民众的真实生活。官场、官场、官场，政治、政治、政治，这种取向，恐怕连司马迁的在天之灵也会频频摇头了。

第二十二课

汉武帝的大地遇到了司马迁的目光

余秋雨：我们同情不少有眼光的历史学家，只能局限在一块琐碎肮脏的土地上钻研；我们也同情不少盛大的时代，没有一个智者的眼光去观察，没有一支奇妙的大笔去描述。然而在汉武帝和司马迁的时代，这两种遗憾都没有了。从这个意义上讲，即使司马迁承受了奇耻大辱，也可以获得某种安慰，因为两种伟大终于相遇。

司马迁的伟大，首先是那片土地给他的。我曾经一再否定过"愤怒出诗人"、"灾难生伟大"的说法，因此我也不认为《史记》是他受刑后的"发愤"之作，尽管这种说法很著名、很普及。请问，司马迁"发愤"发给谁看？"发愤"会发得那么从容而宏大吗？记住，一切憋气之作、解恨之作、泄怨之作是不可能写好的。司马迁写作的动力不在这里，你们今后在讲述司马迁的时候也不要老是纠缠在他的宫刑话题之中。他的动力，是当时意气风发的中华文明给予他的，是汉武帝的大地给予他的。因此，我们还要从这个角度重新来说说他的生平。

在很年轻的时候，他已经用自己的脚步触摸过这片辽阔而又统一的土地。他利用自己作为皇帝侍从的便利，成了当时走得最远的青年学者。

我以前为了写作一篇研究司马迁的论文，曾经参照多种古籍画了一张他年轻时代的行旅图，昨天已经传真给你们。现在，就让我们一起按照他的漫游顺序,用当代地名温习一下吧。哪一位先来?

刘璇:出发地是现在的西安,先后经过河南南阳、湖北江陵,然后到达湖南长沙。在长沙,他当然不能不想到屈原,于是去汨罗江悼念,后来还专门写过关于屈原的文章。

王牧笛:他沿着湘江南下,到沅江后,应该是沿着长江向东到了江西九江,登上了庐山。再顺着长江东行,上岸以后到了绍兴。

余秋雨:那就到了我家乡附近。

王牧笛:那里有禹穴——现在叫大禹陵,他到绍兴要纪念大禹,这是一个著名的遗迹。然后再由浙江到江苏的苏州——猜测起来应该是这么过去的,因为路比较近。到苏州看五湖——五湖到底是哪几个湖还有争议,因为后来水文地理也发生了一些变化。接着渡江到江苏的淮阴。

余秋雨:大家都可以想到,他一定会去访问淮阴侯韩信的故居。下面换一个同学说下去吧。

刘璇:以后他北上山东,到了曲阜,参观了孔子遗迹。又到了北方齐国的都城临淄,再到邹城、滕州,再南行到徐州、沛县、宿州,拜访陈胜吴广起义以及楚汉相争的各个地方。

余秋雨:在这个地方他遇到了很多麻烦,但兴趣最大。心中装着雄伟历史,现实困难不算什么。下面的行程我讲完算了:摆脱麻烦后他去了淮阳,访问春申君的故地,再到河南开封,访问战国时期魏国的首都。然后就从这一带出发,返回长安,即现在的西安。这一条路线,我们在地图上画一圈，发现中原一大半地方都被他考察到了。不仅是中原，当时的长江流域，甚至一些还没有被开发的地方，他也到达了。

这是他二十岁的一次旅行，得到了有限的官方资助。一路上他的感受很多，后来都反映在《史记》中。总的来说，他为大汉帝国辽阔的疆域和悲壮的历史感到骄傲，并由此而意气风发。

之后他得到了一个官职叫"郎中"，可以随从汉武帝出行了。这个官职很小，他做的事情就是伺候车辆，有时候也做点儿警卫工作。但是这对司马迁来说求之不得，因为他可以名正言顺地把自己已经开始的旅行继续下去了。哪一位同学把他的行程说下去？

萨琳娜：我来。在二十三四岁的时候，司马迁跟随着汉武帝出行，到陕西的凤翔，山西的夏县、万荣，河南的荥阳、洛阳，陕西的陇县，甘肃的清水，宁夏的固原，西北的地方实在走得不少，比较多，然后再回到陕西淳化的甘泉山，汉武帝的别墅行宫在那儿。

余秋雨：走完了这一大圈，司马迁在二十五岁的时候接受了一个使命：到云南和四川一些少数民族地区去考察和慰问。在汉武帝的时代，一方面要和北方的匈奴作战，开疆拓土，安定边境；另一方面又要对西南地区的少数民族进行安抚，并把汉朝的政权力量延伸到那里。在当时，那些地方的路都非常难走，会遇到很多危险，因此，像司马迁这样年纪轻、身体好、有过旅行经验，又有处理复杂问题能力的小官员，就成了最好的派遣对象。司马迁的这一行程，促使他更清晰地认识了大中华的辽阔版图、复杂生态、险峻山水。

王安安：秋雨老师，下面的行程由我来说吧。凭着地图追寻司马迁的脚步，是一件愉快的事，我也要享受一下。司马迁刚刚从西南回来，又跟着汉武帝出行,去了山东的泰山、河北的昌黎、河北的卢龙、内蒙古的五原。那时候他大概是二十五至二十六岁。二十七岁又到了山东的莱州、河南的濮阳。后来他又到了宁夏的固原、河北的涿州、湖南的宁远、湖北的黄梅、安徽的枞阳、山东的胶南……

余秋雨:好了。走了那么一圈又一圈,我想让大家思考一个问题:司马迁一路上最大的收获是什么?是史料的考证?是传闻的搜集?是对每个历史事件地点的确认?都有一点儿吧,但我认为最重要的是两个收获:一是采撷到了豪荡之气;二是获得了现场感。这两种东西,我们在读《史记》的时候能够充分领受。

司马迁在两千多年前极为落后的交通条件下走了那么多地方,是他后来成为中国首席历史学家的基础。

司马迁在"李陵之祸"之后的生活,有点儿奇特。他为写《史记》而勉强活了下来,没想到,他反而升官了。汉武帝这样做的理由,没有见于史册。我很想听听同学们对这件事情的看法。

王牧笛:隔了两千多年,我觉得这两个时代的逻辑真的不一样。我们现在这个时代,如果有官员或学者因为犯罪进了监狱,又没有为他平反,他的政治生命就终结了。可在那个时代,大升大跌只在瞬息之间,不必有清晰的逻辑,结果,司马迁的政治生命反而得到了第二次展开。

魏然:这可能跟汉武帝本人的极权地位有关。这样的皇帝心里没有罪和非罪的界限,祸福只凭他一句话。

余秋雨:在中国古代,皇权高于法律,一个皇帝掌握着一切官员的命运,这是大家都知道的。我感兴趣的是汉武帝这样的皇帝在这个问题上的特殊表现。他们的雄才大略使他们乐于做一些突破规范的游戏,把一些高官一会儿投向监狱,一会儿又投向高位,是他们的乐趣。他们似乎在这种快速转换中享受着权力的快感。

你看,汉武帝把刑后的司马迁狠狠提升一把,提升得比原来还高,又不说明理由。提升了,还会注意他跟跄走路的背影,欣赏自己在这位大智者身体上留下的暴虐。我发现,越是有成就的皇帝,越喜欢玩这种故意颠覆理性的游戏,并由此走向乖戾。汉武帝的这次乖戾,落到了伟大的司马迁身上,成为他在执政过程中最为可耻的记录,比连打几个败仗更可耻。由此也可证明,极端权力即使由英明雄主掌握,也必然走向非理性,然后走向罪恶。

魏然:正如秋雨老师所说的,司马迁已经领受过民族的伟大和时代的伟大,因此受了冤屈还能坚持写作,但我读他写的《报任安书》,其中说到他自从受了刑之后,汗流终日,一睁开眼睛就想起自己屈辱的往事。我很难想象他在那样的身体状态和精神状态下,如何具体地来完成这部著作。

余秋雨:谢谢你提到《报任安书》。这篇文章确实写到了他近乎崩溃的心理状态,除了你所记的汗流终日外,还说自己没有颜面到父母坟头祭扫,而且预想以后时间越长,污垢越重,因此难过得"肠一日而九回"。但是,司马迁为什么要对任安说这一切?

多读几遍就知道了,他恰恰是要告诉任安,自己咬牙忍受这一切而活下去的理由,就是为写《史记》抢得一线生机。所以,他不能答应任安要他去营救的请求,因为这样做很有可能使这一线生机断裂。司马迁的意思是,用自己的命去换任安的命,他毫不犹豫;但是,用《史记》去换任安的命,他拒绝。

生命本是轻微的,但也有可能与泰山连在一起。自己已经与泰山连在一起了，因此不能由于自己而毁了泰山。为此他说出了那句大家都听到过的话："人固有一死，或重于泰山，或轻于鸿毛，用之所趋异也。"——这后面六个字大家可能不熟悉，却很重要，用现在的话来说，就是"不同的生命方向决定了生命的差别"。司马迁的"泰山"，就是《史记》。

王安安：秋雨老师曾经说过，《史记》的终笔也就是司马迁生命的终结。我认为这是一个象征意义的死亡，司马迁在真实意义上的死亡，并不为大家所记住。这是不是暗藏着一个反讽？司马迁写了多少人的生命与死亡，可是作为一个史学家，他自己的死亡却没有被后世记住。

余秋雨：有一点儿史料透露，似乎是由于司马迁在《报任安书》里的一些话，还是为朝廷所不容，结果被处以极刑，郭沫若先生为此专门做过考证。只是史料语焉不详，很难让大家确信。一般的说法是：司马迁总是表达不满，所以最后被杀。但是，为什么历史书上对此不做叙述呢？我想这是历史学家们对自己开山老祖的一种仁慈，大家都不愿意看到这样的结局。另外一种可能就是，司马迁自己选择了退场，退得很彻底，让大家找不到线索。

第二十三课

《史记》的叙事魅力

余秋雨：讨论文化，应该更多地从观念层面落实到运作层面。北大，容易出观念，这本是好事，但是文化说到底是一种实践状态。实践、劳作、书写，决定着文化存在的真实性。因此，我们要学会"面对细部"的本领，不要成为永久的"空空道人"。

我会安排时间来专门讨论《史记》在写作上的特色，今天先讨论它的叙事魅力。王安安同学提到过，《史记》的历史叙事，总围绕着人物展开。其他国家的历史也讲人，却以人说事，事是目标；而《史记》则反过来，以事说人，人是目标。可以说，这是一种"以人为本"的叙事方式，梁启超先生很早就指出过这一点。围绕着人物的叙事，会让历史人格化，而且又会让事件变成人生故事，散发出文学魅力。

让我们用实例来体会一下吧。大家不妨举几段印象最深的叙事，做一点儿分析。谁先来？

魏然：我比较熟悉的叙事是"萧何月下追韩信"，出自《史记·淮阴侯列传》。故事虽然非常简短，却勾勒出了三个人鲜明的性格特点。比如，萧何只跟韩信说了几句话，就了解他的才能，虽然当时韩信只是个小辈。萧何把他追回来之后，还说服刘邦一定要封他为大将，否则他可能还会跑。韩信也非常自信：你如果不封我、不用我，我就不在你这儿玩了！有人感叹道：萧何这一追，追回了汉朝四百年的江山！

余秋雨：我前年去汉中，当地的朋友带着我走一条长长的路。一直走到晚上，月亮上来了，路越来越僻静，看到了一道沟渠。这便是萧何追韩信的路，那道沟渠边上，还有石碑。有时，空间上的小小穿越，却能带来时间上的长长延伸。那个月夜，那番马蹄，那条泛着月光的沟渠，有可能支撑起了一个伟大的王朝，以及这个王朝之后的绵延。

王安安：我印象最深的是霸王别姬那一幕。项羽被包围之后，听到帐外有故乡楚地的歌声，虞姬起舞，项羽饮酒、吟诗："力拔山兮气盖世，时不利兮骓不逝。骓不逝兮可奈何，虞兮虞兮奈若何！"最后虞姬拔剑自刎——英雄的生命终结得充满了美感。我注意到司马迁在写这一幕的时候，视角很独特。看作一部电影的话，他选择了项羽作为主观视角，而没有选择一个客观、全知的视角。有时候我想，也许刘邦这个人和他所采取的行动本身，也构成了一种诗画结构：他包围项羽，令四面唱响楚歌，这也是复杂而有戏剧性的。司马迁没有选择他，而是选择了项羽的视角，显然是做了更加高贵的选择：一个人在面临死亡时所做的事情对他的人生构成折射，富有意味，令人感动。

余秋雨：在这个情感告别仪式上，司马迁准确地为项羽选择了故乡的歌，选择了爱他的美人，选择了他自己的诗句，选择了鲜血，选择了自刎。这些审美部件集中在一起，就构成了一个极为悲壮、凄美的经典场面。这个场面被整个中国历史所记忆，也提升了中国历史的高贵。世界上还有另外一个悲剧英雄享受过这么高贵的告别仪式吗？我一时想不起来。

萨琳娜：刚才安安讲的是一个大悲剧，我来讲一个《滑稽列传》里的小喜剧吧。楚庄王喜欢一匹马，到了什么程度呢？给这匹马穿上华丽的衣服，住在华丽的房屋里，给它睡床，甚至还用蜜饯去喂它，搞得这匹马最后得了肥胖症死了。悲痛的楚庄王让大臣们都去哀悼它，还要用大夫的规格葬它，并且说，谁要是因为这事儿上谏，就杀头！这时候优孟出场了，他跑到宫廷里仰天大哭。楚庄王很奇怪，说："你哭啥呢？"优孟说："我们楚国，泱泱大国，国君这么爱的一匹马死了，怎么只用大夫的礼节下葬啊，这太薄了，对不起这匹马啊，应该用人君的礼节下葬才是！"楚庄王终于恍然大悟："噢，我竟然错到这种地步。"于是他收拾了残局，不让全国的人传扬。上千年过去，我们再复述这件事的时候，看到在一个暴政集权下，没有办法与上层沟通的社会中，优孟这个人，以自己的聪颖、智慧以及正直，挽回了这件事。

余秋雨：喜剧美，是一个大概念，其中有一项叫滑稽。滑稽的一大特点，就是用荒诞的方式让人跳出惯性，然后破除更大的荒诞。人是容易沉迷的，因此需要唤醒。沉迷得浅的，可用悲剧来刺激；沉迷得深的，可以用喜剧来阻断。因为悲剧用的是和沉迷者同一逻辑，而喜剧用的则是另类逻辑。

魏然：《史记·赵世家》有"赵氏孤儿"的故事，核心情节叫"搜孤救孤"。说赵盾这家人触犯了赵王以及他的老对手屠岸贾，赵家就被杀掉了三百余口人，只留下一个孤儿。赵家的一个门客程婴，为保护这个孤儿，用自己亲生的孩子给调换了，还托付老朋友公孙杵臼去照顾这个孤儿。他们两人之间有个对话，是关于生与义孰轻孰重的选择。公孙杵臼选择了死，程婴忍辱负重，被全国视为出卖朋友的叛徒，然而保住了赵氏的血脉。这个故事让中国人和外国人都感到一种强烈的共鸣，后来被伏尔泰发现，改编成一个欧洲的戏。这个故事有着强烈的震撼性，我认为所有说"中国没有悲剧"的人，都应该去看看这个故事。

余秋雨：司马迁的笔写到这段故事，居然悲得那么豪迈而纯粹。作为史学家，他不得不写出一个个具体的人名和官职；而作为一个文学家，他关注的是一批生命前仆后继的力度和造型。这种力度和造型是超时空的，因此，我在法国看到罗丹雕塑的一批义士为救全城而慷慨赴死的群像，立即想到了《赵氏孤儿》。我所著的《中国戏剧史》在写到这一段时，也表达了这样的意思。

由此可知，司马迁的叙事魅力，一是来自"以人为本"的写作路线，二是来自对喜剧美和悲剧美的深度挖掘。

第二十四课

失落了的文笔

余秋雨：上次说到的几段故事，体现了司马迁的叙事功力。但在整体上，《史记》是一种以第三人称"夹叙夹议"的散文。

历史本身就是一篇大散文。它有情节但不完整，有诗意但不押韵，有感叹但无结论——这还不是散文吗？

而且，最好的散文总是朴素的，司马迁的文笔，像历史本身一样朴素。

当时司马迁身边充斥的是辞赋之风。辞赋也有一些不差的篇章，但总的来说有铺张、浮华之弊。空洞的辞章如河水泛滥，又在音节、对偶、排比上严重雷同。正是针对这种文字气氛，司马迁用朴素无华、灵活自如、摇曳生姿的正常语言写作，像一场浩荡的清风席卷文坛。

但是，铺张、浮华的文风有一种代代再生的能力。直到唐代，韩愈、柳宗元重新呼唤朴素文风，才成气候。在他们之后，这种呼唤还不得不一再响起，因为那个老毛病像一种间歇症一样一次次复辟。

直到今天，请听听上下左右那么多发言、报告、陈述，其中拥挤着多少套话、空话、大话，而且都那么朗朗上口、抑扬顿挫。更麻烦的是，由于传染和诱导，越来越多的人觉得那才美，那才叫文学性。

这可能与我们接受的语文教育有关。记得我上初中时在书店里看到老舍先生写给青年作家的一封信，他说，写文章有两个秘诀：一是尽量不用成语；二是尽量少用形容词。我当时一看如醍醐灌顶，因为这种说法与我们老师的说法截然相反。那天回家的路上，我心里一直在两个"老"字间挣扎：是听"老师"的，还是听"老舍"的？最后我做了正确的选择，听老舍的。

我当时很疑惑，为什么老舍主张"尽量不用成语"呢？后来看书多了渐渐明白，成语是人们做一般表述时的通用拐杖，对高水准的文学表述者来说，它很可能变成"类型化"障碍。例如，一个真正的作家在描写时间过程时几乎不会用"光阴似箭"、"日月如梭"、"白驹过隙"之类的成语，因为那太偷懒了，除非是黑色幽默。无论是成语还是定型的形容词，都是经过太多人手的"语言硬块"，如果作家们不想放弃由自己直接来描写对象的权利和责任，就一定躲避。

同样的道理，现代生活中那些互相模仿的四字句现代骈体，听起来整齐而顺口，实际上却造成了接受上的惰性疲倦，又败坏了中国语文的生动风姿。

对这个问题，你们有什么感觉？

王牧笛：我对写作腔或者演讲腔也有一种强烈的负面感受。比如那一届届的大学生辩论赛，双方辩手们说的话，只有形式没有内容，没有对一个具体问题的认真思考。基本上现在每场辩论赛最后那位辩手总结的时候都会说："谢谢主席、对方辩友，大家好！对方辩友，我不得不指出你们的几个问题：第一，扬汤止沸；第二，指桑骂槐；第三，暗度陈仓；第四，逻辑混乱；第五，概念不清……"基本成了套路。

余秋雨：是啊，现在到处都是越来越空洞的排比套路，几乎创造了历史之最。

为此，我们不得不向汉代的司马迁求援。让他告诉大家，自古以来的好文章，都不喜欢那种整齐的形容、排比、对仗。《史记》里也不是没有骈句，但都获得了严格的控制。因此我要向你们提出建议，在写作中如果不小心突然想出了几句对仗的句子，有两句就是两句，不要凑成四句，如果凑成了四句，那也千万不要让它们押韵。世间文字，过巧即伪。司马迁的《史记》里有一段，四字句，全押韵，后来的学者就判断说，这是别人插进去的，因为大家知道司马迁不会傻到这种程度。

　　牧笛刚才说到的辩论或演讲上的僵硬套路，听上去让人讨厌，却是出于一种不自信。现在很多官员报告的套路，远比你所说的演讲比赛严重。全讲千篇一律的整齐排比，完全不是人类交流的正常语态。我们是一个不善于演讲的民族，再加上多少年来教条主义、本本主义的熏陶，一开口就轻松不了，也自我不了，不得不抓住那些亮闪闪的坚硬扶手，又为了壮胆而特别大声。这就形成了一个规律：演讲时的语言越整齐、越响亮，就越没有自信；反之，越朴素、越从容，就越有底气。

金子：我记得在小学五六年级稍微有一点儿语文基础以后，老师会让我们买很多的经典作文，背里面的形容词、成语，然后用它们造排比句、对偶句，要押韵。这种大环境下的文化教育，对造成当今的这种状况有影响吗？

余秋雨：有，正是这样教育的结果。再加上一种上下沿袭的官场生态，更使这种文风变得合法，广为传播，得不到任何控制。所以我想，你们年纪还轻，是不是一起来帮帮中华文化，做司马迁、韩愈、柳宗元、胡适、鲁迅他们做过的事情，让大家在正式场合重新学讲人话，"文起八代之衰"。

　　除了中国的文学前辈外，我还想用法国作家雨果的例子来勉励你们。

法国漫长的古典主义传统中也积累了大量华丽、刻板、削足适履的文字模式和戏剧规程，一度还被看成是上层社会的文明标志。连莎士比亚的戏在巴黎演出，也因为有不少生活中的普通语言而被拒绝，认为"太俗"。雨果决心冲破这一精致的罗网，花了极大的努力与巴黎民众的审美习惯搏斗，甚至组织起了一支青年文化"铁军"，领头的就是戈蒂埃——后来现代派诗人的代表者。大家知道雨果终于胜利了，在雨果之后，法国成了现代艺术最有创造力的中心。

我们现在的语文套路，既比不上雨果面对的法国古典主义，又比不上中国古代的骈文，因此更不值得留恋。

诸丛瑜：我觉得这种令人厌烦的文风还是与教育制度有关。很多语文老师也许并不是不知道这样一种体例对文学本身是一种伤害，但我们用标准化考试来衡量本来不可以标准化运作的文学，所以老师才教学生这样做。中国的这种"考试文化"，可能在世界上也已经成了一种特殊现象。

余秋雨：对，考试制度是一种诱导。明清以后的八股文，就是科举考试培养出来的怪胎。

好，说过了一系列现代的反面现象，我们可以回到司马迁的写作特色了。他一路朴素，反而使他的叙事魅力毕现。他向我们证明，中国语文的最高本领是质朴叙事，而不是抒情铺陈。在质朴叙事的过程中，司马迁还会有一些警句、格言式的点化之笔，提挈全篇。这也就使质朴与哲理互相呼应。

我想问一下各位，《史记》中有哪些话，被你记住了？有没有语言艺术上的原因？

王安安：我发现一个规律——一个句子里动词比较强的话，就会很生动、简洁、直指人心。比如，司马迁说"项庄舞剑，意在沛公"、"士为知己者死，女为悦己者容"，从戏剧的角度来看，这些句子是充满动作性的。人在对动作性的体验和感受当中，能够获得一种快感。

余秋雨：对，动词会使文字出现生气。因此我们要寻找的警句，最好是一个个"行为结构"。

魏然：司马迁的名言警句，常使我一看到就想起相关的故事和图景。比如"狡兔死，走狗烹，飞鸟尽，良弓藏"，会让我想到范蠡、文种、越王勾践，甚至会想到西施；"图穷而匕首见"、"风萧萧兮易水寒"让我想到荆轲。每当我们引用这些名言警句的时候，都会面对它背后体现出的一个故事，一个情景。

余秋雨：这就是中国语言和西方语言的差别之一：它的哲理品质，一直不离形象。

王安安：我觉得一种表达如果形成一个反差，在两个极端游走，也会有魅力。比如刚才举的例子，"图穷而匕首见"，"图"是很美很柔的东西，结果出现了一把"匕首"，句子一下子就显得非常有张力。现在很多网络作家也会用这种方式，但都是些形容词，比如什么"冰冷的火焰"、"凛冽的激情"之类，虽然不乏才华，但搞得很矫情。

余秋雨：当一个句子成为警句格言，在一个缺少哲学素养的国度里，就有一种近似于法律的职能。"士为知己者死"，这个逻辑建立至今，不知道有多少人为之而慷慨赴死。但是，那些死亡很可能是没有价值的，因为对方可以打扮成"知己者"让你去死。我们乡间的很多老人，往往用格言来面对一切事情，可以不懂法律，不讲公理，不看人情，只遵从格言。这是语句的力量，发挥得过头了，因此也产生了负面作用。

第二十五课

混乱和美丽同在

余秋雨：我们已经梳理了中华文化最早的几项文化记忆，那就是从甲骨文到诸子百家，从屈原到司马迁。按照一种最古典的观念，中华文化的奠基过程到汉代已经完成。我们如果把课程结束在这里，也可以。但是，仅仅集中在奠基阶段毕竟不能令人满足，我们还应该做适当延伸。下面要讨论的，是汉代以后的数百年乱世——三国两晋南北朝。先请大家谈谈对这个时代的看法。

刘璇：我觉得整个三国两晋南北朝都乱七八糟，到处都打仗，社会也不安定。还有很多变态的统治者，像吴国那个孙皓，完全丧心病狂。再看一看《三国志》，不到十页就跳出来一个"人相食"——人吃人，这完全掉到生存底线以下了。这种时代，老百姓过日子一点儿安全感都没有，我是很难对此产生好感的。

丛治辰：我对于乱世的态度，说出来就显得有点儿"卑鄙"。所谓"乱世"的意思，其实就是"失范"——没有规矩了！这"没有规矩"又包含两个层面：文化生活和社会生活。文化生活上没有了规矩，异彩纷呈，特别好玩，我喜欢。但是你要让我到乱世的社会生活当中去过日子，那我不干。

余秋雨：我理解你的意思。人有两种需求，一个是基本的生活需求，一个是文化的游戏需求，而这两种需求很可能是分裂的。

王湘宁：我的看法可能极端一些。我觉得乱世的那些人，虽然日子过得不好，但是因为规范都没有了，反而可以少很多束缚。比如我现在还只是一个学生，但是专业一确立，我就似乎已经看到了以后要走的路。但如果我是在乱世，可能就自由和超脱得多，会有更多的选择。乱世里有很多非常非常坏的人，但是也有很多英雄，我们且不管是善还是恶，毕竟他们可以把善和恶都发挥到淋漓尽致。从艺术的角度来说，我都觉得是一种美。

余秋雨：你的这番话，我觉得很有价值，尤其是你来自新加坡。我对新加坡也很熟悉，它在社会秩序方面堪称典范，但有时也会让人产生一种惶恐，严密的秩序造成了全方位的控制，不仅控制今天，而且控制明天。正像你所说的，一个人甚至能够大致预见到生命是怎么终结的。很安全、很舒服，但又可能太沉闷、太单调。

我们来到世间，是让生命来接受试炼的：我的生命精彩与否？我与客观世界的关系如何？我有没有可能改变命运和环境？……过于安定、过于规整的社会，往往会使这些问题褪色。如果眼前还有不少混乱、险滩、陷阱、障碍，还有种种未料的空间、突发的偶然，那么，你会觉得手里把握着自己的罗盘。人生的厚度、重量、意义，都与这种把握有关。因此我对文化意义上的乱世，并不那么讨厌。

乱世中的文化人其实是点火者。一片黑暗里，把自己当作灯，甚至当作蜡烛，燃烧了都在所不惜。所以这些乱世中的文化人，比盛世中的文化人更值得我们尊重。不管他们有多少毛病，正是他们，让乱世有了人文延续。这里我想问问你们,在这些人中,特别能够牵动你情感的是谁?

丛治辰: 我印象最深的两个人物是阮籍和嵇康。这两个人物,秋雨老师在《遥远的绝响》这篇文章中详细谈论过,而这篇文章也是秋雨老师的文章里最令我感动的。这两个人少年的时候都有大抱负,是想要经世济民的。可是他们的踌躇满志一下子就堕入到司马家族所编织的罗网之中了。这两个有才华的人用自己的生命去应对乱世,要么沉默,要么抗争,所呈现出来的那种生命姿态相当富有魅力。

王安安: 魏晋时期的知识分子给人的印象是很帅、很潇洒,但是有那么一个人长得很丑,就是刘伶。他虽长得很丑,但是特别好玩,在家里不喜欢穿衣服,就光着身子。别人问他:"你为什么不穿衣服啊?你这样多不好啊。"他就说:"我是把天和地当成我的家,房屋就是我的衣裤,你为什么钻到我的裤裆里来?"我很喜欢这种放浪形骸的洒脱的感觉。

王牧笛: 还有个名气很大的蔡文姬,她一辈子嫁了三次,经历非常坎坷,在文学和音乐上都有很高的造诣。她嫁到匈奴,被曹操接回来以后,曹操跟她聊天的时候说,非常羡慕过去她家里那么多藏书。蔡文姬说:"我家原来有藏书四千卷,但是因为战乱都遗失了。"曹操听了非常遗憾。但是蔡文姬说,"不过兴许我还能背一些出来",就背出了四百卷,把曹操高兴坏了。这种博闻强识,令人震撼。

刘璇: 南渡之后的东晋有几个大家族很厉害,其中"王谢堂前燕"里那个谢家就非常有名。谢家有一个子弟叫谢灵运,是谢玄的孙子,可惜出生的时候世家已经衰落了。他不能实现自己的政治抱负,就把主要精力都花在山水之间,在他故乡周围的永嘉、会稽这些地方到处玩,开创了山水诗派——不写人物只写山水,但是感情已经融入到山水里面了。他有很多自然清新的佳句,像"池塘生春草,园柳变鸣禽"(《登池上楼》)、

"野旷沙岸净，天高秋月明"(《初去郡》)、"明月照积雪，朔风劲且哀"(《岁暮》)等，从不同角度去刻画自然景物，给人一种清丽唯美的享受，这在中国文学史上是占有很高地位的。

余秋雨：我的一个忘年交，著名电影导演谢晋，就是这个谢家的后裔。他老家还在绍兴上虞东山那个地方，经常回去。几年前，谢晋叫我为他的老宅写四个字"东山谢宅"挂在那里。谢家的文化之脉，居然延续到谢晋。

王湘宁：刚才刘璇说的那些大家族里还有一个王家，王家出了个大书法家王羲之。我在新加坡也是像大陆很多同学一样，从小就练书法，那个时候就觉得王羲之的字真好，可是老师不让学他，只让学唐代的三位名家——颜真卿、柳公权、欧阳询的字。因为王羲之的字好是好，却很难模仿。在那个乱世里，书法家有宗师，但没有门户，他是集大成的人物。

费晟：我也和其他同学一样，非常喜欢这个时代的才子，但是我更钦佩这个时代里一个默默无闻的实干家——郦道元。他一开始也是一个有政治抱负的人，当过地方官，执法非常严明，所以，虽然给老百姓做了不少好事，却遭到豪强的忌恨。在中央做官的时候，更是引起权贵的不满，被人用借刀杀人的手段除掉了——当时陕西的萧宝夤要造反，对朝廷很顾忌，这个大家都知道。侍中、城阳王元徽就特意建议任命郦道元当关右大使，萧宝夤果然以为他要对自己不利，就在半道上把郦道元给杀了。

郦道元从小就喜欢地理考察，在旅游途中对河道尤其关注，对于农业生产非常重要的河流、水汛特别留意。他看了古代的很多地理著作，最后选定前朝的《水经》做了很详细的注解。以前的《水经》只记载了一百余条河流，他把这个数目扩充到一千二百余条，然后详细地记述了这些河道的情况，丰富了古代的地理学研究。

余秋雨：郦道元，现在我们讲他的时候感到特别亲切。因为，在我们终于开始注意环保的时候，发现那么遥远的古代有一个人，把自己的文化生命和自然环境紧紧地连在了一起。他是一个既非常古代，又非常现代的人。相比之下，中国古代的绝大多数文人，过多地关注文本文化，即使声言"归隐林泉"，也没有考察自然的志向，并不与自然产生整体交往。

他的文笔也很好，凝练而又有诗意，很难想象一个古代的地理学家有那么好的文采。我写过一篇散文《三峡》，在概括三峡两岸险峻的山壁时，不得不引用他的语句。他又一次证明，文采未必专属作家，也完全可以属于地理学家、历史学家或其他什么专家。

丛治辰：我还想起一个人，就是刘义庆，这个名字乍一听大家没印象，但他留下一本书，大家都知道，就是《世说新语》。我们现在知道那么多魏晋名士的"八卦"，都是这本书记下来的。他本人好像做过官，但政治上也没什么成就，我们对他的个人情况基本没什么了解，但他记别人的"八卦"的书倒是流传后世了。

余秋雨：很高兴你提到他。如果没有他的这本书，我们就失去了那个时代的一大半。

《世说新语》，我们应该把它看成历史小记还是文学随笔？都可以。刘义庆自如地出入于文采和史实之间，而且用的是"碎步"。一段段短篇笔记，有时只有几句话，却让人玩味不尽。这种"碎步"，也让人感觉到乱世留给文化的只是零散空隙。不像《史记》，大汉气象。

第二十六课

如果换了文学眼光，三国地图就完全改变了

余秋雨：三国两晋南北朝时期值得记忆的亮点很多，几乎每一项人文学科都能在那里找到自己的开拓性巨匠。我们的讨论就从每个中国人都知道的一个人物——曹操开始。不同的是，平日我们知道的是军事上、政治上、权谋上的曹操，而现在我们要探讨的，是文学上的曹操。

我特地请他出场，是想说明，即使对一个著名的政治人物，他身上的文化素质也可以拿出来单独讨论。

我想改换一下惯常的思维，做一个游戏：如果撇开政治地图和军事地图，拿出文化地图来看，三国的对垒将会出现完全不同的情势。

三国当中，孙吴政权在文化意义上一定是最弱的。它有一些年轻的将领，像周瑜，担任赤壁之战总指挥时才三十出头，陆逊在打败刘备军队的时候也只有三十几岁。他们追求的是英姿飒爽、指挥若定的形象，看不起吟诗作文的大小书生。这种主导性的集体人格影响了东吴的文化格局。当时的东吴在农桑方面发展得很好，航海业也不错，首航台湾就是在那个时候由东吴人完成的，但是这些都不能直接连通到文化。总的说来，三国时代的东吴，没有一个重要的文化现象值得我们今天讨论。

王安安：当时大家都争着在马背上当老大嘛，年轻军阀只关心沙场权谋，认为那才是男子汉的事业，那比较正常。

余秋雨：照理西边的巴蜀也应该是差不多的情形，没料到诸葛亮的两篇文章，改变了整个局面。一篇是《隆中对》，即他对东汉末年军事格局的宏观分析。这虽然不是他亲自写的散文，而是用讲话的方式给刘备所做的形势分析，但还是有一种恺切而浩荡的快感，并由快感产生美感。你们如果在读熟之后大声朗诵一遍，就能感觉到。

此外，诸葛亮又亲自写下一篇《出师表》，艺术价值要比《隆中对》高多了。这篇文章的美不在于文辞，而在于它的情境。诸葛亮跟随刘备，是他二十六岁时的事情，写这篇文章的时候是四十六岁，整整隔了二十年。这时他要领兵出征，又凶吉难卜，能不能活着回来还不知道，所以要给年幼的小皇帝写一封信，告诉他该怎么做。为了增强说话的感染力，要说说自己和他父亲的交往关系，这一说，他自己感动了，也把一代代读者感动了。杜甫说"长使英雄泪满襟"，就是说一切有英雄情怀的人看到那篇文章都会流下眼泪。我小的时候就会背，特别是后半段"臣本布衣，躬耕于南阳"，直到"临表涕零，不知所言"，今天还能脱口而出。我们这样的小孩子当然说不上英雄情怀，却在那种语言节奏中接受了诸葛亮的心理节奏，因此也接受了典型的中国道义文化的精神节奏。

丛治辰：说实话，《隆中对》我到现在也没看过，就是在电视上见诸葛亮和刘备两人促膝谈心。但是对《出师表》，我印象很深刻。小时候买过一本字帖，是岳飞默写的《出师表》，刚开始"臣亮言：先帝创业未半"那几个字还工工整整，后面越写越草，到最后字都飞起来了。估计岳将军想起诸葛亮，触动自己的伤心事，也"临表涕零"，控制不住了。

余秋雨：诸葛亮的这篇文章确实不错，可是和曹操一比，在整体文化等级上还有很大的距离。任何一部中国文学史，曹操都会占据不小的篇幅，而诸葛亮却很难进入。这可能会使不少人产生某种心理障碍，因为大家早已形成一个强烈的历史观念：曹操是奸雄的最高代表，诸葛亮是忠臣的最高代表。

裘小玉：确实，给曹操以好评，连我也很难接受。我们不妨翻一翻《后汉书》和《三国志》，他进攻徐州，一下子杀掉徐州百姓男女老幼数十万人。这种残暴实在丧心病狂，我难以认同。再看诸葛亮，他在《出师表》里说他要率领三军，北定中原，攘除奸雄，还于旧都，他说到做到，用他整个生命一次又一次去实践这份理想。这是中国古代文人依靠自己的道德修养和政治才智能够达到的极致。诸葛亮治蜀二十年，武侯祠烟火不绝两千年，在中国历史上还能找出第二个吗？我也是很小就接触了诸葛亮的《出师表》，初一就能背下来，非常喜欢。我觉得秋雨老师刚才的判断对他多少有点儿不大公平，因为他从来没把自己当成一个文学家，我们却要从文学史上谈他的地位。但即使这样，我仍然觉得《出师表》是一篇不可忽略的经典之作。从刘勰的《文心雕龙》起就已经给了这篇文章很高的评价，杜甫、白居易都非常喜欢——大家都知道，杜甫是诸葛亮的超级"粉丝"，写了《蜀相》。还有《八阵图》中的名句"功盖三分国，名成八阵图。江流石不转，遗恨失吞吴"，对诸葛亮的敬佩之情跃然纸上。然后宋朝时候又有陆游，陆游说"出师一表真名世，千载谁堪伯仲间"，对诸葛亮的文学成就和个人的功业做了很高的评价。

余秋雨：你的发言，证明诸葛亮已经进入了文学坐标。因为历史上比他打过更大的仗、建立过更大功业的人很多，为什么唯有他特别让人感动？那就与他写文章有关了。既然已经进入，那就不能拒绝在这个坐标上做比较。这就好比,两位大厨下棋,既然已经坐下,那在棋艺上也可以一比高低,而比棋艺的时候,他们的人品和厨艺就要暂时搁在一边。

当文学坐标一旦出现,就有它独立的价值标准,而不应该成为政治坐标的衍生品。以宋代为例,岳飞、文天祥大义凛然,让人尊敬,他们也都写诗,却不能因此认为,他们的文学成就高于陆游和辛弃疾。即便在文学家内部,也不能以一端而概括全盘,例如鲁迅影响那么大,但他写古诗就比不上郁达夫。

总之,在世间千千万万个坐标中,文学坐标有它独立存在的价值。

王牧笛:诸葛亮对刘备情谊深重,大概很能打动中国人。但是像曹操这样天才型的人物,关心的可能并不是这个层面。刚才小玉说诸葛亮胜在以真情动人,那曹操也是有真情的呀:《苦寒行》写于赤壁之战前一年,正是他用人征兵之际,可他反而写出了非常惨烈的行军状态,曹操在这里面也是有大悲悯的。

余秋雨:在政治上,历代的史官只相信汉皇室后裔的正统性,因此把历史的正义全都投给了刘备,并以此来选择史料,慢慢构成了忠奸两分的"史料群集",这就使后人失去了做出客观判断的基础。对此我们应该清醒。

丛治辰:对。一个历史人物文化形象的形成,其实并不因为他真正做了什么,而在于我们后来附加了多少东西。诸葛亮只有一篇文章,但这一篇文章足以让后来人给它不断穿上华丽的衣服,刷上光鲜的油漆;相比之下曹操就很惨,曹操做了很多工作,但他的衣服不断被人扒下来。所以,我们是不是对曹操也该公平一点儿,至少把那些扒下来的衣服再给他穿回去一些。曹操的行为方式尽管看上去残酷,却代表一种更加开阔的情怀。曹操说过一句话，大致意思是："我要是不当大爷的话，这天下想当大爷的人就多了；我如果不把这个天下搞定的话，这个乱子就大了。"一个人作为政治家，和作为文学家或者作为一个普通人都是不同的，到了一定的地步，就必须做某些事情。比如战争，以及与战争相伴随的血腥。但这并不能代表他的情怀就没有高尚之处。他的情怀其实是天下大治，他看到的是整个一盘棋。他的大悲悯未必虚假。

王湘宁：我上大学之前都在新加坡，曹操的作品接触得比较少，诸葛亮的《出师表》倒是很喜欢。能不能请秋雨老师为我详细解释一下，为什么说曹操在文学上比诸葛亮要高一个等级呢？

余秋雨：简单说来，诸葛亮在文学上抒发的是君臣之情，曹操在文学上抒发的是宇宙生命。由此高下立判。

曹操一拿起笔，眼前出现的是沧海、星汉、生命的盈缩、忧思的排解、天下的归心……都是文学的终极关注点。这种关注点对一般读者来说都太高太大，远不及诸葛亮的关注点容易感应。因此，曹操在文学上也是孤傲的。

文学凭作品讲话。如果就作品论作品，我们不能不承认，曹操在他的作品中所表现出来的生命格调，实在很高。有人说，他可能是在作伪，其实这不可能。曹操是那种做了坏事也不想掩饰的人，他心中没有"舆论"概念，更不必说当时写诗也没有地方"发表"，他只唱给自己的内心听。

另外，在诗歌技巧上他也非同寻常。句式、节奏、用词，全都朴茂而雄浑，简洁而大气。一种深沉的男低音，足以让文坛一震。他的诗中有一些句子，已经成为中华文化的"熟语"，例如："老骥伏枥，志在千里。烈士暮年，壮心不已"；"对酒当歌，人生几何"；"山不厌高，海不厌深"；等等。这说明，他参与了中华文化主干话语的创造。

刘璇：曹操的文学成就我们已经明白。不过我想，既然我们在这里谈的是三国时代的文学地图，光看诸葛亮和曹操两个人肯定还是不够的。我们是不是也该把视野扩展到这两个领军人物的后面，看看这两个文学意义上的老大，后面能不能带出一批人来？

余秋雨：说到后面的人，曹操就更让人嫉妒了。因为他还有两个儿子也是重量级的文学家，那就是曹丕和曹植。

王湘宁：提到曹丕，我还记得我小学入学的时候要分实验班和普通班，老师就说你背首诗吧，我就背了传说中的那首《七步诗》。因为这个，我一直对这个曹丕没有什么好感。

余秋雨：确实，曹丕的名声因为受到《七步诗》的传言而严重受损，大家觉得他是一个坏人。其实，他在文学界也是一个大人物。他是严格意义上完整的七言诗的创立者，是一个文学社团的主力，又是中国早期最优秀的文学评论家。他的《典论·论文》第一次完整地论述了文学的题材和素质等重要的理论课题。

说曹丕挤压和迫害过自己的弟弟曹植，这应该是事实，有不少资料都可以证明。但曹丕这样一个要面子的聪明人，不大可能在宫殿上逼弟弟走七步写出一首诗，否则就杀头，这是当众炫耀自己对中国儒家亲情伦理的践踏，他并不是这种"爆炸式"的人物。而且，七步吟四句诗出来，对任何一个中国古代文人来说都不是难事，曹丕更知道作为大诗人的曹植的写诗能力，因此要刁难也不会做得这么笨。

我的判断是，这首诗比喻得体，有乐府风味，很可能确实出于曹植的手笔。但后人为此虚构了一个宫廷上的戏剧性场面，那就是强加给曹丕的了。

丛治辰：我现在对这哥儿俩的看法倒是跟一般看法略有不同，我觉得曹丕在文学上是个综合型人才。正如秋雨老师所说，他不仅仅是作家，还是评论家，更是一个文体体例的开创者。而曹植给我们展现出的只是一种才气，这种才气仅仅体现在他本人强大的创作力上面。就文化的传承意义而言，我个人认为曹丕的意义还是要更大一些。

余秋雨：请等等，如果以作品论作品，还是曹植写得好。曹丕写得有点儿粗糙，有些诗写得太一般。而曹植，每一首诗都是一个美丽的世界。而且他创作出了曹丕所不能比拟的大作品，像《洛神赋》。

曹丕命定当政，他也有宏观思考的能力。曹植一直失意，随之产生了一种凄凄凉凉的诗人素质。得意和失意，也就这样造成了两种不同的文学成果。

即使在盛世，也很难找到这样的家庭，父子三个人一起出现在文学的高位上。一般文学史对这三个人排列，会把曹植放在第一，曹操放在第二，曹丕放在第三。但我的排列则是：曹操第一，曹植第二，曹丕第三。

第二十七课

中国历史上最奇特的一群文人

余秋雨： 其实，最能代表三国两晋南北朝时代文化特征的，并不是曹操和诸葛亮，而是一群被称为"魏晋名士"的人。曹操、诸葛亮他们毕竟是残酷战乱环境的制造者和参与者，而一些真正的文人却放浪形骸、纵情自然，成了社会主流价值系统的叛离者。

王安安： 刚才我们还谈起阮籍和嵇康这两个人，也谈起秋雨老师那篇《遥远的绝响》。虽然是好多年前读的，但是对那篇文章我们都印象深刻。秋雨老师用这两个人，真是把魏晋那一批名士的风采写绝了！

余秋雨： 既然我已经写过，你们也都已经读过，那今天就不必讲得太多了。但是我还想与大家分享两个意象。原因只在于，这种意象非常奇特、难以解释，进入了一种特殊艺术人格的神秘部位，而且贯通古今。

第一个意象是阮籍的哭。他经常坐着牛车往前走，到哪里去也不知道。当时的路，四通八达的不多。走着走着就走不通了，于是牛车停下了，他就号啕大哭，然后再让车子掉转过来，走另外一条路，又走到路的尽头了，又号啕大哭。这是在荒野之间，没有任何人看见他，他是哭给自己听。

这种方式，是不是有点儿后现代的味道？

丛治辰：阮籍可能只有用这种"后现代"的表意方式，才能表达出内心的苦闷吧。我在秋雨老师的文章中看到，他曾在刘邦和项羽打过仗的地方感叹过"时无英雄，遂使竖子成名"。这就可以想见他心里原本是有多大的志向，但是偏偏遭遇了这么个破世道，也算是一种"心比天高，命比纸薄"吧。我能体会他的绝望和痛苦，真是不哭不行。

余秋雨：很抱歉，我的看法可能有点儿不同。阮籍一次次在路尽头的哭，并不包含很具体的针对性。既不针对古人，也不针对世道，也不针对自己。那是一种宏大的哭，具有整体象征意义的哭，却又说不清象征什么。我看中的正是这一点。好像是在哭人生途穷、世间窘迫，也好像是在哭草树凄迷、长天冷漠。更重要的是，这种哭又与一般意义上的悲伤不同，他一次次地重复寻找这种哭的机会，一次次寻找走不通的路。他追求这种体验，而且是一种隐秘的、纯个人的体验。这是一种极为超越的大人格、大行为，足以凌驾古今中外。

与他有关的第二个意象是"啸"。这是一种发声方法，没有内容，没有言辞，只让一种喉底的声音自然倾吐，深沉洪亮，婉转悠远。他曾到苏门山去寻找一个叫孙登的高人，两人见面都不说话，他就"啸"了起来。"啸"了一遍之后，孙登从打坐入定的状态中抬起头来看了他一眼，他便再"啸"一遍。"啸"完，发现孙登又已打坐入定。他觉得已完成任务，就下山了。走到山下面，突然听到另有一种"啸"声从山上传来，立即铺盖得漫山遍野。这是孙登在回答他。

你们这些当代大学生能够想象这种情景吗？阮籍写过一篇《大人先生传》，他所说的"大人先生"就是孙登这样的人，是一种与造物同体，与天地并生，逍遥浮世，与道俱成的存在。他们真没有太具体的语言了，只能"啸"。正是这种"啸",与前面所说的哭连在一起,体现了一种难以企及的高迈,让人永久神往。

王湘宁:我很想知道,在现实生活中,他是怎么生活的呢?

余秋雨:在现实生活中,他处处反对当时的主流意识形态——礼教。他做得很故意,因此极有影响。例如我在一篇文章中写过,他听说有一个兵家的女儿长得很漂亮,没有结婚就走到了生命的尽头。他根本不认识这个女孩和她的家人,却赶到灵堂放声大哭,哭得比女孩的亲族更悲伤。这种哭,看似荒诞,却很纯粹,完全是为生命而哭,为生命的美好却不可延续而哭。

但是,当他的母亲亡故的时候,他听到噩耗居然没有停止下棋,这让周围的人大吃一惊,因为那毕竟是一个严格提倡孝道的年代。大家奇怪地看着他,只见他脸色越来越青,下完棋喝了两升酒,大号一声,便吐出大量的血。

总之,他处处与世俗规矩反着来,却以最坦诚的方式吐露出生命的本真。

母亲的灵堂里来了好多人,都是来吊唁的,照理他作为儿子应该站起来感谢他们。他不,还是坐在那里,用冷漠的白眼看人。后来,有一个叫嵇喜的人去吊唁,回来告诉他的兄弟,说我去吊唁阮籍的妈妈,他居然给我白眼。他兄弟想了想,就拿着酒和琴到灵堂去了,既喝酒又弹琴。这是多么荒唐的事,但阮籍反而站了起来,走向他,用的不是白眼,是青眼。我们似乎能够听到他心里的声音:谢谢你,用美酒和音乐来送别我辛劳的母亲。

费晟:常人根本理解不了阮籍,就跟钥匙和锁不配套一样。他这把孤独的锁，找不到钥匙。这就跟"高山流水"一样，真的是碰上知音才行。

余秋雨：说得不错，这个到灵堂里来弹琴喝酒的人就是嵇康。嵇康比阮籍还要厉害，他是大学问家，对道家和《易经》都研究得很深，但他整天在洛阳郊外打铁，当然不是为了谋生，而是为了摆脱常规。当时，一起打铁的还有他的一个朋友向秀。向秀给他拉风箱，做做零碎活。大家不要小看这个向秀，他也是个大学问家。这么两个人埋头干活，也不怎么讲话，这种感觉很特别。

王安安：比较起来，嵇康的性格比阮籍要暴烈得多，甚至有点儿不近人情。在那个血雨腥风的年代，这样的性格肯定会给嵇康惹麻烦。

余秋雨：你们都读过我对嵇康遇害的描写，这儿不重复了。简单说来，司马昭政权无法容忍一个不愿合作的独立知识分子，于是借着一个事件，受到小人的挑拨，嵇康便慷慨赴死了。死前，还在刑台上弹奏了古曲《广陵散》。

裘小玉："手挥五弦，目送归鸿。"这种从容态度，真是连死也死得不同凡响。

余秋雨：这就是魏晋名士的风采。按照罗宗强先生的说法，他们把庄子的理想人间化了，也就使生活变得诗化、艺术化了。

王安安：确实感觉他们是把生活艺术化了。不是在过日子，而是把自己所有那些不能实现的理想，都放到自己的生命里去燃烧。于是，就迸发出非常灿烂耀眼的光芒来。

余秋雨：他们鄙视权贵、漠视世俗、傲视成规、无视生死，最后凝聚为一种充满诗意的孤傲美和寂灭美。这种生态在后来世世代代知识分子身上无法重复，后人只能仰望，或者，只能局部模仿。

他们的这种心态，还包含着一个特别的话语方式，那就是清谈。我们前面已经说到，他们在一般情况下很少说话，但一说起来，便延伸为一种云山雾罩的冗长结构，一种超尘脱俗的话语逻辑。

我想听听你们对清谈的理解。

刘璇：我早就关注清谈，查过一些资料。清谈是源于汉代的清议，就是品评人物，那时，其实是为了选拔官吏。县里面品评一下，觉得这个人好，就推荐上去当官。后来，品评的权力集中到了名士手里，名士如果说这个人很牛，那这个人就暴得大名。这种品评最早是针对道德，后来，慢慢发展为评价一个人的风度仪态如何，后来又慢慢发展到了谈玄。我觉得就品评人物这一点来看，清谈还是有积极意义的，是以一种舆论的方式来干预政治。

余秋雨：讨论清谈，不要过多地着眼于它的内容和目的。不在乎内容和目的，恰恰是它的一个重要特征。它不是学术争论，也不是主题研讨，更多的是一种智力游戏和社交活动。一有固定的内容和目的，魏晋名士们就觉得俗了。清谈在进行过程中，也不讲究寻常逻辑，只求惊世骇俗。它在无功利、无对象的世界中游荡，并获得快感，有点儿像西方现代派的"意识流"。但"意识流"主要集中在写作，而清谈却需要与他人一起进行，而且必须让潜行的意识外化为语言，而且语言必须漂亮。在这样的智力游戏中，一些模糊又飘逸的概念也有可能独立出来，获得智力论定，例如当时一直搞不清的"无"和"空"这两个概念的差别。

清谈又建立了一个特定的社交圈子，就像后来法国的沙龙那样，构成了一群贵族知识分子的聚合。这在非常讲究实用的中国社会中，具有独立和逆反的色彩。但是，他们又洗去了政治色彩。

　　清谈的最大贡献，是大大提高了中华文化的"非实用智慧"，这对今后哲学的推进至关重要。当实用的羁绊被摆脱，思维就可以在抽象的天域里自由漫游了。中国传统思维为什么缺少自由漫游的广度和深度？当代研究者往往以为是受制于政治，但是在我看来，更受制于实用。

丛治辰： "清谈"这件事情好像后来名声很糟糕，大家总要说什么"清谈误国"，但我觉得这是比喻的用法，意思是你们知识分子搞那些文化的东西都没有用。救国靠的是实力，是武力。这样说的人当然可以举出很多例子，三国两晋南北朝的时候就有很多。可是如果硬要说清谈误国的话，那什么不误国？写诗作词不误国吗？画花赏鸟不误国吗？文化发达的文明一定比野蛮的豺虎之邦要孱弱——军事上打不过人家。所以，把误国的罪过推给清谈、推给文化是不公平的。

余秋雨： 关于误国不误国的问题，在当时就出现了一些分歧。有一次，王羲之和谢安有过交锋。王羲之的想法是，做人还是要有所作为，不能老是空谈，他的目标是做治水的大禹。而谢安则说，秦为什么亡得这么快，就是商鞅、李斯他们太有作为了。谢安认为快速地推进自己的行政措施反而有可能误国。我们记得，这是老子和庄子的思维。

　　王羲之想有所作为，但他的儿子王徽之却是个清谈的专家。我想以他做例子来向你们介绍一下清谈具体进行的方式。王徽之曾经做过桓冲的骑兵参军，桓冲问他在哪个部门工作，他说："经常看到牵马的来，大概是马曹。"桓冲又问他管了多少马，他回答说："不问马。"桓冲又问最近死了多少马，他答道："未知生，焉知死？"这种听起来莫名其妙的回答,其实都幽默地嵌着典故。例如,回答说"不问马",源自《论语》中记载马厩失火,孔子退朝后问:伤了人吗?不问马。至于回答"未知生,焉知死",也是出自《论语》。当子路向孔子问死后的情形,孔子就回答了这句。除了典故之外,有时还故意做"错位链接"。例如有一次,桓冲要他管事,王徽之回答说,今天早晨西山的空气特别凉爽。这就是典型的清谈之风。

这样的清谈之风,对实际政务确实产生了负面效果。大家都仿效着这种机敏、俏皮、错位、脱轨,连官员也跟着来。如果这些名士也做了官,结果可想而知,完全建立不了社会管理所需要的顺畅沟通,行政效率严重低下。

费晟:但是,从文化来讲,清谈导致了中国一个玄学流派的形成。通过清谈把佛学、儒家、道家融合在一起,中国的文化在这里形成了自己的性格。清谈在这个意义上,功劳是很大的。大家不要忽视这种文化上的意义。胡适先生就曾经说过,发现一个古文字的意义,和发现一颗小行星,学术价值是一样的。我们得允许在兵荒马乱当中,有一些人能够从容地谈点儿哲学,建构一下文化。

余秋雨:哈哈,你还是舍不得谈魏晋清谈的负面效果,坚持着它的正面意义。平心而论,如果作为一门课程正面论述魏晋清谈,花费一学期、一学年都值得,我也鼓励哲学系、历史系、中文系的博士论文可以多研究一点儿魏晋清谈。但是,我们现在的课程是对中华文化史的快速扫描,只能稍稍涉足便拔腿而走,因此要急着讲讲它对中国后世文化的负面作用了。

中国的文化历来与政治关系密切,清谈本来是可以拉松这种关系的,但也可能把空谈之风带入政治。不幸,这种情况果然发生了。高层哲学没有怎么发展，而文化人却越来越喜欢空谈政治。你所说的清谈把佛学、儒家、道家融合在一起，这是有的，但功劳不全在清谈，融合程度也不能估计过高；而文化人空谈政治的风潮，却越谈越烈，成为中国文化发展的一大弊病。用我的话来说，该空的不空，该实的不实，造成两头失落。

中国古代社会后期，也有不少人对此进行检讨。他们发现，很多文化人平日喜谈玄空的心性、道统，又自以为能够以此治国，连社会上很多人也有这个误会。每次出现社会危机，朝廷总是急急地把他们拉出来做顾问，但是，结果总是一塌糊涂，甚至加速了朝廷的败亡。即使在平时，要这些人来管理行政，也是一片疲沓。于是，清代出现了一些提倡"实学"的呼吁，明确指出空谈已经成为很多文人官员掩饰自己低能的保护伞。

因此，研究魏晋清谈和它的后续影响，可以成为窥探中国传统文化人格的一个方位。这种人格结构最严重的问题，是理性抽象能力和实践执行能力的对峙和互消。这就造成了上又上不去、下又下不来的两难境地。

第二十八课

一座默默无声的高峰

余秋雨：我们前面谈到的三国魏晋时代的人物，在当时就已经比较有名。但是，那个时代的文化最高峰，在当时差不多没人知道，默默无闻。这是一座隐藏了的最高峰，被云遮住了，而且遮了很久。是的，对陶渊明来说，这个云散得实在太慢了。

按照惯例，我还是想先听听大家对陶渊明的印象。

王湘宁：在我的印象中，陶渊明是一个崇尚美、爱好自然、怀有理想主义的人，读了他的《桃花源记》，会觉得他是一个喜欢做梦的人。

余秋雨：喜欢做梦的人很多，但你知道最厉害的做梦人是什么样的吗？那就是把自己的梦变成民族的梦。在中国文化的历史上，真正做到这一点的只有陶渊明。那梦，叫桃花源。

王牧笛：我非常喜欢陶渊明写的一篇自传——《五柳先生传》。文章非常短，只有一百来字，里面有一句话很有名，"好读书，不求甚解，每有会意，便欣然忘食"，所有学生都特别喜欢。这句话是说我喜欢读书，但是我不太想琢磨它里面具体是什么意思，每当我有一些体会，就很高兴，甚至忘了吃饭。

余秋雨：一钻牛角尖就会把美梦戳破。不求甚解，是一个杰出人物避过文化陷阱的基本策略。

刘璇：他的《饮酒》诗中，有四句我印象很深刻，就是"采菊东篱下，悠然见南山"、"问君何能尔，心远地自偏"，是说只要你的心情很宁静，无论身处多么喧嚣的世事当中，都像在静谧的山林里一样。这几句诗对熙熙攘攘的现代生活中的我们格外有启发，因为我们不可能再像陶渊明那样回到偏僻的山林里归隐了，只能克服浮躁，让自己的心灵变得宁静纯洁，回归自然与淳朴。

余秋雨："心远地自偏"，也就是心能移地，这是一种哲学思考。但陶渊明毕竟是一个高于哲学家的大诗人，因此立即为我们提供了一个感性境界，"采菊东篱下，悠然见南山"，一种色彩明亮的大安静。

裘小玉：我喜欢陶渊明的《挽歌》："亲戚或余悲，他人亦已歌。死去何所道，托体同山阿。"这里面有陶渊明对生死的观念，他不是不珍惜生，相反他非常珍惜生，所以才不为五斗米折腰。他是以一种审美的眼光看待生，对于俗世中的事情顺其自然，不会特别介怀。死在他看来是一种永恒，所以他会说"托体同山阿"，死去以后就和青山同在。

余秋雨：如果把这首诗读成人们对死亡的无奈，对他人的抱怨，那就错了。它为人类的死亡下了一个最积极的定义，那就是"托体同山阿"。全世界各种各样的死亡定义中，没有一个比得上。

王安安：陶渊明有一个非常显赫的曾祖父，就是陶侃，在东晋的政治中发挥了很大的作用。但是陶渊明似乎从来没有从陶侃那里得到过什么好处，也不说自己的曾祖父是谁，但是最后他的名声反而比陶侃大。

余秋雨：炫耀自己出身名门，等于是宣布自己没有出息。

炫耀的人可能不知道，就在他炫耀的片刻，人们正在对比他与家世门庭的巨大差距，从心里轻轻摇头，深深叹息。

好，你们五位都说了，我也加入一份。我在人生的一个关键时刻曾经受到过陶渊明的"加持"。那是在十八年前，我为了成为一个独立文化人决定辞去一所高等艺术学院院长职务，却阻碍重重。我说服不了学院里的师生和国家文化部的领导，已经到了犹豫不决的边缘。但是就在这时，头顶上似乎出现了陶渊明《归去来兮辞》里的呼唤："归去来兮，田园将芜，胡不归？"这呼唤，像一声声催促、一声声责问、一声声鞭策，终于使我下了破釜沉舟的决心。因此，最后在国家文化部接受我辞职的欢送大会上，我特地引用了陶渊明的这首诗。

陶渊明所说的"田园"，也就是我们现在所说的"精神家园"，既是有形的，更是无形的。他本人早年为了家里的生计，做过几次小官，但只要能勉强过日子，就辞职回家。我们初一听，他家里有菊花，有东篱，又看得到南山，非常舒适，但应该明白，他必须自己耕种。就像嵇康抡起铁锤打铁一样，亲力亲为。

丛治辰：秋雨老师，我觉得陶渊明和嵇康毕竟有一点儿不同，嵇康的日子过得很好，饭吃得饱饱的，才有力气去打铁。打铁是他的个性。物质生活上，陶渊明好像不能跟嵇康比。可以说耕种是他的个性，但更主要的，还是为了养家糊口过日子。这样一比，好像嵇康比陶渊明显得更浪漫，陶渊明却更不容易。

余秋雨：你说得很对。嵇康再怎么打铁，也是一个贵族知识分子，而陶渊明则选择了远离贵族生活。而且，嵇康和其他魏晋名士都有一点点故意要显摆自己的叛逆姿态，而陶渊明则是完全消失，不让别人追踪。因此，陶渊明更彻底。

细说起来，陶渊明家里人不少，完全靠种田，日子过得比较艰难。最要命的是，回家三年以后，一场大火把他们家烧得干干净净，这下他就陷入深深的贫困之中。四十五岁以后，他的诗文不太讲田园生活的潇洒了，更多的是想到老和死。他的一百多首诗里面，有几十处提到老和死，是中国古代诗人当中提到生命终点最多的，因此也成了最具有生命意识的一个人。他的生命意识，不像先秦诸子那样空蹈，也不像屈原、嵇康那么绮丽，而是体现为一种平实、恳切的状态，与人人都能接通，因此变得特别浩大。

季羡林先生曾对我说，他毕生的座右铭就是陶渊明的一首诗。我一听便笑了，因为那也是我的人生指南。那首诗只是最朴素的四句："纵浪大化中，不喜亦不惧。应尽便须尽，无复独多虑。"

陶渊明的朴素，是对一切色彩的洗涤，因此也是中华文明在当时的一种最佳归结。他吸取了儒家的责任感，但放弃了儒家的虚浮礼仪；他更多地靠近道家，又不追求长生不老；他吸收了佛教的慈悲和看破，却又不陷入轮回迷信。结果，他皈依了一种纯粹的自然哲学：以自然为本，以自然为美，因循自然，欣赏自然，服从自然，投向自然。他本人，也因自然而净化了自我，领悟了生命。

王安安：季羡林老师和余秋雨老师所喜欢的那四句诗，还有前面说过的"托体同山阿"等，确实从自然哲学通向了生命哲学。顺其自然，别跟天道自然拧着干，心态平和一些。听起来，陶渊明确实是把各种各样的中国学派提炼成了一种人生态度。让我感到吃惊的是，最高的提炼居然是那么朴素和寻常。

余秋雨：陶渊明毕竟是一个大艺术家，他在深入地体验过生命哲学以后，就从自己的院子里跳了出来，跳到了桃花源。我曾在一篇文章中说过，田园是陶渊明的"此岸理想"，桃花源则是他的"彼岸理想"。田园很容易被实际生活的艰难所摧毁，因此他要建造一个永恒的世界。这个世界对现实世界具有一种宁静的批判性，批判改朝换代的历史，批判战乱不断的天地，批判刻意营造的规矩，批判所有违背自然的社会形态。但是，他又把这些批判完成得那么美丽，那么令人神往。

桃花源是无法实现的，这是一种形而上的存在，构成了一个精神天国。有人说中国文化缺少一种超世的理想结构，我觉得桃花源就是。

陶渊明正是为了防止人们对桃花源做出过于现实化、地理化、景观化的低俗理解，因此特地安排了一个深刻的结尾。

当渔人离开桃花源的时候，桃花源人请他不要告诉别人。他出来的时候还在路上做了一些记号，结果再回头就找不到了，彻底迷路。我们的许多小说，即使像《水浒传》、《三国演义》和《红楼梦》，都缺少好的结尾，而这篇文章的这个结尾却很漂亮。

刘璇：不但结尾漂亮，整篇文章都特别优美。不是那种华丽的美，而是很清淡，好像随手点染出来的。"忽逢桃花林，夹岸数百步，中无杂树，芳草鲜美，落英缤纷。"简简单单这么一句，也不堆砌词语，但是感觉全出来了。

余秋雨：中国的超世理想，是由这么干净的文学笔调写出来的，因此不符合西方的学术规范，不被很多学者承认。其实，即使在古代中国，陶渊明也被承认得很晚。陶渊明的作品一直非常寂寞，甚至到了唐代还是这样。唐代已经有人提到他，但那个时代更需要热烈和多情，更需要李白、杜甫、白居易。直到中国历史终于拐入雅致的宋代，大家才开始重新发现陶渊明。最诚挚的发现者是苏东坡，他在《与苏辙书》中说："吾与诗人，无所甚好，独好渊明之诗。渊明作诗不多，然其诗质而实绮，癯而实腴，自曹、刘、鲍、谢、李、杜诸人，皆莫过也。"你看，苏东坡认为陶渊明超过了李白和杜甫，这真是石破天惊之见，不由让人一震。苏东坡晚年又说，"深愧渊明，欲以晚节师范其万一"。也就是说，苏东坡不仅佩服他的文字，而且佩服他的气节。从此以后，人们越来越喜爱陶渊明。当然，这和后来的时势变化也有关系。兵荒马乱的时代，人们会更加思念田园和桃花源。

第二十九课

光耀千古的三百二十四个字

余秋雨：好多年以前，在巴黎的塞纳河边，我曾经和法国的一个建筑学家有过一次小小的争论。他对中华文化的很多方面都有很高的评价，却认为中国民众的审美水平普遍低下。证据是中国所有的饭馆，一眼看去都是描龙绘凤、大金大红。"中国城"里的建筑装潢，也都色彩泛滥，而且是最艳俗的色彩。他说："你们都会认为这是传统的民族特色。但是，人类在审美方面有一些基本的共识，例如，大家都不喜欢噪声。那些艳俗色彩的泛滥，就是视觉噪声。出现在公共场所，你们为什么不抗议？"

这个毛病，我长期以来也痛心疾首，几经呼吁都没有效果。因此，我只能告诉这位法国建筑师，这是我们中国人在近两百年才患上的审美传染病，在古代可不是这样。

我说，早在两千五百年前，全世界各大文明都还在奠基的时候，只有中华文明的一位智者提出："五色令人目盲。"我看别的古文明中，没有另一个人表述过这么高明的见解。在这之后，世界上也只有一个民族，敢于用一种单纯的黑墨色为基础，来延绵它的主流视觉艺术，那就是水墨画和书法。书法在视觉艺术中处于至高无上的地位，却几千年一贯用纯黑色表达自己的全部美丽。

我说，这，只发生在中国。因此，中国人的审美水平，在根子上并不低下。

那位法国建筑学家怔怔地看着我，最后说："对不起，我没有认真想过这个历史。但是，希望大家都不要失去这么惊人的审美记忆。"

我想由此开头来表达一种骄傲：书法艺术游动不定的抽象黑线，是中国文化的高贵经纬。谈中国文化，我们要让出一块时间来专门面对它。

王牧笛：书法在中国历史上很重要，它用一种单纯的也是高贵的颜色传承着文化。但是近代以来，尤其是白话文运动和使用简体字以来，书法的重要性丧失了，或者用一句比较流行的话说：自身去价值化。现在很多文人墨客把练习书法当作一件附庸风雅的事情，是茶余饭后的消遣。这导致了书法艺术变得很小众，而且也很自恋，它的重要性没有以前那么大了。

王安安：我不同意你的观点。书法对中国的艺术来说太重要了，甚至是最重要的！全世界可能只有中国能够把文字变成一种这么活泼而深邃的艺术，它甚至影响了整个中华民族的思维方式。它是抽象化的思维，是一种飘逸的、不那么拘谨的、跃动的、有节奏的思维。

余秋雨：你们两位的不同观点，牵涉到书法的不同功能。在我看来，书法有三个层次的功能：一是社会实用功能；二是浅层审美功能；三是深层审美功能。

牧笛所说的"书法的重要性的丧失"，其实指社会实用功能。不仅是现在，早在钢笔文化代替毛笔文化的时候，这种功能已经丧失大半，这一点我在《笔墨祭》一文中曾有详细论述。

但是，它之所以还余音袅袅，正因为它还有审美功能，让人割舍不下。其中的浅层审美功能，很多人都发现了，因此现在仍有不少地方喜欢用书法来写招牌、做装潢，不少官员还在努力练习书法。但是，对书法的深层审美功能,却很少有人领悟,其实这最为重要。它不仅仅是工具,也不仅仅是装饰,更是中国传统文人的一种风范的外化。那些工整或游动的黑色线条,在顿挫撇捺间把君子行为提炼了,也抽象了。它变成了有形式感的生命节奏,让人一目了然又玩味不尽。它是一种纸面化的精神舞蹈,经过一代代积累又变成了一种通用的文化密码。正如安安所说的,它甚至影响了整个中华民族的思维方式。在这个层面上,书法是中国美学的重要图腾,永远是研究和欣赏的对象,不会褪色。

同学们都知道我喜欢书法,据说网上还有人建立了一个"秋雨书法课堂"。因此,我不能因为个人原因在这个话题上逗留太久。就说说王羲之的《兰亭集序》吧,记得两周前讨论魏晋时代影响最深远的人物,王湘宁同学还提到了王羲之。他,确实是中国书法的第一人。

请问,你们对王羲之了解多少?

裴小玉:我曾在一本书里读到这么一个记载,说王羲之在二十多岁的时候,有一个叫郗鉴的太尉,要到王家来招女婿。王家男孩子很多,遇到这么一个高官来招女婿,每个人都很重视,纷纷装模作样。唯独在东边的床上有一个人,袒露着肚子在吃东西,满不在乎,这就是王羲之。来看的人回去向郗鉴报告,郗鉴说:"就东边床上那个人了!"——"东床快婿"的典故就是这么来的。成语词典里有这个故事。

王湘宁:我听到过一个很通俗的故事。有个老太太在街上卖扇子,卖不掉。王羲之看着可怜,就说:"我给你在扇子上面写几个字吧!"写了以后老太太就哭了,她说:"我干干净净的扇子都不好卖,你给我涂得乱七八糟怎么卖得掉?"王羲之就说:"你可以增加十倍的价钱去卖。"结果,果然引起了大家的抢购。

刘璇:我也听到过一个故事。王羲之最喜欢鹅,有一次他看上了一位道士的一群鹅,要买。但这位道士知道他是王羲之,就要他写一篇《黄庭经》来换。后来李白还为这事写了诗。

余秋雨：在王羲之之前，也有一些著名的书法家，像写小篆的李斯、写隶书和楷书的钟繇，等等。有的人也不一定比王羲之差，譬如后来韩愈看到石鼓文时，就觉得王羲之俗了。

但是无论如何，王羲之和他的《兰亭集序》是最高峰。中国古代很多文人，每天临摹一遍。《兰亭集序》三百二十四个字，一共二十八行。有的人也不用看字帖，干脆是默写，连王羲之写错的地方也要跟着写错，改的地方也要一模一样改。有趣的是，王羲之本人也觉得这幅字写得好，后来曾多次重写，都没有这幅好。因此他说："这幅字虽说是我写的，其实是神助。"

历代文人天天默写《兰亭集序》，只默写它的书法，却很少在意它的内容。从内容看，并不是一流佳作，是一篇典型的魏晋短文，表述了清谈、玄谈中常见的人生大话题。不深奥，也不浅显，你们应该了解一下。

王羲之开头交代了他们相聚的时间、地点、风景，这一段写得不错，文字也清丽浅显，临摹者都背得出来。然后就有比较缠绕的概念抒发了一段人生的议论。大致意思是人的一生，有两种要求，对内实现抱负，对外寄托山水。这两方面无所谓好坏，却都会遇到是安静还是躁动的问题。想要安静，不陷于大喜大悲，就要选择一个意念。常见的意念是说生和死是同一件事，长寿和短命是同一件事，而我选择的意念是把古人、今人、后人看成是同一件事。这么一想，今天的聚会也有意思了，我们把诗写在一起，如果后人看到了，时间就会贯穿起来。

我把《兰亭集序》翻译成现代散文，过一会儿课程结束时我会朗读一下，让大家对魏晋思维留下一点印象。

正如王羲之预言，仅仅这幅《兰亭集序》，就把历史连起来了。这幅字代代相传，第七代是智永和尚，也是一个大书法家，他把这幅字传给了徒弟辨才。于是，就出现了唐太宗派萧翼去骗得《兰亭集序》，最后又将它作为自己陪葬品的事情。

　　陪葬前，朝廷组织了不少人临摹。比较起来，还是冯承素的那个本子好。有不少更著名的书法家的摹本，但都太自我，或太规整，反而少了那份笔墨草草的活气。

　　王羲之书法的延伸，还出现了另一种途径，那就是他的儿子王献之。甚至，在王羲之去世后有一段时间，人们对王献之的评价还超过了王羲之。他们父子俩究竟谁写得更好？我觉得各有特色，难分高下。儿子的字，灵动、活跃、漂亮，而父亲的字，则端庄、华贵、经典。

　　你们看，仅仅一个王羲之，我们已经说了那么多。其实中国有很多书法家都经得起这么说。书法在中国文化史中的地位很高，而且，它的高，又与普及连在一起。我曾说，中国文化中有三样东西最普及：一为书法；二为唐诗；三为昆曲。相比之下，书法又因它的抽象提炼而接通高低两端，更具有时间上的长度和空间上的广度。

　　在王羲之、王献之父子之后，中国书法代不乏人。我所崇拜的，是唐代的欧阳询、颜真卿、张旭，宋代的苏轼、米芾，清代的王铎。有些书家也很著名，如柳公权、黄庭坚、赵孟𫖯、董其昌等，我却不太喜欢。审美选择与个人气质有关，在这方面，自由度很大。

　　好，现在就把《兰亭集序》的今译朗读一下——

　　　　永和九年，正值癸丑，暮春之初，在会稽山阴的兰亭，有一个名为"修禊"的聚会。众多贤达之士，不分老少都来了。

　　　　这个地方，既有崇山峻岭，茂林修竹，又有清湍溪流，环绕左右。把酒杯放在溪流上，大家依次而坐，玩起了"流觞曲水"的游戏。

　　　　虽然没有丝竹管弦，但在一觞酒、一首诗之间，也足以畅叙幽幽心情。今日天气清朗，春风和畅，抬头看宇宙之大，低头看万物之盛，目光在上下游动，襟怀在纵横驰骋，视听的愉悦已达到极致，真是让人快乐。

　　人之相处，俯仰一世，有的只取自己怀抱，总在室内谈论；有的寻求外在寄托，总是放浪形骸。虽然差别万殊，动静不同，但是正当他们为所遇而高兴，为所得而满意，十分快然自足的时候，却不知老之将至。终于对所遇所得产生厌倦，心情就随之变迁，感慨也随之而来。是啊，原先的种种向往，俯仰之间已成陈迹，对此尚且不能不感怀，更何况寿命都由天定，迟早总会结束。古人说："死与生是一件真正的大事。"对此，谁能不悲痛？

　　每次领受前人发出这种感慨的缘由，总觉得深契于心，没有一次不对着文章叹息，却不能悟之于怀。固然，混同生死之界颇为虚诞，无视寿数长短也是愚妄，但毕竟岁月易逝，后代看今天，就像我们今天看古人。这么一想，难免心生悲怆。

　　所以，我们要记下今天聚会的名单，抄录大家所作的诗文。尽管世事总是大变，但人间的感慨大致相同。如果后人读到这些诗文，应该都会有所感应。

第三十课

第一个知名画家

余秋雨：看过了书法，我们再来看看绘画。绘画的起源一定比书法早，这是大家都知道的。我曾经好几次翻山越岭去寻找原始人留下的岩画，在那么遥远的年代，绘画在无数山崖上就开始了。我想问：你们对于中国早期绘画有什么印象？

金子：记得在中学历史书中看到半坡出土的彩陶，上面有一些简单的线条，给我印象挺深刻的。

萨琳娜：还有长沙楚墓出土的战国时期彩绘帛画——《龙凤仕女图》，一个仕女祈求飞腾的龙凤把墓主人的灵魂接走，早日升天成仙。

裘小玉：以前看到湖北博物馆的棺椁，棺是小的，椁很大，上面画了、雕刻了很多兽之类的复杂的图案，使人产生很强烈的神秘感。还有在宜昌看到的悬棺，棺材里边随葬的一些物品中，也有很多特别神秘的东西。我觉得古人对图案、装饰的艺术感觉是现代人很难理解的，他们有很丰富的想象力。

余秋雨：对，中国古代的很多绘画和雕塑，往往出现在丧葬场所和宗教洞窟中。面对这些作品，我们常常感叹无数真正的大艺术家混迹在工匠的队伍中没有留下名字。商周青铜器的设计者是谁？良渚玉琮的磨琢者是谁？昭陵六骏的雕刻者是谁？敦煌石窟的绘画者是谁？宋代官窑和元代青花的烧制者是谁？……这样的问题还可以没完没了地问下去。这些问题让我们产生了一种精神解脱：原来天地间无数大美是不署名的。这正像汉语的发明者并不署名，中医的发明者并不署名。凡是署名的，已经小了好几个等级。老子所说的"名可名，非常名"，也有这个意思。

承认了这个大前提，我们在谈论一个个署名的艺术家时，就比较安心了。

在绘画领域，最早留下名字的画家，应该是三国东吴时的曹不兴。但他只留下了一点儿故事，没留下作品。对于一个没有留下作品的画家，我们就无法谈论了。因此，第一个必须好好看一看的画家，是顾恺之。

顾恺之是无锡人，比王羲之小一辈。那天王羲之在写《兰亭集序》的时候，顾恺之九岁。当然，他们都生活在乱世。这真让人奇怪，天下最平静、最优雅的笔墨居然都出现在乱世。也许，艺术就是来突破时代的，每每与"时代精神"相反。

顾恺之佩服阮籍、嵇康这样的魏晋名士，喜欢画他们，却又不画眼睛。别人问起，他说，画了眼睛他们就活了，到时候我怎么说得过他们？

我想问一下，你们所知道的顾恺之的画，有哪几幅？

萨琳娜：一幅叫《洛神赋图卷》，一幅叫《女史箴图卷》。

裘小玉：其实现在留存于世的已经都不是顾恺之的真迹，好像一个是唐代摹本，一个是宋代摹本。

余秋雨：对于《洛神赋图卷》，我要抢着说几句，为的是怕你们像一般书籍中写的那样，又来讲述《洛神赋图卷》与曹植写的《洛神赋》的关系、曹植心中的"洛神"是谁、这个女人与曹植的关系，等等。这些话题，至多只能说是背景，而没有涉及画作本体。艺术作品的本体，主要是指形式，内容只沉淀在形式中。

在《洛神赋图卷》中，顾恺之并不是仅仅画了一个曹植心中的女性，而是让曹植和那个女人一次次在不同场合出现，形成了一种"连环蒙太奇"结构。画中的曹植与那个女人的反复对晤，并不是实际相遇，而是精神交会，这让"写意"之"意"，变成了一种流动之"意"。

反复出现的曹植和女人，在神情上又有前后一致性。曹植不失贵族风范，矜持、专注、悲凉，而那个女人也有类似的神情，接近于《洛神赋》上所写的"轻云蔽月，流风回雪"。

绘画的这种结构方式，即使拿到今天的新兴艺术创意现场，仍然不失超前。

萨琳娜：那么，秋雨老师是怎么看待《女史箴图卷》的呢？

余秋雨：《女史箴图卷》依托的文本，是西晋诗人张华的《女史箴》。《女史箴》是当时的一种"宫廷教育文本"，与看上去"很不正经"的《洛神赋》正好相反。当然，在艺术上，总是不正经的作品超过正经的作品。

顾恺之的《女史箴图卷》不仅超越了张华的《女史箴》，甚至还超过了他自己的《洛神赋图卷》。面对《女史箴图卷》的线条、力度和结体，谁都不会再去注意它的训诫内容。

顾恺之之后两百多年，阎立本出现了。三百多年后，吴道子出现了。从此，中国的人物画就越来越走向高峰。人们一般有个误解，以为中国画更多地擅长于山水花鸟，人物画比较缺欠。尤其与西洋的实写人物画产生对比以后，更会觉得中国的人物画落后了。其实，在中国绘画的早期阶段，人物画，特别是写意式的人物画，恰恰是中国美术史的一个主流。

山水花鸟，成熟于五代和两宋时期，而让山水成为文人心中的自由意象，则要到元代黄公望的《富春山居图》了。当这样的文人画成为精神主宰，中国绘画的美学等级也就达到了新的高度。

第三十一课

因谦恭而参与伟大

余秋雨：今天我要让大家举一下手，谁去过山西大同的云冈石窟？（同学们全都摇头）

山西来的同学也没有去过？（同学们仍然摇头）

啊呀，那今天只能听我一个人讲了。云冈石窟是一种山川间的宏伟存在，只有去过才能谈论。

很多年前我写过一本关于审美心理学的著作，其中讲到人世间的文化刺激强度：第一是视觉，即图像；第二是听觉，即音乐；第三才是抽象转换信号，即文本。只可惜，我们的文化研究常常颠倒了，习惯性地把文本放在第一。连一些散文家也试图用文字去描述绘画和音乐，真是笨。

人类的充分健全，表现在生理功能和心理功能的进一步释放，尤其是不借助转换信号的视觉功能和听觉功能的直接释放。学会凝视，学会聆听。在视觉功能上，我更主张抵达现场，去凝视那些大环境中的大图像。北大同学在人文学科上，首先要学会田野考察。

为了诱惑你们，我先说几句云冈石窟。在时间上，它也比较早。

云冈石窟，首先是气魄惊人。我去过多次，每一次都会重新震撼。它体量巨大，与山相依，让人感到佛教的顶天立地、俯视山河。其次是雕刻精美，一眼看去便知道是大师之作，却又密密层层地排列在一起，产生了一种延绵不绝的艺术力量。除此之外，你还会产生一种特殊的异样感：为什么齐山的石柱具有古希腊的风范？为什么很多佛像都是高鼻梁、深眼窝，一派西方的神貌？这种特殊的异样感，直通一种世界性目光，眼前的一切更觉伟大了。

云冈石窟带给我们一个大家都不太熟悉的重要时代——北魏。

北魏王朝是北方的少数民族鲜卑族创立的。鲜卑族通过二三百年的努力，从原始的游牧部落变成一个强大政权，有效地控制了华夏文明的北部领土。但是，由于历代汉族史官和学者的偏见，对它缺少论述热忱，因此后人对其知之不多。幸好，还有云冈，还有大量碑刻、庙宇、雕塑，足以让我们大吃一惊。

鲜卑族的名称，与鲜卑山有关。鲜卑山其实就是大兴安岭，我们现在还能在那里找到一个叫"嘎仙洞"的鲜卑石室，是这个民族隐潜、祭祀、出发的地方。连续的军事胜利，极有可能把自己习惯的生态强加给征服地，但他们做出了英明的抉择。那就是，以军事征服者的身份，恭恭敬敬地做汉文化的学生。

这是整个中华文明史的大事件。鲜卑贵族如果不做这种选择，稚拙的鲜卑文化终将在暴力的裹卷下张扬一时又快速走向灭亡，同时也必然会给华夏文明带来极大的伤害，甚至使之消亡。但是，鲜卑贵族恰恰使一切都走向了良性。鲜卑族在表面上收敛了自己，改变了自己，实际上提高了自己，扩充了自己；而汉文化，则因为有了游牧民族强劲生命力的加入，也顿时一改斯文衰朽之气，快速变得生气勃勃。

这中间，北魏的孝文帝功劳最大。在鲜卑族里他叫拓跋宏，只活了三十三岁，是一个非常年轻的帝王。实际掌权后仅仅七八年，他便迈出了"汉化"的重要步伐。他要求鲜卑贵族不再说鲜卑语而说汉语，不再穿鲜卑服而穿汉服，而且力争与汉族通婚，又把首都从山西平城，也就是云冈石窟的所在地大同，迁到河南洛阳。

结果，北魏不仅在地理上逼近了隋唐时代的来临，而且在血缘上也融入了隋唐王室。他们，因谦恭而参与了伟大。

既然可以汲取汉文化，当然也可以汲取印度文化、波斯文化、西域文化、中亚文化。以佛教为中心的印度文化中又包含着古希腊亚里士多德的学生亚历山大大帝东征所产生的犍陀罗文化。这样一来，从北魏到隋唐，世界几大文明都融合在一起了。云冈石窟，就是这种融合的最早呈现。盛唐，就是这种融合的最高呈现。

这里就出现了一个学术课题：如果仅仅凭着孔子、老子和诸子百家的思想精华，能不能直接造就盛唐的辉煌？有不少学者认为能够，我却认为不能。诸子百家虽然很好，但缺少一种马背上的雄风，缺少"天苍苍，野茫茫"的空间气象，同时，又缺少与世界上其他文明的交融。这一切，却由孝文帝和北魏王朝补足了。看似最没有文化底蕴的族群，完成了最宏伟的文化整合。

年轻的孝文帝死于公元五世纪的最后一年。他不知道，由于他的整合之功，中华文明已经避免了一次几乎必然的灭亡。在遥远的西方，与中华文明一样伟大的罗马文明也遇到了"北方蛮族"的反复侵扰，终于在公元五世纪七十年代，西罗马帝国灭亡。由此，西方进入漫长而黑暗的中世纪。直到文艺复兴，西方文明才重露曙光。

经过前后左右的反复对比，我对孝文帝评价很高。这些年我一直被河南省黄帝故乡聘为"黄帝文化国际论坛"主席，我曾在演讲中设想，如果设立一个"黄帝大奖"颁发给历代为炎黄文明做出过最大贡献的五六个人，我主张让孝文帝入选。

高度评价孝文帝，也能使我们进一步荡涤狭隘的民族主义思维。中华文化的伟大，是多元融会的结果，这中间，很多少数民族的杰出人士起到了至关重要的作用。我希望在这里与诸位达成共识：不管在任何时候，都不要玩耍民族主义，更不要把民族主义推向极端。

在古代，文化融合，常常表现为"胡汉一家"，即"胡人汉化"、"汉人胡化"。我想请你们今天回去后做一个准备，下次的课程一开始就要请大家举出历史上胡汉相融的点滴例证。

第三十二课

凉州风范

余秋雨：上次课程结束时做过预告，今天首先要请大家举出一些"胡汉相融"的生态例证。我看王牧笛的表情像是想争取第一个发言，那就请吧。

王牧笛：这种例子其实俯拾皆是——坐的椅子，有高高靠背的这种，就是从以前的"胡床"发展而来的，没有它之前，我们汉人是坐在地上的。由于有了这样一把椅子，距离感就产生了，与地面有了间接性接触。建立间接性，也就建立了更进一步的文明。

余秋雨：好。我很喜欢你讲到了一个比较艰深的命题：建立间接性是对文化的促进。一般人也许认为，越直接、越贴近，才是进步。其实，人类从裸露到穿衣，从群居到分居，都由间接性而走向文明。

王安安：还有好多乐器，本来也都不是我们汉族的，比如我们熟悉的琵琶，还有箜篌、羌笛，都是北方的游牧民族带来的。"羌笛何须怨杨柳，春风不度玉门关"，这些乐器今天都成了很具典型性的中国民族乐器。

余秋雨：盛唐的壮丽和声，胡乐占了一半。

萨琳娜：汉族也学习了胡人的服装，我记得美人杨贵妃就非常偏爱"胡服骑射"。中国传统的服装是宽袍大袖的，引进了胡服窄袖的衣服后，就方便多了。

王安安：秋雨老师，我在翻阅有关当时的一些书籍时，发现西域和丝绸之路对于文化交融非常重要。你前面说到的云冈石窟，也经常被说成是"凉州风范"，那也与丝绸之路有关吧？

余秋雨：不错。各大文明一旦成熟都比较自以为是，若要彼此间保持长时间交流，必须有一个庞大的缓冲地带，即所谓"既隔又通"。在习惯远征的时代，"隔"使文明之间产生安全感。辽阔的西域，就是几大文明之间的"隔"，而丝绸之路，又是隔中之"通"。

你所说的凉州，大体位于现在的甘肃省西部以武威为中心的黄河西边，正处于丝绸之路的关键路段。北魏征服凉州之后，曾把其间的数万户人家俘虏到平城（大同）。当时的凉州处于文明交流的要冲之地，所以这数万户人家中包括很多学者、建筑学家、艺术家、高僧、翻译，正是这批人造就了云冈石窟。因此，云冈石窟就出现了凉州的风范。

那个时代，很多大迁徙都与战争有关，因此文化交融也往往由俘虏队伍来完成。世界古代文明史都是如此，只可惜，很少看到描写这种内容的艺术作品。

在很多情况下，战争带动文化；但在有些时候，文化也带动战争。当时，某些西域政权为了争夺一个大佛学家、大翻译家而不惜千里远征。例如鸠摩罗什、道安等学者就被这样争夺过。刀兵剑戟间裹藏着一个学者，狼烟荒漠间形成了一个学派，这实在具有震撼性的艺术力度。你们毕业后如果从事创作，能不能给自己灌注更多的西域气象、凉州风范、北魏神韵？例如，有没有可能出现这样一种形象：一个马其顿士兵和印度土著混血的后裔，从犍陀罗经库车来到凉州，成为名震远近的大雕塑家，又被不断争抢，最后作为俘虏来到了平城，成了云冈石窟的营造师……这一路上，有多少气吞山河的情节、动人心魄的故事？沿途所见，又有几番大漠朔风、沙场夕阳？

（课堂休息）

萨琳娜：秋雨老师刚才的讲述充满了一种大空间、大气魄的诗意。这就引起了我对凉州风范更大的兴趣。我们以前在这里讨论的每一个课题，大家都稍稍有点基础，北大的其他老师也会讲到，但是，对凉州风范这个命题是整体陌生。我也在网上查过相关资料，却又显得十分零碎。因此，我想请秋雨老师更详细、更系统地讲一讲，以便弥补我们在中国文化中的一个重大缺漏。

裴小玉：我也全力赞成萨琳娜的提议。这个题目虽然陌生，但"凉州风范"这四个字，有一种奇怪的吸引力。一种辽阔西北山川的景象出现在眼前，而且又回荡着浩大的凉风。

丛治辰：我从秋雨老师写的《借我一生》中发现，好像您的远祖很可能来自凉州的武威。这么说来，您某种意义上也算得上是"凉州后裔"，这就更有资格来比较完整地讲一讲了。如果今天讲不完，下次再继续。

余秋雨：看来这是临时突发的"民意"，突发在课堂上，我必须珍惜。课程内容不能仅仅根据教师的心意来设定，而必须由听讲者一起来推进。这就是我们这门课的特色，请让我安静五分钟，梳理一下。

好，那我就把凉州风范讲得更完整一点。

"凉州风范"这个概念，是我提出来的。一般会说"凉州文化"，那就无法体现出以一种风致和范式向外传播、渗透的特点了。说到向外传播、渗透，也有另一种提法叫"凉州模式"，这是考古学家宿白先生在一九八六年提出的，但指的是以天梯山石窟为原型的石窟造像艺术，这当然很重要，但范畴太小了。我所说的"凉州风范"，当然也包括"凉州模式"在内，却又扩而大之，上升为一种文化哲学。

刚才裘小玉说，一说凉州让人立即想到辽阔的山川和浩大的凉风。那么，我要借用你的感觉，把"凉州风范"的最高概括表述为一种凉飕飕的文化哲学，一种"环球同此凉热"的通道哲学，两种表述都有一个"凉"字。

这种文化哲学和通道哲学，主要包括哪些内容呢？我想概括为下面五条——

第一，一切开疆拓土、联通世界的宏图，必须找到一条走廊。打通走廊，靠英雄马蹄；保持走廊，靠生态优化。

在凉州，这件大事，先由汉武帝刘彻做了。打通河西走廊的英雄马蹄，功劳最大的是年轻战将霍去病。但是，虽然打通了，如果生态恶劣，走廊也迟早会荒废，但河西走廊不是这样。虽然地处遥远的西北，祁连山的冰川雪水十分丰沛，使之没有旱灾，但四周毕竟干燥，又没有涝灾，这就使农耕文明得天独厚。而且，这里又有水草丰美的畜牧场。汉武帝还要让这条走廊在良好天气之外再聚集人气，因此又实施了军事移民和屯垦移民。军事移民当然是指驻军，特别要说的是屯垦移民。屯垦移民提出的原则是"无事则耕，有事则战"，这样的屯垦者很快多达十八万人。这十八万人口中，有很多是中原来的士兵，他们把中原的农耕技术带了过来，因此很快农事发达，连这些中原来的人都不想走了。公元四世纪初，中原发生了"永嘉之乱"，民众纷纷南逃和西逃，西逃的重要目标就是河西走廊的重镇武威。西逃者中，有很多殷实的大家族、深厚的大学者，带来了高层级的生活方式，于是这里就更繁荣了，甚至被称为"小长安"。这种高层级的生活方式更不可能封闭，因此走廊也更畅达了。

这一条文化哲学和通道哲学很明白：在征战文化背后必须紧随生态文化，才能使一代雄主的文化蓝图长留世间。

第二，只要在中国，任何伟大通道的一端，必然是大汉文典、华夏礼仪，这才能使通道根基深厚、生生不息。

就像是上天的安排，公元四世纪初年，儒家学者张轨到武威任"凉州刺史"，这就使凉州成了西北地区研习和传播中华文化的中心，其后陆续有郭荷、郭瑀、宋纤、刘昞等大学者聚集，文化浓度越来越高。现代史学家陈寅恪在《隋唐制度渊源略论稿》中，称赞这里虽地处偏隅，却能在频频战乱中保存汉代中原文化学术，直至融入隋唐文明，功劳实在不小。

这么说来，这条通道又成了一条时间通道，把中华文化安全地运输到后代，创造新的伟业。

就此我们要说的文化哲学和通道哲学也很简明：通道是否伟大，取决于负载着什么文化。

第三，当文化被宗教所提升，一种更加惊人的文明奇迹和传播奇迹，就会发生。

在凉州，比中原文化更令人瞩目的，是佛教文化。其实，凉州刺史张轨在传扬儒学的同时，已经鼓励学生去传扬佛教文化了。但是，佛教在凉州发生的故事，无论是精彩度还是密集度，都远远超过了儒学，让一切中国文化史研究者都无法躲过了。这些最精彩的故事，主要发生在公元四世纪和五世纪。如果要与中原文化做比照，那正是陶渊明和谢灵运的时代。

例如，正如我前面已经粗粗提到的，在公元四世纪中叶，"十六国"之一的"前秦"统治者苻坚请名僧道安作为精神导师，但年长的道安坦言，自己对大乘佛教的理义还有很多地方不太明白，真正明白的是西域龟兹（今新疆库车）的年轻僧人鸠摩罗什，建议苻坚去远道迎请。但当时的远道迎请，其实就是用军事手段远征抢夺，派出去完成这一任务的，是将军吕光。吕光终于从龟兹抢到了鸠摩罗什，但在送回长安的半道上，听说苻坚已被推翻，那就没有必要回长安了，也就与鸠摩罗什一起停驻在半道上，这半道，就是武威。这一下，鸠摩罗什在武威整整住了十七年。吕光并不明白鸠摩罗什的真正价值，只知道他是一笔容易被争夺的财富，看守得很严。鸠摩罗什从各种士兵口中学好了汉语，甚至学通了很多方言。这为他日后从事佛教经典的汉译打下了厚实的基础。在武威，鸠摩罗什还拥有了不少佛教弟子。

但是谁能想得到，后秦的君主姚兴又要用军事方式来抢夺身处武威的鸠摩罗什了。公元五世纪初年，姚兴派兵十万讨伐凉州，鸠摩罗什终于被抢到长安，那时他已经五十八岁了。姚兴为他组建了宏伟的译经场，派了八百名僧人做助手，他在凉州修炼了十七年的佛理功底和汉语功底终于得到充分施展。

请看，一次次军事远征都是为了一位高僧，而中点恰恰正是凉州。凉州的佛教厚度在当时已名扬天下，在公元六世纪慧皎编撰的《高僧传》中，凉州高僧占了一半。

因此，这里的文化哲学和通道哲学表明：只有宗教精神，才能使文化中心变得神圣，因此连以军事手段来争取，也能容忍。

第四，当宗教和文化转化为宏伟的艺术，一种远近共仰的范式也就形成了，并永远不再溃灭。

在凉州，佛教精神及时地完成了它的艺术造型，那就是天梯山石窟，建造的时间是公元四一二年至四三九年，花了二十七年。

公元五世纪是中国佛教石窟造像全面迸发时期，天梯山石窟是源头之一。中国的佛教石窟造像，来之不易，因为佛教原先不主张造像。自从亚历山大东征时随军带来不少希腊雕塑家，才在一个叫犍陀罗的地方实现了佛教的雕塑造像。这地方位于现在的巴基斯坦境内，我曾专程赶去仔细考察。佛教的精神，希腊的手法，造就了一批批精妙的佛雕，而在天梯山，则又让佛雕傍山依势，气魄宏伟，因与天地一体而深契佛理。

天梯山石窟的主持者是凉州高僧昙曜，他显然已经是当时世界上首屈一指的石窟造像雕塑大师。一个顶级的佛学家又是一个顶级的艺术家，使佛学和艺术两相光照、同时提升。

在当时，信仰佛教的人大多会深深向往凉州，向往天梯山石窟。但是，毕竟路途遥远，朝拜不便，于是又出现了用军事远征来完成朝拜的更大行动。当时入主中原的鲜卑族北魏王朝也是信奉佛教的，他们在公元四三九年远征武威，决心把凉州这个文化艺术中心整个儿迁徙到他们的首都平城。于是，一场规模巨大的"精英大迁徙"发生了，凉州的世家大族、佛儒学者、著名工匠迁徙到平城三万余人，其中，有三千余名高僧。早已声名显赫的昙曜当然是躲不掉的，也在迁徙的队伍之内。

抵达平城的昙曜，开始主持云冈石窟的造像工程。其实，在他到达之前，云冈石窟已开始开凿，是由另一位凉州高僧师贤主持的。昙曜在公元四六〇年开始主持，五年之后，他完成了石窟最重要的五窟巨像，后人称之为"昙曜五窟"。一年年下来，终于，云冈石窟成为中华文化最珍贵的遗产之一，也是人类文化遗产的重要代表。

后来，随着北魏王朝迁都洛阳，那里又开始建造龙门石窟。不管是云冈石窟还是龙门石窟，都起始于凉州的天梯山石窟，因此我们把这一脉络称为"凉州风范"或"凉州模式"。

那么，以天梯山石窟为起点的这种风范，有哪些特征呢？

首先，这种依山而建的石窟造像家有一种相融于山川的伟岸，又融合了亚历山大东征时所带的希腊雕塑家对于希腊神殿的空间处理经验，更有一种技术上的坚挺，形态上的庄严。

其次，在技法上明显吸取了希腊雕塑家在造像处理上的力学结构，例如高鼻梁、深眼窝，以及端坐和站立时的衣带线条对比，却又皈向东方宗教宁静、空寂的神貌。至龙门石窟，更转向造型的进一步中国化进程。

最后，在服饰、器具上不排斥巴比伦文明、波斯文明和其他文明元素的介入，有一种包容博大的气象。

这还仅仅是指石窟造像。其实，"凉州风范"还有其他很多方面。

例如，在城市建设上，凉州格式也极大地影响了平城和洛阳。主城中套小城，散建间立主楼，以及改变原来"宫南、市北"的套路，而成"宫北、市南"的新格局等，都是城市建设的"凉州风范"。

又如，在历史上名声响亮的"凉州乐舞"，原是从鸠摩罗什的家乡龟兹传过来的音乐舞蹈，美艳奔放，从凉州到长安，直到盛唐还广受喜爱，可谓历数百年而未衰。这中间，由西域乐器和中原乐器混合演奏的"西凉乐"，以及作为乐府演唱的常见节目"凉州词"，更是多方渗透。

把这一切加在一起，才是比较完整的"凉州风范"。

这里出现的以艺术为主干的文化哲学和通道哲学，让我们浮想联翩。在"凉州风范"高扬很多、很多年之后，欧洲以"宗教＋艺术"的方式完成了壮丽的文化大转型。无论是画家达·芬奇、米开朗琪罗、拉斐尔，还是音乐家巴赫、贝多芬、莫扎特，都以宗教题材攀上人类艺术的高峰。其实，由昙曜为代表的一代石窟雕塑家们的气魄并不比他们小，却被复杂的历史原因埋没了。为此，当代写意派雕塑家吴为山先生在云冈石窟前为昙曜雕刻塑像，我写了专文予以赞扬。我想，"凉州风范"的本性就是超时空传扬，因此，把昙曜塑像树立在云冈比树立在凉州更为重要。

但是，这里出现了一个悖论。一种优秀的风范必须流传，因此也容易挪移和迁徙，那么，它的起始基地不就荒芜了吗？"凉州风范"在平城、洛阳、长安发扬光大，凉州本身又会如何？

因此，在凉州，在河西走廊，应该有一个故土主人身份阐释本义的典仪。

这本是一种幻想式的奢望，不料居然实现了。这需要感谢另一位重要人物，那就是隋炀帝杨广。

第五，"凉州风范"因为惠及远近，终于获得了不可思议的报偿，那就是出现了一个归结性的世界级盛典。这在所有地域性文化中，绝无仅有。

这个盛典出现在"昙曜五窟"完成的一百四十四年之后，时间并不太长。

原来，隋炀帝在公元七世纪初期即位后，便接受裴矩关于进一步拓展西域商路的建议，让河西走廊和凉州又一次鲜明地进入朝野视线。

山西人裴矩目光远大，在我看来是当时少见的"宏观经济学家"。他以"互市"的观念来反对贸易保护主义，而且编制《西域图记》标明丝绸之路的三条行经路线，因此是重新疏通国际通道的关键人物。

在裴矩的鼓动下，隋炀帝居然在公元六〇九年到河西走廊上与武威并列而相邻的张掖，隆重举办了一场由西域二十七国参加的贸易盟会。隋炀帝下令，武威、张掖两地的仕女必须盛装出席。除了大量商品的展示外，凉州乐舞、西域诸艺和中原艺术家悉数汇聚，参与人群摆出了延绵数十里的阵仗。西域各国使臣、商贾，再度为中华文化的宏伟气魄所震撼。

这是一次真正意义上的古代"世界博览会"。初看似乎以贸易为重点，其实是中原王朝与西域各国全方位交流的重新启动。

这种启动，还为杨广之后又一个伟大朝代——唐代加添了力量。诸多力量中，由商贸而带动文化，最为重要。怪不得陈寅恪先生说，凉州以自己保存的文化融入了隋唐。唐代文化，怎么也抹不去凉州的影子。马背雄风、高僧袈裟、柔舞劲乐，都是唐代文化少不了的神貌。至少，那些以凉州为题材的边塞诗，是唐诗中最让人神往的篇章。

隋炀帝是中国历史上唯一亲临河西走廊的中原帝王。他亲自重新疏通丝绸之路的壮举，又让我们联想到他开凿大运河。一条横向的走廊，一条竖向的运河，这实在是中华文明的两大命脉，他在位一共才十四年，竟然准确地握住了这两大命脉，实在很不容易。不少史书对他颇有贬抑，而我却对他深为敬重。

回到我们今天的主题上，隋炀帝所主持的这一盛典，使凉州的诸多文化又一次获得隆重汇聚和检阅，因而赋予了更大的时空意义。

这样，我就把"凉州风范"讲得比较完整了。

内容的分量有点多，但请大家记住几个关节点：马蹄、屯垦、中原文化、佛教中心、远征夺人、石窟艺术、千里迁徙、国际盛典。

再请记住几个名字：刘彻、张轨、鸠摩罗什、昙曜、裴矩、杨广。

我在讲述以上内容时，一直怕太长，你们不感兴趣。但从现场表情看，你们兴趣不小，听得很专注，这我就放心了。

丛治辰：秋雨老师确实讲得非常精彩，既全面，又有高度，使我们对"凉州风范"所体现的文化哲学和通道哲学，心悦诚服。我会把您刚才讲课的录音尽快整理出来，多读几遍，说不定也能成为"凉州风范"的小专家了。因为在这样的课题上，专家不会太多。

但是我还保留着那个疑问。我们随口一问您就能系统地讲出这么一大篇，是不是真与您是"凉州后裔"有关？

余秋雨：讲这个有趣的私人化问题，请允许我先绕一个圈子。

三年前，江苏一个地方请我题写"余阙庙"三字，因为他们修建的这座庙宇，格式非常新颖，很多地方是透明的，我喜欢，立即提笔题字了。

余阙是公元十四世纪的元朝将军，守卫着安庆城。一三五八年安庆城被陈友谅所破，他当即自刎，妻子和子女皆投井而死。这不仅受到陈友谅的尊重，也被朱元璋表彰，宋濂还亲自为他写传。然而，宋濂动笔一写，立即就会写到他是凉州武威人，党项族。

记得很多年前，宁夏的一位西夏史专家告诉我，党项人建立的西夏王朝被成吉思汗所灭，其中部分人加入了成吉思汗的蒙古人部队。后来蒙古人失败时，很多人由"铁木氏"改姓"余"，其中不少人迁往浙江一带。

余阙也以党项人的身份成了元蒙将军，但他的姓氏似乎原来就有，不是临时改过来的。这些年，我多次收到大量论文和名册，作者都姓余，都自称由"铁木氏"改姓而来。看来，改姓这事不仅确实存在，而且规模不小。

如此推断，我极有可能是祖籍武威的党项人后裔，先辈由西夏而入蒙，蒙败后又改姓而入江浙。

当然，余姓还另有支脉。但我曾多次戏言，在我们余姓中，只要见到亲近大漠、无惧长途、精力旺盛、不屈不挠的人物，多半具有在西北疆场上摸爬滚打的血缘。至少，我自己就有这样的特质。

现在 DNA 基因检测的技术正突飞猛进，"先祖"、"后裔"的血缘问题迟早会有更清晰的答案。但是，作为一个文化人，我更看重一种超越血缘的"文化基因"。"凉州"显然与我有一种神秘的精神联结，这就像我的妻子马兰，在埃及尼罗河边的芦苇丛中听到对岸阿訇晚祷的声音就泪流满面。

现在已经知道，连基因也可以改造。那么，不管怎么说，我的基因曾经被凉州改造过。

上面这番话，我曾经在澳门召开的规模极为宏大的"世界余氏宗亲会"上讲述过。然后，我被选为世界余氏宗亲会名誉会长。现在，很多姓余的人见到我，不管他们来自世界上哪个角落，也不管他们已经多么年迈，都会很恭敬地叫我一声"宗长"。那我就不敢多讲余家的姓氏脉络了。

第三十三课

中华文化为什么会接纳佛教

余秋雨：我们在说到云冈石窟时，已经绕不过其中的内容——佛教。其他一系列重要石窟，也都与佛教有关。佛教在中国的山河间以这么宏大的规模处处呈现，是一个让人吃惊的文化事件。这是因为，佛教对中国来说完全是一种外来文明，而中国自己的文化浓度已经很高了。

请大家想一想，如果佛教所在的印度文明是一种片段存在，那么，它的局部外移也就不奇怪了；反过来，如果佛教要传入的中华文明是一种松软存在，那么，它被另一种文明成片成团地渗入也就不奇怪了。但是，无论是印度文明还是中华文明都早已高度成熟，各有自己严整的体系，照理很难再产生结构性的大吐大纳。但是，印度文明和中华文明之间，居然产生了令人难以置信的奇迹。

所以，今天我要问大家的问题很艰深：中华文化接纳佛教，是必然的还是偶然的？

王牧笛：我觉得是必然的。首先，在中国文化中，无论是儒家还是道家，都没有真正的宗教性和信仰力，这就是大缺口。儒家讲圣人，道家讲真人，但都只是在生命范围内兜圈，唯有佛教讲到成佛，跳脱轮回，才具有对生死的超越性。

丛治辰：牧笛讲得这么高深，我倒觉得佛教的门槛很低，即使不识字的老太太也可以说我信佛。但儒家、道家不同，它要求人们有一定的知识素养、文学修养，这是它们难以飞入寻常百姓家，为大众所接受的原因，也是它们给佛教留下的缺口。

裘小玉：我觉得魏晋时社会比较动乱，而法家、儒家关注的主要是官方等级思想，比如当时流行的玄学，就只关注上层社会的士大夫阶层，而佛教比较关心百姓疾苦，他们让人追求来生，追求涅槃，让普通人产生美好的愿望。

余秋雨：说得不错。佛教比中国的儒家、道家、法家都更关注寻常百姓。我们前面说过，墨家按理也是关注寻常百姓的，但那只是从上面、外面对百姓的保护性关心，而不能让百姓自己获得身心安顿。然而，怎么才能让百姓获得身心安顿呢？这还是要从佛教的内容上找原因。而且，我必须提醒大家的是，佛教并不仅仅是一种平民宗教，很多王公贵胄、博学之士也都笃信。可见，它确实具有中国文化原先缺乏的思想成分。

王湘宁：秋雨老师，我来自新加坡，我们那里除了佛教徒之外，还有许多人信奉基督教和伊斯兰教。和他们相比，佛教队伍显得比较宽容，没有什么"异教徒"的概念，对"苍生"一团和气。而且，佛教艺术很有魅力，佛经里面的许多非常有意思的小故事也很能打动百姓的心。

王安安：中国原始文化里也不乏打动人心的故事啊。但我记得秋雨老师曾经在哪里说过，佛教的特点在于它是真正意义上的对人生本身的关注。"什么是人生，什么是快乐？"这些终极问题对于每个人来说都有意义，能回答这些问题的只有宗教。我不得不说，这正是中国本土文化从未真正面对过的问题。

余秋雨：你们各位观察的角度不同，但都说到了点子上。我综合一下，那就得出了大家都能接受的结论：佛教既填补了中国本土文化在传播上的重大缺漏，又填补了中国本土文化在内容上的重大缺漏。它的进入，是必然的。

但是，这毕竟是人类两大独立文明之间的磨合，有一段时间，"磨"得相当费劲，"合"得颇为艰难。这个过程，我们如果放开讨论起来，话题又多又复杂，会耗费太长的时间，那就让我匆匆概括几句吧。

我想大家都听说过中国自北魏太武帝开始曾出现过几次"灭佛"事件。由于事情由朝廷发起，对佛教造成的伤害很大。有些历史学家过于强调了道教在这些事件中的作用，那对道教是不公平的。道教是一个纯粹的中国宗教，它的创立和佛教在中国的立足几乎同时。道教既有深厚的文化渊源，又有广阔的民间背景，一开始就有不小的社会号召力。在统治者眼中，道教很容易与黄巾起义这样的农民运动连在一起，因此也曾经受到统治者的禁锢。到两晋时期道教重新有机会兴盛时，佛教已经非常壮大了。这就产生了两种宗教之间的对立情绪，那个太武帝由信奉佛教转而信奉道教，又怀疑佛教与农民起义有联系，就下了禁佛令。其实，后来统治者的灭佛、禁佛，又常常与打击道教同时进行，最实际的理由是僧、道人员太多，作为一个庞大的非生产人口而成了社会负担。

佛教在文化上遇到的真正对手，是儒家。佛教的"出家"观念与儒家所维护的家族亲情伦理严重对立，更没有"治国平天下"的抱负。按照佛教的本义，这种抱负是应该"看空"、"放下"的。由此可见，儒家不是在具体问题上，而是在"纲常"上，无法与佛教妥协。而且，从孔子开始，儒家对于尧、舜、禹、夏、商、周时代的"王道"多有寄托，而那时候佛教还没有传入。任何一个皇帝的灭佛命令，到太子接位时就能被废除，但儒家的纲常却很难动摇。你们都读过韩愈的《谏迎佛骨表》，那就是代表着儒家文化的基本立场，在对抗已经很强大的佛教。

这场对抗的结果如何呢？大家都知道，既没有发生宗教战争，也没有出现重大湮灭。反而，实现了精神文化的良性交会。佛教进一步走上了中国化的道路，而儒学也由朱熹等人从佛教中吸取了体系化的理论架构之后完成了新的提升。

现在，事情又回到了我们谈话的起点，佛教究竟凭什么在中国形成这么大的气候，最后还融入了中国文化？

对于这个问题，我已经写过一篇文章，几家权威的佛学刊物都转载了，你们也许已经看到。我找了四个答案——

第一，别的学说虽然也会涉及人生，却不会集中地关注人生。只有佛教，全部聚焦于人的生、老、病、死，研讨如何摆脱人生苦难。表面上看起来，世间大事是朝廷社稷、征战胜败、门庭荣辱。但佛教坚定地认为，那些都不重要。结果，反把最高贵的人和最低微的人拉到了一起。

第二，佛教经典很多，教义很深，但基本立论却干净利落，鞭辟入里，不像其他学说那样绕来绕去说不透彻。例如，佛教断言人生是苦，苦因是欲，灭苦之途是建立"无我"、"无常"的觉悟……这种痛快劲头，让大家觉得醍醐灌顶。

第三，佛教因戒律明确，为人们显示了参与规则。乍一看，戒律是一种阻挡，其实就像栏杆、篱笆、围墙，反而证明它切实存在，可以进入。相比之下，要成为儒家的"君子"却只能意会，好像没有障碍，但难于步履清晰地拾级而上。

第四，佛教有一个严整而可以辨识的弘法团队，他们有序、集中、大体统一、代不绝人，成了佛教教义的人格示范。

以上这四点未必准确，却来自我自己的切身体验。我在第二次世界大战结束之后出生在浙东农村，那时一片兵荒马乱，盗匪横行，走再远的路也找不到一个识字的人。因此，也丝毫不存在现在不少文化人幻想的那种人人都懂得《论语》和《三字经》的景象。唯一的文化缆索，就是小庙、袈裟和天天念经的妇女。她们读不懂佛经，但从僧侣们的行为中知道了一些基本佛理和戒律，由此觉得有了依靠和指望。而她们作为当家人，又强有力地影响着一个个村庄。我的这个记忆，被很多来自不同地域的长辈和同龄人所印证。例如前几年我在台湾佛光山与星云大师举办公开对话会，我的童年印象与他的童年印象惊人相似，而我们的家乡并不在同一个省份。这些不谋而合的记忆，大体可以说明佛教在辽阔土地上的超常生命力。

供你们参考。

第三十四课

文明的制高点

余秋雨：魏晋南北朝的各种文化现象，单看起来自成气候，但在我们讨论的序列中，却只是通向大唐的台阶。我们在欣赏它们的同时，也在群山和沙漠中寻找着构建大唐的秘密。现在，唐朝就在眼前了。

在说唐朝之前，我要向你们介绍一部艺术作品。一九九〇年去世的瑞士作家迪伦马特（F. Durrenmatt），写过一部作品叫《罗慕洛大帝》，表现了处于欧洲历史转折点上的西罗马帝国最后一个皇帝罗慕洛。这个人如此关键，但看上去却非常有趣，竟然迷上了养鸡。国破家亡之时，所有的钱财都被大臣们抢走了，连自己的女儿也要被抢走了，他还乐呵呵地在自己家里养鸡。任何兵临城下的报告，都没有使他惊慌。终于，入侵者破门而入，走到了他的眼前。他匆匆打了个招呼，还在用心照料着鸡。一个入侵者听到他在用大臣的名字叫鸡，就怀疑他是国王。一问，果然是。那个入侵者自我介绍，自己也是国王。然后，两个人就聊起来了。没想到入侵的国王也喜欢养鸡。罗慕洛说，我失败了，你把我逮捕吧。那人说不，我想问问你不问国家大事专心养鸡的原因。罗慕洛说，我知道罗马帝国已经无救，一定会灭亡，如果我竭力地挽救它，那肯定是开历史倒车。那个入侵的国王说，你以为我是胜利者吗？不，我发现在我们的部落里，找不到我的接班人。我的侄子会接我的班，但我早就看出他是个口是心非的野心家，我今后的下场会十分可悲。因此，我入侵，是来投靠你的，通过战争的方式来投靠你。

迪伦马特通过这样一个故事，发掘出人类历史上的胜败，背后可能有相反的原因。情节没有太多依据，历史上只记载罗慕洛喜欢养鸡，其他内容都是迪伦马特虚构的。但这个作品之所以值得被提起，是因为它存在着我们的历史剧中很难看到的哲理。

我向你们介绍这个作品，是想引出那个年份：西罗马帝国的灭亡是公元四七六年。从这一年开始，以残酷的宗教裁判为核心的中世纪开始了。到了六世纪，西方的黑暗已经越陷越深。历史学家说，如果没有那些修士，西方文明可能就此灭亡了。这里还应该感谢很多阿拉伯商人，因为在一片废墟中，古希腊柏拉图、亚里士多德等人的文稿就是藏在阿拉伯商人的马背行囊里。

与此同时，在中国却出现了一种完全相反的景象，开启了一个辉煌而自由的时代，那就是唐朝。从公元七世纪到九世纪，连带今后好几个世纪，中国出现了当时世界上顶级的文明。

那么，就让我们开始亲近唐朝吧。在大家心目中，唐代的伟大表现在哪些方面？唐代很丰富，我们不妨多讲一些。

王牧笛：我觉得盛唐气象首先从唐都长安可见一斑。因为唐都长安是人类历史上第一个拥有百万人口的城市，它的规模比现在的西安要大六到七倍之多。最关键的是长安城布局严整，白居易形容说"百千家似围棋局，十二街如种菜畦"。日本的京都就是完全仿照长安建设的，包括其中的朱雀大街。

费晟：我看重管理上面的一些细节。比方说它的街道两边都安置了下水道，下水道旁边种植了榆树、槐树做林荫道，旁边还有一米宽左右的人行道。它的商业区和居民区分开，实行一种封闭式的管理，就是每天晚上准时宵禁。所以西方在那么一个比较混乱的状况的时候，就安定而言，长安可能是当时世界上最安全的一个都市吧。

余秋雨：很高兴你们做了比较充分的准备。关于城市的规模，我要赶紧补充几句，否则过一会儿可能就插不进这个话题了。当时世界上最有活力的军事大国阿拉伯帝国，把千古名都巴格达当作了首都，但巴格达再宏伟，也只是当时长安的六分之一。罗马城已经衰落，但古代的格局还在，与长安一比，也只有七分之一。长安城的朱雀大街，宽一百五十五米，比巴黎的香榭丽舍大道还要宽三十多米。当时，长安城有一百零八坊，每天太阳下山的时候，长安就要宵禁了，把一个个坊关起来，市民只能在坊里边活动，大家的生活井井有条。长安市民如果觉得晚上关闭坊门不太自由，那就可以移居到东边的洛阳和南边的扬州去。四川的成都，在唐代也已经很发达了。

王安安：唐朝的伟大还应该体现在艺术上，它呈现出一种集体的繁荣。我想这可能跟当时民族关系密切、中外交流频繁分不开。所以我想唐朝的伟大，不仅是一种表面上的繁荣，更应该体现在那个时候人们心态的包容和开放。

裴小玉：我觉得当时要保证这种交流，需要疆土的统一和辽阔。从盛唐时的历史地图上我们就可以看到，唐朝北部和西部的边疆远远超过了曾经非常辉煌的汉朝。这就为整个东西方文化交流提供了一个稳定保证，也是它"唐"而皇之的表现。

罗璞：我觉得民生问题是最重要的。我们在谈唐朝的时候，一个直观的感觉就是唐朝的经济繁荣，国力昌盛。杜甫有一首诗就说，盛唐时"稻米流脂粟米白，公私仓廪俱丰实"。唐朝有一年因为刑事案件而被处以死刑的只有二十九个人。这说明那个时候人民的生活非常安定，我觉得这非常有意思。

余秋雨：这一切，都说明唐朝最有资格享有一个概念——顶级的历史生命力。

给我留下最深印象的，是唐太宗的陵墓昭陵。这么一个可以说上千言万语的盛世开拓者，在坟墓上只用六匹他骑过的战马浮雕来默默地概括自己的全部生平，再也不讲别的什么话。这真是一个马背上的时代。

只有大家都认识这六匹马，这个设计才能成立。但是，如果大家都认识这六匹马，那该是多么令人神往的景象！

果然，大家都认识。

那就让我们也好奇地来认识一下它们：第一匹叫飒露紫，是征战王世充时的坐骑；第二匹叫拳毛䯄，所谓䯄就是一种黑嘴的黄马，是征战刘黑闼时的坐骑；第三匹叫青骓，所谓骓就是青白颜色相间的马，是征战窦建德时的坐骑；第四匹是什伐赤，是征战王世充和窦建德时的坐骑；第五匹是特勒骠，所谓骠就是白点子的黄马，是征战宋金刚时的坐骑；最后一匹叫白蹄乌，是征战薛仁杲时的坐骑。

这六匹战马的浮雕，在当时已成为"社会公共图像"。唐代的气韵，由此可见一斑。

这六匹战马的浮雕，现在有四匹收藏在陕西省历史博物馆，另外两匹则流落到了美国宾夕法尼亚大学美术馆。我由于太喜欢了，这几年正与几个朋友一起，试图说服宾夕法尼亚大学美术馆，找个什么合适的地方让六匹联展在一起。但他们知道自己"收藏"得不够道德，怕中国民众不愿还回去，不敢拿出来。

一个敢于用几匹战马概括历史的朝代，一定是轻松而幽默的。因此，唐代没有朝廷颁布的"主流意识形态",更不提倡"国学"之类。这就像一部杰出的文学作品,不会把主题思想印在封面上。或者,像你们这样一批优秀的北大学子,也不会把某句共同的格言,一起写在额头上。

很多挂在外面的口号,往往是大家做不到,才发出的一种焦急呼吁。我们在历史上经常听到"中国人不打中国人"的口号,这个口号并不能证明中国人历来不打中国人,恰恰相反,倒是证明了中国人老打中国人。同样,过于强调某个理念、某种学说,都只能说明大事已经不妙。唐代信心满满,既没有这种危机感,也不会产生种种文化药方。

在唐代,每个人都可以选择自己的信仰,也可以随时改变。大家尊重各种思想,却又不迷信它们,保持着自己的独立和自由。

李白比较接近道家,也受过儒学的深刻影响,否则他不可能有那么多建功立业的理想。但是他一开口就是这样:"我本楚狂人,凤歌笑孔丘。"这么一种态度,放到今天,可能在网络上就被人家骂死了,但在唐代却很正常。大家都觉得特别接近儒风的杜甫,也可以对自己早期学习的儒学产生一些怀疑。比如杜甫有这样的诗句:"儒术于我何有哉,孔丘盗跖俱尘埃";"兵戈犹在眼,儒术岂谋身"……杜甫说了这么多调侃的话,并不是说他把儒学丢掉了。白居易对儒学曾经投入很深,到了晚年却更接近佛教。王维也是如此。

不仅诗人如此,甚至连皇帝也如此。唐太宗更接近于道家,但当他听说玄奘从印度取经回来的时候,就非常兴奋。玄奘当初其实是违反了边疆管制法令出去的,按照我们现在的说法就是偷渡。玄奘回来后,在半路上给唐太宗写了一封信,请求处治。但是唐太宗真诚地欢迎他,称他为"师",两次邀请他还俗做官。遭到玄奘拒绝后,唐太宗还为他安排了很好的译经场所。

就这么一来二去,唐代使中国文化更丰富、更完整了。我们不少学者太喜欢把文化提纯，其实，提纯后的文化一定是衰弱的。唐代的中国文化，因不提纯而强大。

　　唐代的文化话题太多，我们不妨在制高点上多逗留一阵，因此下次还是延续对唐代的讨论。我受到王安安同学发言的启发，已经想好下一个课程的题目：盛唐是一种心态。

第三十五课

盛唐是一种心态

余秋雨：盛唐，是一种摆脱一元论精神贫乏后的心灵自由，是马背英雄带着三分醉意走到一起后的朗声高歌，是各行各业在至高审美水准上的堂皇聚会，更是世界多元文化的平等交融、安全保存。

凡此种种，并不完全出于朝廷的政策，而是出于一种全民心态。全民心态，源于深刻意义上的"文化"。

现在我们国内有好多城市，都在争取成为"国际名城"，口气很大。从面积、人口、GDP等数据来看，都很像样。具体的硬件更是国际化，例如设计是法国的，木材是巴西的，钢材是德国的，好像这样就是国际大都市了。从市长到市民，都有这个误会。

国际大都市当然需要有经济、交通等方面的基础，但更重要的是一种精神吸引力。它需要有一种特殊的集体心态。

这种心态，简单说来，就是对一切美好事物都有一种吸纳、呈示和保护的欢乐，不管它们来自何处。对于那些一时还不能立即辨别美好还是不美好的事物，也给予存在的权利。

罗马的医术、拜占庭的建筑、阿拉伯的面食、西域各地的音乐舞蹈，都大受唐朝人欢迎。外国来的商人、留学生、外交官、宗教人员随处可见，几乎不存在任何歧视。

王牧笛：唐朝的开放还体现在一点上：唐朝允许外国人当官。这是很奇怪的现象。我不能想象现在的公务员考试会允许外国留学生参加。

余秋雨：连皇帝也会很具体地关心到中国来的外国人，哪怕他们还非常年轻。几年前，在西安出土了一个方形的墓碑，上面刻有墓志铭。墓主是一个十九岁的日本留学生，他在长安去世了，中国皇帝居然亲自给这个外国留学生写了墓志铭。墓志铭中提到"日本国"，这是历史上第一次正式出现"日本"两字。二〇〇六年我去东京参加联合国世界文明大会，日本正在纪念这件事，我也参加了隆重的仪式。外国留学生可以参加唐朝的科举考试，因此也能在唐朝做官。

唐代让我特别佩服的是，收容了不少已经被毁灭的外国宗教。你看，不管摩尼教也好，祆教也好，在原来的流传地都遭遇了不幸。摩尼教的创造人摩尼，已经被处以死刑，非常残酷。祆教迫害过摩尼教，但后来自己又被伊斯兰教消灭了。而这些破碎的宗教在长安城里却各有自己的据点，各有自己的信徒。唐朝，尽自己的力量吸纳着世界各地的精神流浪者。

王牧笛：祆教其实就是拜火教，是当时比较重要的一个宗教，也叫琐罗亚斯德教。其教义是二元论，就是有一个代表光明的善神和代表黑暗的恶神。火是善神的儿子，是神圣不可侵犯的，所以他们寺庙中要有祭坛，点燃圣火。人死之后，不能火葬，而要天葬。好多人说金庸先生在《倚天屠龙记》里面弄混了拜火教与摩尼教，闹了笑话。

余秋雨：我在伊朗南部的波斯波利斯考察古代波斯王宫的时候，偶然发现祆教发源地就在附近，便赶到那里做了考察，这事在《千年一叹》这本书中有详细描述。我在那里看到的败落景象，中国唐代时就应该是这样了，因为祆教当时已被消灭。但怎么想得到呢，在长安城里面，祆教教堂有四座，都建在朱雀大街上，而且都建造得很好。

萨琳娜：我对景教是比较感兴趣的，因为它是基督教的一个分支，传入唐朝的时候，叫聂斯托利派。贞观九年的时候，由一个叫阿罗本的人传入唐朝，房玄龄出城迎接了他，而且唐太宗也亲自接见过他。唐朝名将郭子仪最后也皈依了这个教。唐代的宗教宽容程度真是令人惊讶。

魏然：景教来到中国，要考虑到当时欧洲严重的宗教迫害背景。这个教派在整个欧洲被视为异端，受到打压，到了中国才找到一片生存的土壤。直到成吉思汗兴起、统一蒙古部落的时候，还有很多大部落信奉景教。

余秋雨：在本土已遭消灭的文化，到另外一个地方"死灰复燃"，这就构成了一个重要的文化现象，叫"异地封存"。异地封存看似可怜，却有可能保持住它们的本来形态，就像被蜡封在一个坛子里。一个地方，能让远方的文化"异地封存"，这是一种文明的气度，应该受到永远的尊敬。

王安安：秋雨老师，我看古往今来那些排外的民族主义者主要是担心外来的价值系统改变自己传统的价值系统，对于这个问题，好像唐代并不担忧。

余秋雨：这与充分的自信有关。唐代吸收了外国那么多东西，却没有吸收外国的制度文化，而日本和新罗都根据唐代的制度文化促进了自己国家的改革。什么叫盛世？这就叫盛世。

王牧笛：秋雨老师，我有一个建议，我们在讨论了唐代长安作为当时真正的"国际大都市"之后，能不能联系今天，谈谈现代的国际大都市？秋雨老师在我们讨论唐代一开始就说到了这个问题，因此在我脑子里挥之不去。

余秋雨：我本来也有这个意思，以唐代长安来比照一下现代世界。现在已经是全球化时代，信息充分公开，哪个城市是国际金融中心、国际航运中心，都有明确的数据可以比较，但从文化上来评判国际大都市就有一定难度了。

那么，我们就来讨论一下，现在世界上有哪几个城市是公认的国际文化大都市？

金子：我认为最有说服力的还是美国的纽约。

萨琳娜：我认为世界级的文化都市少不了法国的巴黎。

魏然：我觉得我们不应该忘了拥有过莎士比亚的英国伦敦。

余秋雨：你们的选择确实是国际公认的。要成为国际文化大都市，必须凭借着自身的体制优势在很长时间内成为世界文化创造者聚集的中心，并有源源不断的重大创新成果被世界广泛接受。伦敦拥有过莎士比亚，这当然不错，但这并不是它在今天仍然要成为国际文化大都市的主要原因。历史毕竟只是历史，在欧洲，雅典、罗马、佛罗伦萨的文化历史更辉煌，却也无法进入我们选择的行列。对此，过于喜欢炫耀本地历史的中国市长们需要清醒。

如果把时间推到十九世纪后期到二十世纪前期，我们的第一选择应该是巴黎。多少艺术创造者在那里工作，多少新兴流派在那里产生。普法战争中法国惨败，但在七年后举行的世界博览会上，巴黎又骄傲地显示出自己仍然是欧洲文化的引领者。两次世界大战之后，美国地位急剧上升，使纽约具有了更大的文化汇聚能力。这曾使巴黎很不服气，直到现在，巴黎市面上对于美国文化还有点儿格格不入。但是事实是无情的，从好莱坞到麦当劳，都已经对巴黎深度渗透。伦敦的汇聚力和创造力，虽然比不上纽约和巴黎，却也不可小觑。

王安安：您觉得日本的东京是吗？

余秋雨：我觉得不是。这里有一个吞吐结构的问题，在文化上，东京吸收得多，吐出得少。日本文化从本性上比较内向，即使在过去的军事扩张和现在的技术输出中，文化还是内向的。日本的文化创意，更多地停留在设计层面和技术层面，而较少在人文层面上被世界广泛接受。

周双双：中国的香港也应该算世界级文化都市吧？

余秋雨：香港具有国际化和自由度的优势，本应在文化上产生更大的力度。但是，由于一直缺少文化身份，构不成城市规模的文化氛围。直到今天，热点是芜杂的，情绪是偏激的，创造是断残的。我现在还看不到香港文化的乐观前景。

在大中华文化圈里，内地几座城市的文化，官场意志太重，近年来网络和传媒又被民粹文化所左右，等级越来越低，实在让人厌烦；台北的文化曾经有不错的底子，但近年来政治话题过于浓烈，降低了文化的能见度。

王安安：法兰克福算得上吗？我看到有人把它排在纽约、巴黎、伦敦之后，跟得很紧。

余秋雨：法兰克福本来是有资格的，倒不是因为它是歌德的故乡。它可以被选的原因有三：一是法兰克福学派；二是法兰克福书展；三是它一度被称为德国传媒中心。但这些年来，三个因素都明显趋软。法兰克福学派已经有很多年缺少重大成果；法兰克福书展仍然不错，但世界上其他大规模的书展也已经层出不穷；至于传媒中心，自从德国把首都从波恩迁回柏林，情况就发生了很大改变。因此，这几年我已经不把它划进来了。

王牧笛：对于中国城市的文化创建，秋雨老师有什么建议？

余秋雨：一、必须着眼于当代创新，而不要继续炫耀自己城市过去有过的文化陈迹；二、必须着眼于多方人才的引进，而不要继续在已有的圈子里拔苗助长；三、必须着眼于保护文化人才，使他们免遭伤害，而不要对文化伤害事件漠不关心；四、必须着眼于个体创造，而不要继续以官方的意志来"打造文化"。

我在说这些意见时，不完全以国外的文化大都市作为标准。更常用的对比坐标，倒是唐代的长安。

三年前我在美国纽约大学亨特学院演讲时曾说："作为当代国际文化大都市，纽约与古代国际文化大都市长安相比，有一个重大欠缺，那就是欠缺诗意。一座城市缺少诗意，就像一个美女缺少韵味，终究是一个遗憾。"

好，我们下一次就来谈谈唐诗吧。

第三十六课

诗人排序

余秋雨：要确认一个文化意义上的中国人，有一个最简便的办法，那就是看他能不能背几首唐诗。如果你在遥远的海外聊起中国文化，没有说到唐诗，那就会像一次演奏少了一种最重要的乐器。

那么，一个不以文学为专业的普通中国人，生活在当代的繁忙之中，心中应该记多少唐诗呢？前几年，西安曲江新区建了一个唐诗园，请我做总顾问，这就遇到一个具体问题，该让进园子来参观的海内外华人游客看到多少唐诗？三百首肯定太多了，现代人共同记忆的负担不能太重。大家一致的意见，是要分几个等级。那么，大家都应该记住的第一等级，应该是多少？我想听听你们的意见。

萨琳娜：十个诗人，三四十首诗歌，大概差不多。当然，越多越好！

王牧笛：如果给个最低限度，诗人记住两位就够了。诗歌的话，又可以不限于这两个人的。因为有很多精彩的句子，随时都应该想起来，拿来用。

王安安：我们应该选择三到五位自己比较喜欢的诗人，记住他的生平，包括艺术特色。不需要记一个诗人的很多首诗，但要记得一个大诗人最著名的一首诗。这样就可以广泛接触，种类多元。

余秋雨：好，那我们今天就要为唐代诗人排一个座次，以供别人记忆时参考。我昨天晚上花了不少时间列出了十个唐代诗人的名次，现在我想先听听你们是如何安顿唐代诗人的。

王牧笛：我先说，第一名杜甫，第二名李白，第三名白居易，第四名李商隐，第五名杜牧，第六名王维，第七名刘禹锡，第八名王昌龄，第九名王之涣，第十名李贺。

诸丛瑜：我把李白排第一，白居易排第二，王维排第三，杜甫排第四。我比较欣赏李白和白居易，因为他们都比较浪漫，符合我的性格和欣赏习惯。他们为世人开创了一片想象的天地，让我们的思维飞翔，不受局限，不受桎梏。

费晟：能不能把王之涣的位次排得靠前一点儿？我认为《全唐诗》中他的七首诗每一首都是精品，比如说《凉州词》，曾经被认为是唐人七绝中的第一。

王安安：我的前三名是李白、王维、白居易。第二名选王维，是因为我欣赏那种禅味的人生境界，也欣赏诗中有画、画中有诗的意境。

裴小玉：我把王维排在了第三位。在《红楼梦》里黛玉比较推崇他，从这可以看出，以曹雪芹为代表的后人，很看重王维的五言律诗。另外，我觉得王维"有貌"，精书画，也善琵琶，性情非常温和。虽然官位很高，却是乐山乐水，过着亦官亦隐的生活。

余秋雨：你怎么知道他"有貌"？

裴小玉：我看了古籍里的画像。当然，也许是因为欣赏他的飘逸感觉，我主观上描绘了一个才俊的形象。

王安安：王维字摩诘，他之所以叫这个字，因为"维摩诘"这三个字连起来是一个菩萨的名字。他是中国士大夫阶层的一个精神偶像，有钱，生活优裕，却把这些看得很轻。这种人生观可能是从王维开始的，他开创了后世中国士大夫阶层的重要精神流派。

王牧笛：我很奇怪为什么北大的女生不喜欢李商隐。我觉得李商隐就是那个时代的周杰伦啊！

王安安：可是他老是在诗里引用太多典故，不是很多人都能懂。在诗里面过多地掉书袋，好像不是什么好习惯。

诸丛瑜：我却是非常喜欢李商隐，但是他太柔情了，只适合谈恋爱，不适合嫁。

余秋雨：他是唐诗中的"现代派"。不再豪情，不再山川，不再历史，不再民生，全然转向内心意象。每个时代都会有一次从"古典派"到"现代派"的轮回，而每个时代的"现代派"总是永远年轻的，所以你会与他谈恋爱。论及婚嫁就太真实，"现代派"是不能真实的。

萨琳娜：我故意把白居易放到了第六位，因为虽然他的诗很有才气，每句单拿出来都很好，但是合在一起，就总是透出一种政治上怀才不遇的自怜情绪，这在很大程度上把他的诗品往下拉了。

余秋雨：《长恨歌》和《琵琶行》是两首很重要的长诗，因此他也是一个大人物，不能排后。我只是不太喜欢他的文学观念，过于政治了，又有点儿奉迎。

费晟：王昌龄的诗也很好，他特别有唐朝诗人强烈的民族意识，有一种投笔从戎、立功海外的豪情。

裘小玉：我把杜甫排得比较靠前，可能跟我的专业有关系，我是学历史的。杜甫被称为"诗圣"，他的诗中描述了从繁盛跌落到颠沛流离的过程，让我感触到他的脚踩在大地上面，因此也反映了真实的历史气氛。我们历史系，容易学到历史知识，却不容易感受历史气氛。

费晟：我想说三个并列第一——李白、杜甫、李商隐，因为他们是三个不同阶段和不同流派的代表，杜甫是现实主义，李白是浪漫主义，李商隐是现代主义。

（在大家发言之后，余秋雨老师安排大家对唐代诗人的前十名进行投票）

余秋雨：我现在把大家投票的结果宣布一下：

第一，李白；

第二，杜甫；

第三，王维；

第四，白居易；

第五，李商隐；

第六，杜牧；

第七，王之涣；

第八，刘禹锡；

第九，王昌龄；

第十，孟浩然。

这个顺序，我相信很多中国人会大体认可。至少，这是唐诗在一批不笨的当代中国青年心中的存活排序。

我们和唐代诗人一起游戏，一会儿把这位老爷爷放到这里，一会儿又把那位老爷爷搬到那里。我们既觉得这一位可爱，又觉得那一位也可爱。我发现，在场的所有人，没有一个人的最终排列是和另一个人完全一样的，这就让我非常愉快。用我们各人的喜爱去参与这样一个排序，是我们的幸福。

第三十七课

顶峰对弈

余秋雨：上一堂课，我们已经把唐代的重要诗人投票排列了一遍。在投票中，虽然没有两位同学的排序是完全相同的，但是最后还是共同为李白和杜甫让出了至高的地位。这正符合人类文化史的普遍现象：越是高超，越容易获得公认。

但是，对于已经确认为第一流的文化对象，互相之间的高下还是会有争论的。李白和杜甫就是最好的例子。一大批中国人喜欢李白，又有一大批中国人喜欢杜甫，没完没了地争论。几百年前已经在争论了，几百年后还会争论下去。

我是一个不喜欢争论的人，但觉得有关李、杜的争论很有意思。谁也不想真正压倒对方，因此都不会脸红脖子粗。大家都固守着自己所喜欢的那种美，所谓争论也就是抒发。凡是热爱李白的人是不可能讨厌杜甫的；反过来也一样，凡是热爱杜甫的人也不会讨厌李白。因此，那是一种"顶峰对弈"。

正因为这个道理，我想让你们也争争李、杜。

萨琳娜：惠特曼有一首诗说，"我是肉体的诗人，也是灵魂的诗人，我占有天堂的愉快，也占有地狱的痛苦"。这种划分也可以大致区别李白和杜甫。李白是灵魂的诗人，占有着天堂的愉快；杜甫是肉体的诗人，占有着地狱的痛苦。

王湘宁：我喜欢李白，在我心目中，李白更可爱，有一份童心，不受任何束缚。我小时候就喜欢李白，长大了还是喜欢。李白比杜甫大很多岁，但在我印象中李白永远年轻、英俊、潇洒、飘逸，而杜甫就老成一些，厚重一些。

罗璞：李白人如其名，他的每一首诗都好像是在一个白板上面天马行空的足迹，可以寄托我们空缺心灵上的解放和追求。

王牧笛：我更欣赏杜甫，欣赏他笔底的民间疾苦、萧萧落木，而不是一派阳光。我羡慕李白，但是作为一个社会人而言，应该有公共意识，有一种超越个体生老病死的对外悲悯。特别是作为一个知识分子而言，要关注百姓疾苦，为他们代言。从这个角度讲，我希望自己能像杜甫。

王安安：我们在现实生活中确实需要关注民生，但是心灵还必须有另外一种关怀，就是关注情感，关怀生命，关注人和自然、宇宙、万物之间的关系，而这个恰恰是艺术领域的事情，是文学的最高境界。李白比杜甫更接近这个境界。

费晟：艺术确实需要纯粹，但未必像李白那样面向自我的灵魂才能称为一种纯粹，其实杜甫面向现实也可达到一个纯粹的境界。艺术不仅包含灵魂，也包含现实，包括知识分子的担当意识，杜甫就体现出这种担当的意识。也正因为有了这种知识分子的担当，才会给李白的追求创造一种旷达的、灵魂层面的自由，提供一种公共空间，他们俩是这样的一种互补关系。话说回来，正是因为我们在杜甫的诗中看见了太多的疾苦，在很多情况下无法摆脱束缚，所以才希望在李白的精神层面上肆无忌惮地豪放，因而我也更喜欢李白的诗。

裘小玉：我喜欢李白的诗歌，喜欢他的青春气息和丰富的想象力。但是作为一个人，我更喜欢杜甫。因为他更关心民间疾苦，更关怀社会现实，更希望帮助最底层的弱势群体，发出自己的声音。

余秋雨：照理，审美争论是很难成立的，因为审美没有是非。但是，任何民族对于自己精神家园的最佳风景，总会有难分轩轾的徘徊和犹豫。因此所谓审美争论其实不是争论，是同行者们充满享受的徘徊和犹豫。

请相信：一往情深是一种审美状态，徘徊和犹豫则是一种更富足的审美状态。

我们在李白和杜甫之间的徘徊和犹豫，首先是因为那是一道巨大历史裂口两边的壮丽图纹。这道裂口，就是发生在公元七五五年的"安史之乱"。这道裂口，不仅把唐朝一折为二，而且也把整个中国古代社会一折为二。

中国的历史分期，大多以改朝换代为界。这当然是一种方便，但也是一种偷懒。改朝换代未必改变社会性质，如果只看外相，还要现代的历史学家干什么？为此，我觉得陈寅恪先生真是一位优秀的历史学家，他把发生在唐代中期的这一事件作为全部中国古代史的最重要分界，实在是看到了骨子里。朝代还是唐代，皇家还是姓李，但一切都变了。好像上天也要向人间强调这条分界，故意安排一个李白、一个杜甫来描绘分界。他们是最重要的两个诗人，分别站在最重要的分界线两边。两番"最重要"，才互相匹配。

站在这条分界线前面的，是李白。安史之乱之后他还写诗，但最重要的诗作已经完成。而杜甫的光彩，则主要展现在安史之乱以后。一个是充满欢乐的高歌挺进，一个是饱含诚恳的沉郁苍凉。这两番神情，正是历史的分野。

第三十八课

没有人救他们

余秋雨：安史之乱发生那一年，李白五十四岁，王维五十五岁，杜甫四十几岁，而孟浩然已经死了十多年。由于他们，我们对于这个事件前前后后的人文生态有了感性的了解。我想知道，在你们的印象中，安史之乱前后，历史气氛究竟有些什么变化？

王牧笛：安史之乱以后，中国历史的气魄小了，忧患多了；坦荡少了，心机多了；君子少了，小人多了。

余秋雨：残暴和无赖一旦得势，就会使历史的品质走向低劣。我对于历史，一直不太在意别人很重视的话题，而特别注意历史的品质。

例如对历史上的各种动荡事件，本有各自理由，但是为什么大家都对安史之乱那么讨厌呢？因为它的品质实在太低劣了。你看安禄山和史思明叛乱的时候，对普通老百姓非常残暴，见人就杀，见城就烧，见房子就毁，一看就知道是邪恶的一群。邪恶不仅对外，也对内。安禄山自己，才过了短短几年，就被儿子安庆绪杀了，安庆绪又被史思明杀了，史思明又被儿子史朝义杀了，史朝义最后自杀。在这个过程当中，史思明曾想投降唐朝，但投降之后不久又背叛了——这些事实足可证明，这些人真是一群乌合之众。他们自己内部的基本伦理，都没有建立起来。整体品质低劣，比他们的政治主张更加致命。

在邪恶的追逐下，高贵的皇室也失去了高贵。安史之乱发生不久，长安城就沦陷了，唐玄宗只能出逃。在出逃的半路上他牺牲了杨贵妃。当时唐玄宗已经年迈，已经没有恢复高贵的丝毫力气。在这种情况下，唐玄宗做出两个决定：一方面让自己在扬州的儿子李璘守住江南；另一方面，同意西北的另一个儿子李亨继位，自己成为太上皇。这样才使唐朝得以维持，但已经没有雄健之气。

文化要关注的就是这种"气"，这与历史学家的眼光很不一样。在历史学家看来，"气"太空泛，而对文化人来说，最值得捕捉的只有"气"。"气"的直接表现，就是文化气氛。

王安安：我觉得盛唐的那种愉快气氛再也没有了，甚至对中国文化史来讲，这种愉快气氛再也没有了。

余秋雨：对，历史失去了愉快。这很要命。

费晟：另外，文化创造的制度环境也丧失掉了，中央出现宦官专权，地方出现藩镇割据，大量财富和文明成果被耗损，甚至毁灭。作为当时的文化人，不仅居无定所，而且失去了最起码的物质和精神的支柱。

余秋雨：你说得很深刻，失去了"文化创造的制度环境"。这是文化社会学中的一个重要命题。

"文化创造的制度环境"建立很难，破坏却很容易。其中最重要的标准，是看几个代表性的文化创造者的处境如何。如果他们的处境无一例外地都不好了，那就证明制度环境已经被破坏。

我曾经在《唐诗几男子》的长文中详细地论述了李白、杜甫、王维这三个最重要的诗人在安史之乱中的狼狈处境，大家不妨找来一读。他们三人遇到的麻烦完全不同，但都很大，甚至到了致命的边缘。这再清楚不过地表明，当时已经形成一个难以逃遁的劣质环境。

在三位大诗人的遭遇中，有一点让我非常震惊，那就是，当他们陷入泥淖的时候，几乎没有人来救他们。李白的诗，在当时已经名满天下，大家都知道他只不过是接受皇子李璘的邀请参与平叛，而没有什么不良行为。但是，当皇子之间产生矛盾，他的读者们却全然抛弃了他。杜甫曾经描述当时李白的处境是"世人皆欲杀"，即普天下的人都要杀李白，认为他该死，这是多么可怕的情景！他那么多深入人心的诗句，那么多已成为读者自身文化的咏吟，居然没有引发人们一点点儿的怜惜之情，这就是文化创造者和文化接受者之间的千古隔阂。当然，也是"文化创造的制度环境"失落的证据。后来，他虽然侥幸获释，但，他的晚境，他的死亡，他的后事，包括他儿子伯禽的两个女儿的不知所终，都让人长叹。

其实，杜甫、王维后来的处境也并不好。他们把那么多的美丽馈赠给历史，而他们的实际人生却基本无助。中国社会的这个毛病，一直未能有根本的改变。从某种意义上说，"文化创造的制度环境"，曾经偶尔出现过一抹晴意，而大多数年代都乌云密布。

除了广大民众对文化创造者的漠然外，文化领域自身的嫉妒更是铺设了一张销蚀杰出、筛选平庸的大网，使优秀的文化创造者一直难以生存。只有当他们死去很多年，再也不会给人们带来嫉妒的理由时，才会被一一封圣称贤。因此，我一直认为，在中国，比文化创造更重要的，是文化卫护。

大家都看到了，当历史伤害了什么等级的诗人，那么，这个等级的诗人便再也不会出现在历史上了。从此，不仅李白、杜甫不见了，李白、杜甫的等级也不见了。

第三十九课

多记一个名字

余秋雨： 大家一定有点儿担心了，我们用一学年的时间谈中华文化史，怎么到现在才谈到唐代，难道明年还要继续吗？说心里话，我很想与诸位长谈几年，但明年确实没有时间了。你们中的好几位，也要毕业。不要担心，到年底一定结束，只不过我在这门课程刚开始时就已经一再声明，我心中的史，轻重长短不按照实际展开的时间。我只愿在历史的魂魄处盘桓流连，而不愿在平均主义的时间流水账中使历史丧魂落魄。唐代，就是最值得停留的千古魂魄所在。

今天我要强行向大家介绍一位文化人，那就是我前面提到过的书法家颜真卿。为什么要强行？因为他的文化人格，光耀千秋。具有这种人格水平的文化人，在几千年中国文化史上绝无仅有。

安史之乱爆发时，唐玄宗毫无思想准备，朝廷上下毫无思想准备，整个军事行政系统毫无思想准备。盛世危机，就在于此。大家全都如痴如醉地进入了另一种习惯性准备：准备当夜的诗会，准备明天的乐舞，准备河边的郊宴，准备山间的论道。在这种情况下，当危机轰然降临，猝不及防的大地只能等待着首先挺立起来的人格支柱。这第一个人格支柱，就是颜真卿。

唐朝的三分之一军队都掌握在叛乱者安禄山手里，唐玄宗着急而又凄楚地问道："河北二十四郡，难道没有一个忠臣吗？"首先回答这个询问的，居然是一个书法家。

颜真卿当时真的不容易，因为他和哥哥颜杲卿都是安禄山管辖下的太守。颜真卿的所在地在平原，即现在的山东德州。颜杲卿的所在地，是现在的河北正定。颜真卿首先起兵，发表了讨伐安禄山的檄文，并且在一天之内就募集了一万多士兵。由于他的号召力，黄河以北的反安禄山力量都纷纷靠近他。在很短的时间里，就集中了二十万军队，颜真卿被推举为主帅。

颜真卿领导的军队很快就和安禄山的部队交锋了。身在山东德州的颜真卿要与身在河北正定的哥哥颜杲卿互通信息，距离比较远，需要有专人联络。谁是联络人呢？就是颜杲卿的儿子，一个年轻人颜季明。他来来往往骑马坐车，什么时候起义，什么时候发表檄文，什么时候组织队伍，现在安禄山的部队在哪里、人数多少……这些信息都是颜季明在传递。通过颜季明的联络，颜杲卿也举旗平叛。

安禄山攻下了颜杲卿所在的城市——常山，逮捕了颜杲卿，把他的舌头割下来，把他的手剁下来，用最残酷的刑罚对付这位英雄。随后，颜家三十几口全部被杀害，颜季明被砍头。

在几乎全家喋血的情况下，颜真卿仍然坚持领导队伍攻打叛军。这个仗很难打，因为都是临时召集起来的人，缺少战斗力。而且当时唐王朝的战略有误，所以只能边打边走，慢慢向当时正在陕西扶风的唐肃宗靠拢。最后，终于会合了。

对于颜家的巨大牺牲，皇帝当然有高度评价，但朝廷总是打败战，也顾不上去纪念这个家族了。

两年后，颜真卿自己用文章来祭祀牺牲的家人，其中最震撼的，是那份祭祀侄子颜季明的《祭侄稿》。由于后来成了中国书法史上的经典法帖，又称为《祭侄帖》。世界上很少有这么一个艺术作品，即使不了解它产生的背景，一上眼就被它淋漓的墨迹、痛苦的线条、倔强的笔触所感动。满篇的汉字，都在长叹和哭泣，而在长叹和哭泣中，傲然筋骨又毕现无遗，足以顶天立地。这是中国文化史上唯一用生命符号勾勒最伟大人格的一幅作品。这种最伟大的人格，刻画了一个英雄的时代、英雄的家庭、英雄的文人。幸好有它，让盛唐即使破碎也铿锵有声。

我上面这些话，是想诱导你们像我一样，在人生过程中一遍遍地观赏《祭侄帖》，并从中汲取力量，领悟中国古代的大丈夫气质和君子风范。

颜真卿举起旗帜，跃上马背，带着二十万人向安禄山的部队进攻的那一年，他四十六岁。又过了二十八年，谁也没想到，七十四岁的颜真卿又接受了一个使命。

安史之乱以后，各地的军事集团即"藩镇"各自称王，形成了藩镇割据的局面。藩镇本来应该被严格控制，但是在安史之乱的折腾中，很多藩镇全然失控，又因与叛军交过手而获得了扩张的理由和力量。这对唐王朝来说，又构成了大患。其中，河南许昌的李希烈，非常明确地与另一支部队联合起来，准备跟唐王朝唱对台戏。当时在位的唐德宗认为李希烈带了个坏头，如果其他的藩镇也跟着效仿，那么唐王朝就会处处分裂，不像样子了。

安史之乱带来的真正灾难，是它改变了社会结构：一个统一的王朝变成了一个个独立王国。皇帝想来想去，觉得没有实力去打李希烈，能够做的只是劝诫和安抚。这个重任交给谁呢？皇帝想到了七十四岁的颜真卿。理由非常充分：第一，你李希烈过去打安禄山立过功，但第一号功臣应该是颜真卿，他完全有资格居高临下地教训你；第二，颜真卿的年龄那么大，又是文化名人，你能把他怎么样？

皇帝这一着棋，遭到有良知的官员们的一致反对。因为第一，李希烈造反的态度很明确，用不着再去劝诫；第二，从长安到许昌路途遥远，老人家颜真卿的身体折腾不起；第三，早就失去了高贵的朝廷，好不容易拥有这样一位德高望重的文化大师，相当于国师了，让他亲自出马去完成这么一个凶多吉少的使命，危及国魂。然而，颜真卿自己认为，这是他义不容辞的职责，毅然决定前往。在去许昌的路上，不论经过哪个城市，那里的将士都会出来劝阻他，但颜真卿没有回头。

李希烈在城门外摆出一个阵势来，企图把颜真卿镇住。颜真卿根本不在乎这一套，反而把李希烈给镇住了。李希烈开始还希望颜真卿能做他的军师，为他起草自立为王的文件，用尽了流氓手段。颜真卿非常愤怒，说，我来，就是要解决你这个问题的。李希烈说，你在这里胡言乱语，我要把你推出去烧死。李希烈下令把颜真卿推到烈火前，颜真卿面不改色。好几次又把他推到土坑前要活埋，颜真卿毫不屈服。于是，李希烈把他关在一个庙里。颜真卿对身边的人说："这就是我的坟墓，我准备死在这里了。"

在虎狼窝里，颜真卿生活了近两年。他不断劝诫李希烈，阻止其谋反。后来，朝廷在其他地方采取行动，杀了李希烈的弟弟，李为了报复，缢死了颜真卿。朝廷为颜真卿举行了隆重的国葬，葬礼期间德宗皇帝五天不办公。

遇难的那一年，颜真卿已经是七十六岁高龄。他用生命捍卫了大唐文化的最后一丝尊严，也为中国文人在政治灾难中的文化人格做出了最高表率。对于颜真卿的壮烈事迹，欧阳修在《新唐书》里赞道："呜呼，虽千五百岁，其英烈言言，如严霜烈日，可畏而仰哉。"

颜真卿的事迹告诉我们，即使在最好的时代，也潜伏着严重的危机；当危机爆发的时候，大家都会企盼国家的力量，但是，那时候国家力量已经自顾不暇；因此，最终赖仗的，是深明中华文明兴衰之道的文化人格。

文化人格看上去只是一支破残的毛笔，一具老迈的身躯，却是中国人的延续命脉。

为此，我甚至不让你们讨论，就把一个颜真卿推到你们眼前。我相信中国社会今后还会遇到我们今天想象不到的磨难，因此必须把文化提升到人格层面。

第四十课

夕阳下的诗意

余秋雨：盛唐不再。这看上去好像是个悲剧，其实对文化来说倒也未必。光耀的时代虽然过去了，唐朝还要延续近一百五十年时间。在一片苍凉之中，一种新的诗意出现了。

在一场大灾难之后，别的可以恢复，而文化却不可以用"恢复"一词，因为它必须以一种不同的精神状态向前延伸。大灾难之前的标准，可以用来衡量其他部门，却不可以拿来衡量灾难后的文化。

安史之乱后的唐代文化，首先是被一种悲剧气氛所裹卷，把这种悲剧气氛表达得最好的是杜甫。杜甫用他那支充满人性关怀的笔，把离乱之情、丧乱之景，写得无人能够超越。但是，再深沉的痛，也会被时间所疏离。在杜甫之后，一个在安史之乱发生十七年后出生的小伙子将首先对这场灾难进行更宏观的美学挖掘，那就是写《长恨歌》的白居易。

白居易是一位创作了近三千首诗的大诗人。他写诗，负有"兼济天下"的使命，又通俗易懂，大受民众欢迎。在传世的唐诗名句中，他的作品占了不小的比例。我本人并不太喜欢白居易的诗，在他的两篇著名叙事诗中，比较喜欢的是《琵琶行》。但是，不能不承认，白居易用《长恨歌》，把唐代历史和中国历史的大裂口，引向了故事化、情节化的情感审美之途。这是历史终于用文学方式告别灾难的一个信号。

相比之下，格调更高的是与白居易同年出生的刘禹锡。他的怀古诗写得最好，可谓空前绝后。中国文化中有一个庞大的主题是其他文化所缺少的，那就是沧桑之慨、兴亡之叹。这个主题，刘禹锡完成得特别成功。请读《石头城》："山围故国周遭在，潮打空城寂寞回。淮水东边旧时月，夜深还过女墙来。"还有《乌衣巷》："朱雀桥边野草花，乌衣巷口夕阳斜。旧时王谢堂前燕，飞入寻常百姓家。"

中国文人那么喜欢抒发沧桑之慨、兴亡之叹，与中国历史的连贯性有关。看来一切都变了，但是，能说"变"，是因为有一个不变的坐标。如果社会发生了彻底的巨变，传统语文不复存在，社稷家国无从参照，那么，连感叹的可能也没有了。因此，咏史而叹，其实是一种奢侈。

终于，我们要跳过很多诗人，直接到达晚唐，去面对李商隐了。我对晚唐诗歌有一种偏好，乍一看离开了国计民生的大课题，离开了风云变化的大空间，只是凉凉地、幽幽地、涩涩地吐露着个人的内心，却非常契合文学深层的那个角落。我相信，当代年轻人也会有这种感应。因此，我希望听听你们对晚唐的看法。当然，也可以倒溯到那位李贺。

王牧笛：宗白华先生评价晋人之美时说，晋人向外发现了自然，向内发现了自己的深情，我觉得后半句特别符合这种晚唐余风。那种情感匪夷所思，很隐晦，像是一种独语。你在看它的时候，觉得能体会那种情感，但又说不出来，语言变得苍白无力了。

刘璇：对，比如李商隐的多首《无题》，就让我们在半懂不懂中玩味不尽。我背诵两首吧："相见时难别亦难，东风无力百花残。春蚕到死丝方尽，蜡炬成灰泪始干。晓镜但愁云鬓改，夜吟应觉月光寒。蓬山此去无多路，青鸟殷勤为探看。""昨夜星辰昨夜风，画楼西畔桂堂东。身无彩凤双飞翼，心有灵犀一点通。隔座送钩春酒暖，分曹射覆蜡灯红。嗟余听鼓应官去，走马兰台类转蓬。"这些诗对感情的摹写，只有用心地体会，心有灵犀，才能契悟。

王安安：我也跟着背一首吧。那首著名的《锦瑟》："锦瑟无端五十弦，一弦一柱思华年。庄生晓梦迷蝴蝶，望帝春心托杜鹃。沧海月明珠有泪，蓝田日暖玉生烟。此情可待成追忆，只是当时已惘然。"诗中写的"此情"是什么？能说清楚吗？只有留待追忆罢了。

吕帆：我想起了比李商隐年长二十多岁的李贺。他的诗，在丰富想象中有一股阴森森的鬼魅之气，但都不让人畏惧，只觉美丽。例如他写过一首诗叫《苏小小墓》："幽兰露，如啼眼。无物结同心，烟花不堪剪。草如茵，松如盖，风为裳，水为珮。油壁车，夕相待。冷翠烛，劳光彩。西陵下，风吹雨。"李贺还写过不少神鬼世界的诗，都很美。但他的诗好像不应列入晚唐，要更早一些。

余秋雨：我没想到你们会流畅地背诵这么多诗，是昨天晚上临时准备的吧？不过我刚才看到了，不管准备没准备，在发言中能够背诵一些好诗的年轻人是很耐看的。无论男女，都是这样。你们知道这是为什么吗？因为在背诵的时候，一种最高等级的古典美丽，被兴高采烈地召唤到了自己的眉眼之间。当然，要背诵的必须是好诗，好得让人觉得应该背诵，那就自然了。如果磕磕巴巴地背诵几句并不精彩的古诗，那就有低质卖弄之嫌。

对这些诗，我想谈一种感觉。李白、杜甫的诗能裹卷我们，但是李商隐、杜牧的诗却没有这种裹卷力。读他们的诗，我们似乎在偷窥远窗的身影，影影绰绰、扑朔迷离又风姿无限。有的诗句也能让我们产生自身联想，但那只是联想，而不是整体共鸣。

晚唐的诗，不要求共鸣。这一点显然冲破了文艺学里的好几个教条。晚唐的诗，只让我们用惊奇的目光虚虚地看、片断地看、碎碎地看，并由此获得另类审美。这有点儿像欧洲二十世纪美学中那种阻断型、陌生化的审美方式，别具魅力。

产生这种创作风尚的原因，与时代有关。豪迈或哀愁的诗情已被那么多大诗人释放完了，如果再释放，显得重复，也不真切。为什么会不真切？因为整个社会已失去盛唐气象。因此，尽管很多二流诗人还会模仿前辈，而一流诗人则必然转向自我，转向独特，转向那个与社会共同话语脱离的深秘领域。这里，文学建立了一种新的自信：即使不涉及社会共同话语，也可能创造一种独立的美。现在我们知道了，这种独立的美，反倒纯。

从初唐、盛唐到晚唐的诗歌发展模式，我把它看成是在任何时代、任何地方都有可能出现的轮回规程。从气象初开到宏伟史诗，再到悲剧体验，再到个人自问——这个模式，反复地出现在世界各地成熟文学的每一个发展段落中。

我们这样来讨论唐代文学，当然遗漏了很多重要人物和重要作品。例如，散文领域的韩愈和柳宗元。尤其是韩愈，在中国文化史上起着承前启后的作用。但是，散文不如诗歌经得起隔代传递，而韩愈的文学主张我又不喜欢。在很多情况下，不少产生过重大影响的文学现象渐渐暗淡，我们没有必要抗拒时间而把暗淡了的一切重新照亮。后代的文化史目光，应该尊重时间的选择。

对于下一个跳跃，我想以一个问题开始。我们现在要选一个唐朝灭亡之后出生的人，来作为唐代文学最抢眼的余光，你们能猜出这是谁吗？

王安安：当然，李煜。

余秋雨：当然，李煜。他的帝王权位和他的文学成就，如此矛盾地并存于一身，在世界文化史上都是奇迹。

李煜在文学上的最大贡献，在于为中国诗歌的一种重要体裁——词，树立了一个重要的里程碑。

李煜把词从民间演唱上升到了士大夫的艺术等级，甚至进入到最雅致的美学高地。事实证明，在他之后，这种文学体裁可以无愧地与楚辞、汉赋、唐诗比肩了。甚至有人认为，连后来宋代的辛弃疾、李清照，也都只是李煜的余风。

作为一个无能的帝王，他在生活中是那样的多愁善感，那样的风花雪月，那样的无奈窝囊，但是他的词却堂堂正正地属于豪放派。即使在悲哀的时候也是一片故国山河，而且语言干净利落，晓畅明白，直达人心。

皇帝或者政治家中也有喜欢写诗的，有些也写得不错，如刘邦、赵匡胤，因为他们的生命力很强健，直接体现在文化形象上也豪迈可喜。如果要在帝王的诗作中做一个优劣排列，我说过，即使是曹操的儿子曹丕也只能是第二名，第一是李煜。

本来，皇帝作为"孤家寡人"，内心情感无法与民众沟通，一个逊帝的悲哀更难被常人感应，但他的手笔实在高明，让孤独之声变成了人世共鸣。

正因为李煜如此重要，我想对他在文学生态和政治生态上的矛盾多说几句。因为这是文化人类学中的一个极端性的重大例证，很值得研究。

李煜做皇帝的糟糕程度，几乎是让人生气的。他做的有些事情是不可容忍的，例如害死了很多直言的人。在军事上更是乱成一团，完全不知道怎样去面对赵匡胤已经建立的宋朝。赵匡胤劝李煜投降，答应在汴京给他建造官殿，李煜完全不能审时度势，不知道该怎么办。赵匡胤觉得他实在不听话，就只能打了。渡江的时候，宋军把船连在一起将整个长江贯通了，部队浩浩荡荡地过了江。但李煜身边的几个"知识分子"告诉他，看遍中国的历史书，没有把船排起来过长江的例子，李煜就放心了，直到他很快被宋军包围。

投降的场面很屈辱。上身要全部裸露，跪下来接受宋军对首都的占领。然后坐着船，在雨天北行，到现在的河南商丘一带再转道汴梁，即现在的开封。在那里，赵匡胤举行了隆重的受降仪式。所有李煜带来的大臣、官员全部穿上白衣服，慢慢地朝着受降台走去，齐齐下跪。赵匡胤以非常高的姿态说，我们现在终于走到了一起，宋朝在文艺上有点儿弱，李先生的词写得不错，需要你这样的人才来带动文化的发展。按我们现在的说法，就是让李煜当了个挂名的"文联顾问"。

赵匡胤还封李煜为"违命侯"，因为李煜违反过他的命令。说起来，赵匡胤也算是中国历代统治者中特别尊重文化人的一位皇帝，他也知道李煜的文化价值，但他实在太不喜欢政治上的李煜了。李煜在赵匡胤眼中不是一个对抗者，而是一个游移、无信、阴涩的政治人物，因此要用政治手段加以鄙视和污辱。在这一点上，李煜的两重性引发了赵匡胤的两重性。

但是，直到这个时候，在政治上已经彻底失败的李煜，仍然是雄视千年的文学家。他的有些句子，几乎所有的中国读书人都能随口吐出，成了极为珍罕的中文"语典"。例如"流水落花春去也，天上人间"、"春花秋月何时了，往事知多少"、"问君能有几多愁，恰似一江春水向东流"等。这些句子为什么有这么大的感染力？因为他善于捕捉最典型的图像，又善于运用最贴切的比喻，来表达一种苍凉的无奈，结果一气呵成，一字难改。

从李煜的词，我又联想到，他在还没有败亡前，曾派画家顾闳中去刺探韩熙载的生活情况，结果产生了《韩熙载夜宴图》。从政治上着眼，这是一个愚蠢可笑的举动，但从文化上着眼，却在不经意间酿造出了艺术杰作。这与李煜本身杰作的产生，出于同一规律。

李煜的经历告诉我们，杰出的艺术常常是人格分裂的结果，甚至是政治荒地上的野花。一切都志得意满的人，很难在艺术上成功。

李煜的经历还告诉我们，艺术家只是艺术家，让他们从政很可能导致彻底混乱。我们不能把艺术上的好感和恶感，推衍到其他领域。诗人很浪漫、很自信，以为自己什么都能做，其实他们真正能做的事业，也就是写诗。

这不是贬低他们。诗人一旦拿起诗笔，就有可能成为世间的精神星座。即便是再成功的政治家，也会虔诚地吟诵他们的诗句。

第四十一课

精雅大汇集

余秋雨：讲完唐代文化的繁盛，再讲以后的文化现象，会显得有点儿艰难。在强光的对比下，我们会对后面的光亮失去热情，因此也会失去公平。

首先承受这种不公平的，是宋代。

除了宋词之外，中国人对宋代的印象是混乱的，那简直是一个"记忆的沼泽地"。我现在很想听听大家对宋代的印象，随口说吧。

王牧笛：整个宋代都让人感觉比较暗淡。首先，不断受外族和蛮夷的侵略，订和约呀，送岁币呀，逃亡流亡呀之类的事情很多。就连宋徽宗和宋钦宗这两个皇帝都被俘虏，而且都死在了北方，这对中原文明是一种空前绝后的耻辱。另外，朝廷本身也很黑暗，权奸当道，把岳飞这样优秀的一个武将给冤杀了。还有就是文化人的遭遇也特别让人同情，司马光、王安石都被牵涉到党争中，苏轼、李清照、陆游、辛弃疾等文化人或者在政治上被排挤打压，或者因战乱而颠沛流离。

吕帆：还有被逼上梁山的英雄好汉。不管你叫他们黑社会也好，群英会也罢，但重要的是这个"逼"字，就是正常人在不正常的社会里也没办法正常地生活。这个时代的老百姓一定生活得很压抑。

王安安：还有程朱理学倡导的"存天理，灭人欲"，禁锢人性，禁锢自由。对女人特别苛刻，一方面要她们严守礼仪和贞洁，竟有女的手跟男的碰到了，回去就不得不把手给砍掉这样的事；而另一方面，由于宋代老吃败仗，人们转而把拯救国家、抵抗外辱的希望寄托在佘太君、穆桂英等杨门女将身上，男人都不知道干什么去了。

余秋雨：大家讲的都没错，但把这些现象当作解读整个宋代的基础，却错了。

中国思维的一个弊病，就是喜欢凭着局部印象做情绪化的判断，自始至终缺少理性控制，而理性控制的前提是宏观比较。先擦去那些眼泪，收住那些叹息，压住那些怒火，把各种事情放到大历史、大坐标中进行纵向比较和横向比较。只有这样，才能看清一些基本轮廓。

放到大历史中看，我们不能不承认，宋代认认真真地建立起了文官制度，这在中国历史上是空前的。赵匡胤把兵权和财权收回中央，结束了地方政权的武装割据，全国由文官来替代武将。那么，文官从哪里来？只能从科举考试中来。因此，科举制度走向健全。科举考试的内容，也随之发生了改变。唐代有考经书的，有考策论的，科目众多，更多的人偏重进士一科，诗写好了就行。但是到了宋代就倚重实用，虽也考经义即儒家经典，但殿试仅考策论，就是社会管理的方略。这一考，就比较符合选拔行政官员的要求了。

和科举考试相应的是在全国广办学校。国家官学之外，还有地方私学，如象山书院、嵩山书院、岳麓书院。这样，也就开创了一个文化气氛浓郁的时代。

宋代给文化人一种空前的优待，这是一件很不容易的事。宋太祖有遗训，据说当时以铁券的形式存在太庙里，说本朝对上谏言事者，一律不杀。这主要是针对文官而言的。比一比宋代前后就会发现，这项政策非常开明，不能小看。

宋代很长，但杀文臣的例子不多。我们所喜欢的那些宋代大文豪，不管做到多大的官，犯了多大的事，可能经常会被贬谪或流放，但很少被杀，也不会承受司马迁那样的酷刑。光凭这一点，我们应该对宋代多一点儿正面评价。

宋代文官制度，往往把一代文化大师推上最高的行政职位，例如范仲淹、王安石、司马光等，这在其他朝代是不可想象的。在其他朝代也有大量文官，但是行政权位和文化品级不成比例，职位高者大多文章平庸，或者文章高者大多职位低微。除此之外，宋代文官的酬金之高，也空前绝后。

文官体制好是好，却也带来了一个致命的弊病，那就是不会打仗。文官们根据书本上看来的种种谋略，把宋与辽、金、西夏、蒙古的关系搞成一团乱麻。越乱越出馊主意，结果，军事上变得不可收拾。

当然，打仗打不赢，主要原因不在文官制度，而在于战争方式。应该明白，在冷兵器时代，农耕文明确实很难打得过游牧文明。那么多亚洲、欧洲国家都无法抵挡蒙古军，为什么偏偏要嘲笑宋朝抵挡不住？

总之，在大视野之下，宋代还是挺不错的。我希望大家从狭隘的军事思维，扩大到整体文明思维。

王牧笛：确实，虽然在政治、军事上的问题很多，但是宋朝整体的文明程度有了很好的提升，文明成果有很好的积累。所以客观地说，宋代，创造了包括生态文明、艺术文明等极其丰富的文明。

余秋雨：刚刚我讲了一句话："希望大家从狭隘的军事思维，扩大到整体文明思维。"这个意思我还要阐述几句。如果站在古代史官的立场上，雇用他们的朝廷的兴衰是第一标准。因此，必定把军事胜败和宫闱争斗作为首要内容。但是，如果站在全球立场、现代立场来看，第一标准应该是文明的进退、民生的优劣。

只要认真研究中国科技史就会发现，宋代的科技创新能力超过其他很多朝代，涌现出了众多的科技成果，如火药、活字印刷术等。农业耕作方法也有巨大的变化，南方大面积播种了耐旱的稻种，推广了稻、麦两种制。特别是商业，其发达程度可由张择端那幅不朽的写实场景画《清明上河图》来作证。

宋代的文化艺术更令人瞩目。我心中一直有一个象征性的图像：唐代文化像一道壮丽的瀑布，而宋代文化则是承接这个瀑布的深潭。一切艺术门类到了宋代都臻于极致，我们现在各门类的收藏家如果弄到了宋代的一点儿文物，都会视作珍宝。就连被唐代写尽了的诗，也在宋代延续出陆游这样的高峰。当然，若要问宋代留在中华文化史上最重要的记忆，我想一定是宋词。

现在我们还是用对付唐诗的老办法，请大家从宏观回到微观，谈谈在自己记忆里印象最深的宋词。

刘璇：我喜欢秦观的《鹊桥仙》："两情若是久长时，又岂在朝朝暮暮。"抒写了忠贞不渝的爱情，字字珠玑。还有李清照的《一剪梅》："红藕香残玉簟秋。轻解罗裳，独上兰舟。云中谁寄锦书来？雁字回时，月满西楼。花自飘零水自流。一种相思，两处闲愁。此情无计可消除，才下眉头，却上心头。"这样的句子，真是把汉语的魅力推到了顶峰。

王牧笛：还有《声声慢》啊，梁启超评价"寻寻觅觅，冷冷清清，凄凄惨惨戚戚"时说，那种茕独恓惶的景况，非本人不能领略；所以一字一泪，都是咬着牙根咽下的。

王安安：我喜欢苏东坡，觉得他的魅力就在于突然间的柔情。比如《江城子》里"十年生死两茫茫，不思量，自难忘"后，突然有一个明快的"小轩窗，正梳妆"，一种既强烈又和谐的旋律对比。苏东坡不仅有这些情感丰富的作品，他的《念奴娇·赤壁怀古》更把人生置于"大空间"和"大时间"中，写出了一种天地间少有的壮美和豪迈。

欧阳霄：我对陆游印象最深。听他的《诉衷情》，句句刻骨铭心，最后是"心在天山，身老沧州"。一读这八个字，那种无奈的悲愤，那种收复失土无望的心情，就能让我们感同身受。

吕帆：我更喜欢辛弃疾。他既有抑郁的气质，"郁孤台下清江水，中间多少行人泪"；也有"醉里挑灯看剑，梦回吹角连营"的恣意。

余秋雨：秦观当然不错，但是谁让你们一口气排出了苏东坡、陆游、辛弃疾，这可把秦观狠狠地给比下去了。这几位，再加一个李清照，已经齐齐地把词的最高爵位占领了。

对我来说，"大宋"之"大"，一半来自宋词里的气象。如果说古诗词容易束缚现代人的思想，那么，这个毛病在宋词里是找不到的。我更鼓励年轻人多背诵一点儿宋词，甚至超过唐诗。原因是，宋词的长短句式更能体现中华语文的音乐节奏，收纵张弛，别有千秋。

除宋词外，宋代在绘画和书法上，也有很高的成就。

在这里，我想用大屏幕投影展示一些比较著名的宋画。比如请看，范宽的《溪山行旅图》、马远的《踏歌图》、李公麟的《五马图》，以及前面说到过的张择端的《清明上河图》。这些画不必介绍，一上眼就是稀世大作，是不是？还有这一幅，梁楷的《太白行吟图》，你看这幅人物画笔墨那么简单、省俭、奔放，却充满了浪漫气息，想不出还有比它更好的笔法来描绘李白。赵佶的《芙蓉锦鸡图》，也不错。

宋代的书法艺术，一般概括为"苏、黄、米、蔡"四人，也就是苏东坡、黄庭坚、米芾、蔡襄。这四个人，书法技术最高的是米芾，但就整体格调而言，还是应该首推苏东坡。《黄州寒食帖》便是最好的证明。

读一般的优秀书法是可以淡化内容的，但面对苏东坡的书法就不行，非要品味他笔墨间的情致不可，一品味，那种身处困厄中的文化灵魂又立即将你笼罩。这是黄庭坚、米芾、蔡襄他们所做不到的。

由此联想到一个比喻。我们一般看时装表演，着眼点在于服装。但是，也有个别世界级模特儿实在太杰出了，她的体态、神态、步态传达出一种强大的生命状态，把人们深深吸引。如果说，其他书法家的笔墨像多数模特儿身上的服装，那么，苏东坡则是那种极少数让人着迷的模特儿，他的生命状态已经把外部形式牢牢控制住了。

宋代的那么多作品加在一起，呈现出一种无与伦比的典雅。典雅两个字放在很多地方都合适，但要把它作为一个时代的概括并趋于极致，只能是宋代文化。

但是，就像所有的典雅都带有脆弱性一样，宋代的典雅也是脆弱的。边关吃紧，政权危殆，文官党争，民心浮动……但我想，在脆弱的大环境中保持典雅，这才是典雅这个词语的深刻内涵所在。

我曾经在西班牙看到过一座宫殿，建造之时，整个城市已经被敌军包围了两百年，周边所有的土地都已经被占领。它只是一座孤城，或者明天灭亡，或者明年灭亡，或者再过十年灭亡，反正灭亡不可避免。所以，该城的居民干脆选择做艺术家，把人生的全部教养全都化作了图案。那座宫殿的典雅是难以想象的，因为那是一种不依赖实力，不追求喝彩，不期待轰动的典雅。一种失去前途的精雕细刻，反而雕镂出了一种真正的纯粹。我在《行者无疆》一书中把这种美学现象说成是"死前细妆"，可能太悲凉了一点儿，那就可以加上我在《霜冷长河》一书中提出的一个概念：绝地归来。

第四十二课

一群疲惫的文学大师

余秋雨：唐代文人最为自由，只是突如其来的社会动荡使他们每个人都狼狈不堪，不知所措。而宋代的情况就大为不同了，杰出的文人常常会担任重要的官职，面对社会接连不断的动荡，他们似乎早就有多种思想准备，包括捐躯，包括毁灭。

我前面说过，宋代空前绝后地把一些最高等级的文化大师放到了最高等级的行政职位上，这就出现了中国知识分子很少遇到过的"高烈度冶炼"，也让中国文化承受了一次奇特的考验。对于这个题目，我本来觉得可以轻轻放过了，但昨天一想，还应该再谈论几句。因为这在中国文化史上，也是一种特殊的范例。

让顶级文化大师担任顶级行政职务，这个历史现象，你们平时想过没有？对于这几个文化人，你们有什么印象？

罗璞：就说王安石吧，仅凭"春风又绿江南岸，明月何时照我还"这两句，就已经可以确定他在诗歌领域的地位了，但他的历史名声主要建立在行政改革上。"王安石变法"就是以他的名字命名的，这个变法在世界历史研究者的心目中具有重要地位，任何一本历史书都不可能忽略。

吕帆：司马光不仅会"砸缸"，还是个杰出的政治家。他对王安石的变法一直持反对态度。他说"先王之法不可变也",我们姑且称他为保守派吧。另外,司马光也是非常厉害的史学家,主持编撰了大部的《资治通鉴》,我至今还没看完呢。而相对于司马光和王安石,苏轼的政治立场比较拧,林语堂说他专门在政治上唱反调。新党实行改革的时候,他觉得改革过激了;旧党上台了,他又觉得推翻了改革措施不好。记得秋雨老师曾经说过,苏轼死在政治上,生在文化上,这很贴切。

王牧笛:还有一个人我们不能忽视,就是范仲淹。他的"庆历新政"还在王安石变法之前。从今天看,他应该算是一个平民偶像吧,从小家庭贫困,后来勤学苦练终于当到了参知政事,相当于副宰相。他的"庆历新政"主要是针对当时腐朽的官僚政治,可惜过于激烈,最后被仁宗皇帝给废除了。

余秋雨:这样的顶级文人一旦从政有一个共同特点:文化上的成就使他们非常固执,对一系列社会理念很难动摇。他们不像一般的政治人物那么长袖善舞,左右逢源,结果各种矛盾就因他们而更加复杂了。

范仲淹想在原有的官僚体制里进行改革,当然很难成功。王安石已经看到了范仲淹的失败,便吸取教训,从经济体制改革入手。这个大文人实在是一个不错的改革者,他能够考虑到"青苗法",在政府和农民间建立了庞大的债权关系;还有"免役法",即资金和劳役的替代法,这就更大胆了。这些改革使国家富裕了,却让许许多多地方财团非常恼火。要全面执行这些法令,当然需要一个强大的官员团队,这使王安石遇到了很大的麻烦。皇帝一会儿支持他,一会儿听到好多反对意见后又不支持他,过一阵想想不对,再去支持他。王安石就这样被折腾来折腾去。

对于司马光,我们不要简单地说他是保守派。司马光知道宋代的问题很大,但正因为大,就更要"守常"。他认为,对已有的结构不要变动得太激烈,避免让整个社会产生心理危机,加剧动荡。这样的思维方式当然与王安石的截然不同，于是两方面的对立就产生了。

司马光比王安石大两岁，他们几乎像兄弟一般地交往过，后来完全是因为在革新观念上的差异而成了"政敌"。但是，两方面都不存在要把对方消灭的意图，这就是君子之争。但不幸的是，他们同时遇到了一个麻烦，身边都有一个极被信任的小人，这也是君子常常遇到的困境。王安石身边的那个人叫吕惠卿，司马光身边的那个人比较有名，就是蔡京。这两个小人把事情全搅浑了，把变法变成了两个人的情绪争斗。双方都无法实施自己的政治抱负，变成了一笔三翻四覆的乱账，结果只能是两败俱伤。这就是一切"小人事件"的共性，又是一切君子之争的悲剧。

直到支持王安石的皇帝死了，太后当政，保守派得势，司马光在元祐初年做了宰相，在很短的时间内就把王安石的变法全部推翻。王安石当时到哪里去了呢？这个做过两任宰相的大文人在南京郊区江宁一个叫白塘的地方住着。有一天，他听到曾经反对过自己的苏东坡来了。君子与君子之间，不管政治观点多么对立，心头总有一分潜藏的互敬。王安石决定去见他。

苏东坡从黄州出来之后，已经拥有了《念奴娇·赤壁怀古》和《前赤壁赋》、《后赤壁赋》这样传遍全国的佳作，他的文学成就已经超过当时所有文人。王安石是骑着小毛驴到江边见苏东坡的，苏东坡看自己灰头土脸，衣服打扮也不对，眼前又是昔日高官，便对王安石说，大丞相，我这个不礼貌的样子非常不符合礼仪。王安石说，礼仪难道是为你我这样的人设立的吗？两个疲惫的文学大师还一起游玩了好几天。玩的时候当然不可无诗，一写诗，两人的心就更靠近了。

王安石是在抑郁中死去的，那是一〇八六年四月，司马光下令厚葬。没想到五个月以后，司马光也死了。一对文化巨星、两个兄弟一般又仇敌一般的人，就差五个月，一起告别人世。司马光死后八年，事情又翻过来，说司马光全错了，还要把他的尸体从棺材里边拉出来。虽然后来没有做出这么恶劣的事情，可还是写成批判碑文到处去宣讲。写批判碑文的，就是那个本来支持司马光各种政治主张的小人蔡京。于是司马光的这一派被叫作"元祐党人"，成为被清查的对象。在元祐党人里有一个人叫李格非，他的女儿就叫李清照。

范仲淹、王安石、司马光、苏东坡这些文化巨匠虽然政治主张不一，但都是为了兴利除弊，挽救朝廷。他们都没有能够阻止朝廷在战乱中日渐衰落，无可挽救。在这个失败的大趋势中，又有一批杰出文人，用心灵感受了全部过程，留下了中华文化史上特别抢眼的英雄笔触和凄楚笔触。他们就是陆游、辛弃疾、李清照、文天祥。

对后世读者来说，吟诵这些人的作品，也组合成了一种非常独特的文学体验。我想听听你们对这一文学现象的感受，随便说，谈印象。

欧阳霄：陆游最典型，一生企盼战斗，直到死前还写了一首《示儿》，诗中有"王师北定中原日，家祭无忘告乃翁"的名句，念念不忘收复失地，兴复中华。

相比而言，在北宋时期，欧阳修号醉翁，还能够迷醉于山水之间；而到了江河日下的南宋，文人的命运和政治命运已经没法分开。陆游就只能做个放翁了。我很想做一个专题研究，题为《从"醉翁"到"放翁"》，来扫描宋代文化人格的演变过程。

王牧笛：和陆游一样，辛弃疾一生也是孜孜以求、身体力行地抗金北伐。二十一岁他就参加了抗金义军，可报国无门，壮志难酬。到晚年，写下著名的"醉里挑灯看剑，梦回吹角连营"，他一直渴望"沙场秋点兵"。在他死的那一年，朝廷终于下诏任用他，可他已到了弥留之际。他是喊着"杀贼、杀贼"而死的，这一年是一二〇七年，距今八百余年。我觉得在这样一个场合，应该向这样的文化义士致敬。

刘璇：文天祥的命运可谓最坎坷的了。一二七六年元军兵临城下的时候他就被太后派去与元军谈判，被元军的将领伯颜羁押，逃出来以后又与当时南宋的大臣张世杰意见不合。后来文天祥领兵到广东一带抗击元军，两年后又被俘，但他誓不投降，四十七岁被处死。文天祥的身世与当时的政治情势结合起来，可用他的诗句来形容，就是"山河破碎风飘絮，身世浮沉雨打萍"。面对恶劣的情势，文天祥的态度是"人生自古谁无死，留取丹心照汗青"，体现了他的气节，成为中华古今君子的座右铭。

余秋雨：你们在宋代文学里捕捉到了一股铁石铮铮的英雄之气，又说得那么投入，我听了非常感动。大家一定还记得那天我对颜真卿的叙述，可见有一种民族精魂由唐到宋贯穿下来了，甚至延续到我和你们身上。这便是中华文化一次次从血污中重生的秘密之一。我一直把北大高看一眼，也与这种精魂有关。今天的你们，又让我对中华文化的前途增添了几分乐观，谢谢！

然而，我们毕竟还是要回到课程主旨。宋代文学里的英雄之气千古不朽，但是，承载英雄之气的那些军事、政治事件却早已零落成泥。于是，那股英雄之气就承载在审美形式上了，并在审美形式中永恒。

这就是我们的文化史课要研究的重点。

那些令人垂泪的豪迈诗人，直到生命终点还想从军事和政治上挽救一个王朝，但是他们不知道，就在他们奔命呼号的时候，一个伟大的文学王朝已经被他们建立起来了。

军事和政治的王朝，看起来是那么重要，但是，历史事实早已证明：真正永恒的崇高，却属于那个文学王朝。

除了你们刚刚列举的几位外，我还想提醒你们注意一下李清照。这位大家都不陌生的才女，乍一看与政治、军事不应该有太多关系，谁知因为身处多事之秋，几乎把她的整个身心都牵连进去了。她与丈夫赵明诚相亲相爱，但两方的父亲却处于政治斗争的对立面。赵明诚去世后又有谣言诬陷他私通金国，结果李清照此后很多年都在为洗刷亡夫的恶名而长途奔波，直到最后不得已而再嫁，再嫁又嫁错了人，离婚又要判罪……一系列想不到的麻烦纠集在一起向李清照扑来。李清照不知承受了多少无法承受的打击，但到最后也未必明白：她为之奔波的那种政治名誉并不重要，而最重要的文化名誉却已经在她的长吁短叹之间完满建立。也就是说，她在重重困境之中随手写下的那些词，已成为中华文化的不灭珍宝而光耀千古。

后来，知道李清照悲惨经历的人已经很难找到，而熟读她作品的人却成千上万。时代容不下她，她却成了时代的代表。从另一个意义上也可以说，时代是多相位的，在文化相位上，上苍从一开始就已经悄悄地封她为女王。

她的事情，我在一篇谈名誉的文章中曾详细地说过，大家有空可以找来读一读。

说到这里，大家对宋代文化的感觉是不是好得多了？一个乱云密布又剑气浩荡的时代，极其反差地出现了典雅文化的大创造。在剑气和典雅之间，一群山岳般的文人巍然屹立，他们的激情和泪花全都变成了最美丽的作品，直到今天还在我们手上发烫。

第四十三课

九十年的尘埃

余秋雨：讲过了宋朝文化，我们又要为元朝拂去尘埃了。这是一个短暂的朝代，历时八十九年，如果回溯到成吉思汗建立大蒙古国一起算，也就一百多年。这个朝代，历来被看成是中原大地被北方铁蹄践踏的时代，因此也是一个暗无天日的时代。然而情况真是这样吗？

就像黑夜迷路时首先要寻找灯光一样，我们要想不在历史中迷失，也只能抬起头来寻找亮点。那么，在我们心目当中，元朝的亮点和暗点有哪些呢？

吕帆：要说亮点，首先是成吉思汗。他和他的后辈建立了一个东到朝鲜半岛，西到多瑙河沿岸，北到北冰洋以南，南到我们的南海的世界上最大的帝国。这样一个庞大的帝国的缔造者，自然是一个非常了不起的人才。而在马蹄声声、烽火弥漫的征战中，成吉思汗和他的后继者们用了五十多年的时间，就灭了四十多个国家，征服了七百二十个民族。用时下很流行的网络语言来说，彪悍的人生不需要理由。

周双双：还有就是关于科学技术方面的亮点。比如天文学家郭守敬发明了新历法，被后人称为"授时历"，他还算出了回归年的时间，也比较科学；还有黄道婆，因为受到虐待她离家出走，到了海南岛，被黎族妇女收留，学了先进的纺织技术，晚年回到自己的家乡教给了乡亲，极大地推动了长江流域的纺织业。

罗璞：但是元朝的民族压迫政策是很严苛的，把人分为好几等，最上等的是统治者蒙古人；第二等叫色目人，就是当时西域各色名目的人；汉族被分为两个次等，一个叫汉人，另一个叫南人，也就是以前南宋政权统治下的汉人，地位都很低。还有，不得不提一下蒙古军队的残暴，凡是抵抗元军比较激烈的一些城池，攻陷后都被屠城，这在人类史上是残暴的一笔。

余秋雨：按照我们传统的历史教科书，宋元递嬗之间有一些"必需情节"，例如陆秀夫背着小皇帝投海。但从更宏观的世界史观来看，当时更重要的"特殊情节"是发生在合川钓鱼城的保卫战。这场保卫战是我家祖先余玠将军定下的方略，因此请允许我多讲几句。这不完全出于私心，因为这场保卫战改变了世界文明的格局，属于大文化的范畴。

成吉思汗是一二二七年在六盘山去世的。按照他的部署，他的部队先与宋朝联手灭了金，然后再攻打宋朝。宋朝一败涂地，却在现在属于重庆的合川钓鱼城组织了一场顽强的抵抗，时间竟长达三十六年。

为什么说这场抵抗改变了世界文明的格局？这需要打开更宏观的历史视野。当时，整个蒙古军的大汗蒙哥正是攻打钓鱼城的总指挥，因为攻下了钓鱼城就能顺利地控制长江流域，便于南下和东进。与此同时，蒙哥的弟弟旭烈兀继承了成吉思汗浩浩荡荡的西征的步伐，把俄罗斯、伊朗、巴格达、叙利亚、波兰、匈牙利都给占领了，很快又打到奥地利，逼近威尼斯，马鞭已经遥指埃及。然而，就在这个时候，大汗蒙哥却在钓鱼城下被飞石击中身亡。听到这个消息，正在西征途中的旭烈兀立即掉转马头东还，准备回来即位。结果，留下的少量军队已经很难继续远征，而东还的主力又发现即位的并不是旭烈兀，便滞留不前。蒙古帝国由此产生重大分裂，征服世界的宏图再也无法实现。这样一来，世界上的其他文明，特别是伊斯兰文明、欧洲文明和埃及文明，免遭根本性的破坏。

把这次世界历史的大转折梳理一下，发现决定性关键就是钓鱼城下蒙哥的死亡。这么一想，钓鱼城三十六年的保卫战实在是作用巨大，即使放到人类文明史上，也不应该被忽视。

在这个过程中，蒙古军队本身的文化也发生了很大的转型。钓鱼城的受阻和自身的分裂，使蒙古军队中一位重要政治家的文化观念受到加倍重视，他就是耶律楚材。

我们不妨记住这个名字，因为他本身就是一个很深刻的文化现象。在民族身份和政治身份上，他看上去很不稳定。他本是契丹人，辽国的皇家后裔，却进入了金朝，后来又被蒙古人所吸纳。在辽、金、蒙之间，他不断转换身份，但在文化身份上，他却很坚定，那就是汉文化的痴迷者和弘扬者。他热爱儒学和佛学，在跟随成吉思汗的时候就在征途上一路讲解，渐渐地改变了成吉思汗的思想；在辅佐忽必烈的时候，他更是制定了一系列维护汉文化的政策。因此，这是一个为历史做出了文化选择的大人物。

在这个意义上，我又把耶律楚材看作是顶级文化人。我认为，他的第一身份和最后身份，都是文化身份。我写过一篇文章叫《陌生人》，专讲他的，大家有空可以找来一读，在那本《中国文脉》的书里。

元代在文化思维上的根本性转型，是一件大事。接下来，我们才有理由来谈一谈元代的具体文化现象。首先我要问，在你们心目中，元代最重要的文化现象是什么？

王安安：元杂剧。这是中国戏剧史上的一个重要剧种，有里程碑的作用。在元杂剧之前，中国戏剧还没有成熟。

余秋雨：对，元杂剧。这是我的早期专业，我在二十几年前就出版过《中国戏剧史》，里面有很长篇幅论述元杂剧，我今天不能多讲了，因为一讲就有可能陷进去。但是考虑到中华文化的基元性组成，还需要从最粗浅的大轮廓上说几句。

中华文化在具体的艺术项目上，产生得都比较完备，奇怪的是独独戏剧晚熟。早在两千多年之前，与我们并驾齐驱的古印度和古希腊都有过辉煌的戏剧呈现，而且都已一一衰亡，但可怜我们中国，屈原没有看过戏，陶渊明没有看过戏，连李白、杜甫也没有看过戏。中国的戏剧姗姗来迟，原因很复杂，我在《中国戏剧史》中专门做过详细分析。

到了元代，我们却终于拥有了它，而且拥有得非常富足。原因之一，是作为统治者的蒙古人多数还难于阅读汉文化的多种典籍，因此舞台演出大为兴盛；原因之二，儒家文化并不提倡戏剧扮演，而元代少数民族的统治冲破了这种规范；原因之三，元朝建立后曾一度废止科举制度，使一批文人不知何去何从，便进入民间娱乐场所从事创作，这使关汉卿、王实甫、纪君祥、马致远等优秀剧作家大批涌现。这一下，中国文化在戏剧上的一笔欠债，加倍地偿还了。

戏剧的事，我只能说到这里了。接下来我还想问一句：除元杂剧之外，你们还知道元代的其他艺术创造吗？

王牧笛：那幅有名的《富春山居图》，应该也是元代的吧？

余秋雨：对，元代。但在讲这幅画之前，还应该介绍一下绘画史的背景。记得我们最早在谈顾恺之的时候曾经约略说过几句，中国绘画在唐宋时期发展鼎盛，人物画、山水画、花鸟画都取得很高成就。但到元代，山水画出现了重大动向：由写实而偏向写意，由"无我"而偏向"有我",成了文人意态的自由抒发。因此,这种山水画,也就成了更高层次的文人画而入主画坛。黄公望,就是这一趋向的中枢人物。他的代表作,正是你所说的《富春山居图》。这幅画描绘的是浙江富春江一带的景色,为了感受画中意境,我曾经特地到那一带游历。前年一位台湾企业家还在那里建造了一个名为"富春山居"的休闲度假村,整个意象便取自那幅画。

说到《富春山居图》,我不能不提一下它在后世游荡的奇怪命运。这种奇怪,充分体现了中国文化传承的神秘性、偶然性和悲剧性。

在黄公望身后,这幅画先被画家沈周收藏,多年后又落到了董其昌的手里。再经过多年以后,又落到了江苏宜兴一个姓吴的人家。姓吴的收藏家太喜欢这幅画了,以至他临死的时候要求用这幅画来殉葬,其实也就是在灵堂焚毁。正当家人把《富春山居图》投进火盆的时候,他的侄子来了,一把抢出了《富春山居图》。他觉得老人家已在弥留之际,什么也看不清了,那就换另外一卷画去殉葬吧。可惜抢出来的画卷,中间一条已经被烧,于是这卷画就一分为二变成了一长一短的两幅画。一百多年以后,乾隆皇帝得到了一幅《富春山居图》,是长的那半幅,一看之下非常兴奋,题了两百多个字,说这幅画如何如何好。过不多久,乾隆又得到一幅几乎同样的画,其实这后到的一幅是真品,但是乾隆搞不清,于是那一真一赝两幅画就一起在宫里藏着了。短的那半幅也经历了复杂的流浪命运,直到二十世纪三十年代,到了上海的收藏家吴湖帆手里,二十世纪五十年代被浙江博物馆收购。藏在清宫里的那半幅,在解放战争后期被运去台湾,现藏于"台北故宫博物院"。

你看,一幅被火烧过的《富春山居图》,一半在台湾,一半在浙江。这件事,至少说明了中国人在兵荒马乱中对文化的虔诚。这些年我和一些朋友都在努力促成一件事,就是让这两幅画能够在同一个地方一起展出。这件事很快就能做成。

诸位也许有点儿奇怪，我怎么会在一幅古画的收藏过程中花费那么多口舌。其实，我是看上了这件事情的象征意义。我们现在自由享用着很多古代文化，并且还要传给后代，看来是正常和必然的事情，然而事实并不是如此。一切文化要向后代传递，必然会遭遇一系列灾祸，例如焚毁、割裂、假冒、错判、误鉴，等等。而且，越有价值的文化越会这样，价值和毁灭全在一线之间。因此，永远需要有一批人，成为文化的抢救者、寻访者、守护者，忠心耿耿，甚至如痴如醉。

第四十四课

文化专制下的沉闷

余秋雨：我们在前面为宋代和元代说了不少好话，这与传统的历史观念很不一样。接下来我们要做另外一番相反的文章了。

由于时间近，资料多，人们对明、清两代的事情了解得多一点儿。写书、演讲、拍电视剧，也常常以明、清故事为题材。社会上经常会遇到一些"名门之后"，不管真不真，说起来也都是明、清两代名臣或名士的"余荫"，却很少扯到唐、宋。结果，一来二去，明、清通过大大小小很多渠道渗透到我们今天的生活，不少年轻人也只从明、清来了解中国历史。

这种情景，在我看来，是悲哀的。一个古老文明必然会承受时间的筛选，但是筛选可分为"正面筛选"和"负面筛选"两类。这两种筛选，与社会阶层的高低并没有关系，请看中国普通的百姓也都知道屈原和李白的重量，而那些明、清时代的宫廷烟云，反而是一些文化人在翻弄。

中国文化在明、清两代，也有不少成果，但就整体而言，创造势头严重减弱。这有多方面的原因。

第一个原因是，一种"同质文化"已经繁荣了太久太久，其间的优秀人物已经涌现得太多太多，免不了元神耗散、精魂衰退。它本来应该完成一次根本性的转型。但是在明、清两代，中国文化还没有出现这种转型的契机。因此，衰落成为一种必然。

第二个原因是，自朱元璋开始，实行了一种带有恐怖色彩的文化专制主义，典型事例是"文字狱"。乍一看"文字狱"并不普遍，但它却构成了一种极为普遍的惊吓。朱元璋在文化上的自卑转化成了对文化人的鄙视和防范，"文字狱"正是体现了这种心理。他对每一个案件的具体指控其实并不相信，用现在的话来说，他是故意"找碴儿"。在这个过程中，他纵容和鼓励了那些以告密、毁人、上纲上线为职业的文化打手。这场灾难延续到清代雍正、乾隆年间，达到了登峰造极的地步，再加上无限夸张的"科场案"，充斥着狰狞和血腥。在这种气压下，文化创造怎么谈得上呢？

就在这个时候，欧洲终于从中世纪的长夜中醒来了。由于长夜太长，他们对黎明的呼唤反而特别深刻。于是多头并进，把欧洲全面推向进步。中国则相反，一直没有长夜的体验，因此也没有黎明的兴奋、觉醒的震撼、诀别的思索、转型的勇敢。虽然明代在国力上还是世界领先，很多方面堪称不错，但在方向上却已一步步走向保守、停滞、封闭、自满、狭隘、僵化。清代前期改变了某些统治方式，却没有从根本上转变这一势头，结果只能被欧洲比下去。到十八世纪末，中国古代的"好日子"，大体已经过完。到了十九世纪，中国将会遭受深重的世界性痛苦。

因此，我还要大家讨论一下明、清两代在文化上的衰势。这很重要，直接影响到现代。

刘璇：我印象最深的还是秋雨老师所说的"文字狱"，当时因言获罪的例子有很多，比如徐述夔写了"清风不识字，何故乱翻书"，在他死后遭剖棺戮尸之祸，还被满门抄斩，故交都被牵连。翰林官庶吉士徐骏的父亲徐乾学是顾炎武的外甥，雍正八年，仇家揭发徐骏把"陛下"写成"狴下"，还有"明月有情还顾我，清风无意不留人"的诗句，于是就以"大不敬"罪被斩立决。面对这些荒唐的惨剧，龚自珍写了一首咏史诗，其中有"避席畏闻文字狱，著书都为稻粱谋"这两句，说的就是当时的文字狱太厉害，很多人写书不过是为了讨生活、谋俸禄。当时的知识分子是很可悲的。

吕帆：从汉朝"罢黜百家，独尊儒术"开始，儒家在官方意识形态中获得了崇高的地位。此后较长时间，道教、佛教获得了很大发展，形成了儒、佛、道三足鼎立的局面。但在明清时代，佛、道两家已少有创获，儒家也渐归沉寂。特别是八股文的流行和官方对程朱理学的推崇，使得整个学术思想界很压抑、很沉闷。

丛治辰：我想谈两件大事，一个是硬的，一个是软的。朱元璋本身是一个很多疑的人，鉴于元末宰相专权，他就把重大权力全都抓在自己的手里。在胡惟庸被搞掉后，从此就再没有设过宰相，而且不准后代子孙再设宰相。随之发展出一个庞大而残暴的行政统治系统，这又为后来的文化专制主义提供了政治制度上的保障，这是硬的方面。另一件是软的，乾隆皇帝在搜罗天下图书编《四库全书》时毁禁了一些书，所有明朝人写的关于满族的著作大多被毁掉。后来就连关于胡人的资料也大量被毁掉。这个行为虽然不流血，却摧残了文化的底线。

王安安：我想提一下清政府对江南知识分子和士大夫阶层的几次重大打击，这就是秋雨老师前面提到的科场案。第一次是顺治十四年，发生了顺天、江南、河南、山东、山西"五闱弊案"，最后江南闱十六房主考全部斩立决，数十人被判死或贬徙宁古塔。众多德高望重的江南知识分子备受打击。

顺治十八年江宁巡抚朱国治诬陷苏州、松江、常州、镇江四府和溧阳县"抗粮"不交者一万三千多人，要求朝廷严办。结果现任官降二级调用，士绅被黜籍者有一万多人，三千多人被捕。考中的进士、举人、生员都被罢免，斯文扫地，学校一空。

余秋雨：我很高兴，你们接触这方面的材料不少。我希望大家对明、清两代的文化专制主义有更深刻的认识，因为这是中国文化的一个巨大沼泽地。中国文化在近代和现代的悲哀，都与这个沼泽地有关。

我想告诉大家两点：第一，明、清两代的文化专制主义，在中国古代史上是空前的。秦始皇虽然也有过"焚书坑儒"的事，但那毕竟只是一个孤立的事件，不像明、清两代，构成了对文化人的整体重压和整体消解。第二，文化专制主义的最坏成果，是全社会对文化人的遭难已经习以为常，文人中揭发、告密、批判者异常活跃，并永远不会受到惩处。这种气氛，造成了文化创造势头的僵滞和中止，造成了文化人尊严的溃散，造成了中国文化自我卫护机制的失落。

这就像现代医学中所说的"免疫机制的败坏"，后果十分可怕。中国文化几千年的最大病症，就在这里。直到今天，中国经济发展而文化滞后，主要原因也与此有关。

但是，中国文人还有一种危难中的坚守，中国文化还有一种抵制破坏的生命力。明、清两代仍然产生了不少文化成果，而且有不少还是前无古人的。

我希望在座的同学们来为明、清两代的文化成果投个票，看看在那五百年间哪些文化成果最值得我们年轻一代重视。为了节省时间，我昨天晚上把自己认为比较重要的十一个项目列了出来，大家就在这中间投票，好不好？如果我遗漏了，你们也可以补充。

第一个文化成果，是在哲学上程朱理学的发扬，心学的创立。心学的创立者是王阳明；

第二，编撰了《永乐大典》、《古今图书集成》和《四库全书》；

第三，小说创作繁荣，出现了《三国演义》、《水浒传》、《西游记》，特别是《红楼梦》；

第四，戏剧创作也不错，出现了《牡丹亭》、《长生殿》、《桃花扇》，昆曲延续了两百年；

第五，京剧产生；

第六，出现了李贽、徐渭、金圣叹、八大山人、扬州八怪等具有奇特生命状态的文化人；

第七，出现了黄宗羲、顾炎武、王夫之这些具有启蒙倾向的思想家；

第八，出现了以考据为治学主干的乾嘉学派；

第九，出现了旅行家、地理学家徐霞客；

第十，出现了《农政全书》、《天工开物》等实用性的科技著作；

第十一，通过传教士和其他途径，西方文明大规模传入。

（同学们进行投票，由王牧笛、王安安统计）

王牧笛：秋雨老师，投票结果出来了。

第一是王阳明心学的创建，哲学上的；

第二是小说的繁荣，尤其是曹雪芹的出现；

排在第三位的是黄宗羲、顾炎武、王夫之的启蒙思想；

排在第四位的是《永乐大典》、《四库全书》等的编撰；

第五是京剧的产生；

排在第六位的是昆曲剧本的创作；

排在第七位的是西方文明的传入，西学东渐；

第八是那些具有奇特生命状态的文化人的出现；

排在第九位的是一些实用性的科技著作如《天工开物》等的出现；

第十是形成了以考据为治学主干的乾嘉学派；

排在第十一位的是徐霞客。

余秋雨：你们的投票结果使我感到安慰。在一些最关键的选择上，你们与我基本一致。

首先，论中国文化在明、清两代的最高成果，我也赞成把王阳明和曹雪芹放在最前面。但是，我可能会把他们两人的次序做一个交换，把曹雪芹放在前面。

这两个人都是文化创新的大人物，但是，真心以艺术形象深入人心的创新，是由曹雪芹完成的。创新是否被广泛接受，是辨别它成败的重要标准。当然，除了接受标准之外，还有一个等级标准。曹雪芹和王阳明都处于文化的最高等级上。因此，我们下一次会专门讨论他们。

这里有一个区别需要说明。你们投票选出的是"小说的繁荣"，顺便突出了一下曹雪芹，而我则只把曹雪芹放在最前面。因为《红楼梦》和其他几部小说如《三国演义》、《水浒传》、《西游记》等，完全不在一个等量级上。

黄宗羲、顾炎武、王夫之等人的社会思想评论难能可贵，但是今天我们不能不把他们放在更广阔的对比坐标上来评价。与他们同时，欧洲的近代思想家已经出现。相比之下，他们就成了能"按脉断病"却不能"开药治病"的一群人。

京剧和昆曲的排列，我也希望把昆曲放在前面。这不仅是因为昆曲比京剧更有历史，而且是因为昆曲在汤显祖、孔尚任、洪昇等人手中更有文化高度。京剧的唱腔和表演很不错，但文化内涵薄弱，思想倾向封闭，文学等级较低。

对于以朝廷的权力编纂辞书，我不像社会上一般人评价得那么高。那只是一种特殊的文化保存方式，在当时，却几乎无法为社会所用，更没有欧洲狄德罗"百科全书派"那样的精神引领作用。相比之下，我反而更加看重"西学东渐"。

第四十五课

五百年斯文所寄

余秋雨：上一次我们用投票方式，对明、清两代的文化现象进行了重要性次序的排队，大家比较看好的是哲学和小说。这是文化创建的两端：抽象层面和世俗层面。哲学像天，小说像地，上下呼应，自有气象。

我在上次提到，对于明、清两代的这两个文化现象需要再讨论一番。先从你们投票所选的"小说的繁荣"说起，如何？

王牧笛：我用一两句评一下。《三国演义》写"义"，历史可以这样写，竟然遮蔽了正史本身；《水浒传》写"忠"，写的是水波荡漾的古代浪漫；《西游记》写"诚"，天下第一名猴苦练七十二变，笑对八十一难；《聊斋志异》写"怪"，人鬼情未了；《儒林外史》写"讽"，知识分子的时代悲凉；《红楼梦》写"情"，"满纸荒唐言，一把辛酸泪"。

王安安：我赞成上次秋雨老师发表的意见，在明、清两代众多的小说中，坚定地把《红楼梦》排在第一，因为它第一次把女子作为人来写，并且写了这些美丽的人的毁灭。在它之前的作品中，女子很少有真正的性格，只有一个行为目的。但《红楼梦》里的女子是人，有性格，而且是复杂的性格，她们最后的破灭让人产生同情，并唤起了自身的感动。《西游记》我也喜欢，但《西游记》的不足是它的模式化，几乎都是来了个什么神仙就把险情解决，最后流于一种看热闹的感觉，对它的兴趣就降下来了。很多人说，《西游记》最好看的是孙悟空大闹天宫的那一段，自从跟唐僧取经后，真正的孙悟空作为一个人物的那种漂亮的东西就没有了。

吕帆：我同意安安的看法，《西游记》最好的地方在于它的游戏性，大闹天宫就是一个猴子的玩闹，跟我们喜欢张无忌在光明顶上大战几大门派一样。另外我顺便讲讲昆剧。可能受白先勇先生青春版《牡丹亭》的影响，我也喜欢《牡丹亭》。首先《牡丹亭》作为案头文本很有可读性，"良辰美景奈何天，赏心乐事谁家院"，可以当文学作品欣赏；其次是演出时的舞台形象绝佳，我看上、中、下三本演出，买了不同价位的票，看上本时我买二十元钱的票，中本改买八十元的，下本再改买两百元的，因为想近距离观赏。当然我也喜欢剧作的内涵，在这样一个物欲横流的时代，能有一种爱到深处可以让人由生变死、由死而生的感动很珍贵。有首歌唱"死了都要爱"，但死了以后还怎么爱我们就不太清楚了，《牡丹亭》可以给年轻人很多启示。

丛治辰：小说出现的先后排列，其实就体现了它们逐渐走向世俗化的过程，是世俗的记忆。《三国演义》、《水浒传》都没有深入世俗生活细节。林庚先生说《西游记》是世俗社会胜利的一个东西，孙猴子就是世俗社会的市民，猪八戒是农民的代表，世俗社会开始出现了。秋雨老师没有提到《金瓶梅》，从《金瓶梅》到《儒林外史》再到《红楼梦》，小说才开始深入日常生活中的细节，人性才有细微的展露。这是一个慢慢深入人心、深入世俗的过程。

有一部短篇小说集《聊斋志异》是我们山东人写的。我觉得它是一个集大成者，也是开创者。它集合了唐传奇、志怪小说所展现的光怪陆离，同时也开创了笔记体小说的新传统。被称为"挽救了世界文学"的博尔赫斯最喜欢读的就是这部短篇小说集，他从这里面看出了完全不同于西方理性传统的时空观，以及现实和虚构之间的关系。

余秋雨：对于明、清两代的小说，我曾说过《红楼梦》比其他几部小说高出许多，现在再放在一起排个次序：第一名《红楼梦》；第二名《西游记》；第三名《水浒传》；第四名《三国演义》；第五名《聊斋志异》；第六名《儒林外史》。

《红楼梦》是一个说不完的话题。其他几部小说，还没有摆脱黑格尔在《美学》里说的"历史的表面现象的个别定性"，而《红楼梦》摆脱了，直接探寻着人性美的存在状态和幻灭过程。这就使它进入了世界性的最佳作品之列。它不仅不黏着于历史真实，而且也不黏着于一般理念。例如，表面上，它是支持贾宝玉和林黛玉的恋情的，但它又那么雄辩地证明，这两个人根本没有，也永远不可能为婚姻做好准备。又如，所有的亲人都爱护着他们，但所有的爱护都成了伤害，最大的热闹成了最深的寂寞……这一系列悖论，是对人类生存状态的总体发现，却又都没有结论。这是其他作品完全无法比拟的天才之作。遗憾的是，后人研究《红楼梦》，几乎都落到它所努力摆脱的层面上去了，转来转去都在说"历史的表面现象的个别定性"，这让我有点儿生气。

《西游记》排第二，是因为它在本质上是一个寓言。那个师徒组合，那条漫漫长途，那些妖魔鬼怪，全是象征性的存在。寓言，对于人类和文学而言，既是起点，又是终点。我曾在《艺术创造论》一书中说过，如果抽离了寓言象征，绝大多数现代派文学都会读不下来。这也就是说，《西游记》具有某种现代性。

《水浒传》比《三国演义》好，是因为它写了人的命运，而且把人的命运当作了主干。宋江会去看父亲，李逵会去看母亲，武松有哥哥，林冲有妻子，这些关系都成了情节核心，但《三国演义》没有。虽然《三国演义》也写到了人，但目的是写事。因此，四部小说中，最差的是《三国演义》。

《水浒传》的问题是缺少延续之力，当好汉们一一上了山，故事就结束了。这是思想局限，更是艺术局限。水泊梁山，不应该仅仅被占领，它有可能成为一个精神祭坛。当然，这是民间小说达不到的高度。

关于昆曲剧本的创作，我很同意把《牡丹亭》放在前面，其他两个作品其实还是依附于历史故事，尽管写得不错。茅盾先生认为《桃花扇》是中国古代最好的历史剧，我不同意。我认为第一还是《牡丹亭》，理由就是它首次刻画了一种情，可以出入生死、傲视世俗，也傲视理学。它甚至把出入生死的过程也非常具体地描摹出来了，让所有的观众看到了人世间的无限可能性。尽管知道它不会是真的，仍然愿意欣赏它。吸引大家涕泪交加地欣赏一种不真实，这是中国审美水平的一大突破。

中国人在审美领域里有一种不安全感，因此常常用"真实"作为"着落点"，为此不惜制造大量的"伪真实"、"伪历史"。直到今天，这种审美惰性还在大规模延续。审美是一个完全区别于真实和历史的特殊空间，它需要被特别唤醒，并放在它自己的空间里予以保护。在这方面，《牡丹亭》独领风骚。

讲了小说和戏剧这两项最通俗的文化项目，我想与大家一起腾空而上，说一说哲学。

我喜欢在文化交谈中不断出现这种随意跳跃。如果一直盯在一个个专业话题上不越边界，就太局促了。跳跃本身，就是思维快感的来源。

王牧笛： 这很刺激，却有点儿困难，我来充当实验品吧。我觉得朱熹和王阳明是中国哲学的高峰。朱熹的中心思想是个理，理说到底是万物之所以成为万物的根据。比如秋雨老师面前的杯子，首先是存在一种与杯子有关的理，再加上作为质料而存在的气，才结合成这个杯子。理是主宰者，气是材料的赋予者，理与气的聚合产生了周遭万物和世界。

这在哲学上是本体论，朱熹通过理学给先秦诸子的学问奠定了一个形而上的基础。

有了本体论，自然还有认识论。气和理一个具体，一个形而上，所以要通过具体的东西去格物才能够认识理。王阳明很有趣，他格了七天七夜的竹子，通过格具体的物，要穷他的理。但普通的格物方法不行，还要用敬，只有用敬才能上升到圣人境界，拂去珍珠的尘埃，见到本来的光彩。

朱熹认为，万理的总和叫太极。他认为每一个物上面都有太极，这比柏拉图要高明。柏拉图的"善"没有解决"一"和"多"的问题，而朱熹用了一个佛教的比喻"月映万川"，解决了"一"和"多"的分际。

吕帆：我想说说伦理观。朱熹强调理是至善，它高高在上并有道德含义，就是儒家一直强调的礼、义、仁、智。高高在上的理其实每个人都可以得到，它贯穿于各个人的身体力行。从这个意义来讲，天、地、人三者在同一轴线上，可以贯通一气。那么，从人至天，怎么样去达到至善之性？需要人自己的努力和超脱。理贯穿到人身上以后，会产生气质的偏差。所谓的君子、小人，也由此而分。

欧阳霄：王阳明的心学继承了陆九渊并发展到高峰，他认为心即理。还是用杯子来举例吧，朱熹认为有一个杯子在，杯子有杯子的理，但王阳明不认为有杯子的理在，他觉得理在自己的心里，心和理合一。理是什么？理是心的一种结构，所以就不存在外化于自己的杯子了。王阳明格竹子七天七夜，格到自己大病一场，觉得这样格竹不行，就在静坐的过程中来格物，其实这时就不再是格外界的物，而是正心。王阳明的学说最后成为一种正心的学问，凡事反省内求了，这大概是他最重要的特点。

王牧笛：我补充一下。传说王阳明跟一个得道禅师对话，聊累了休息，王阳明突然问，禅师你现在还有家吗？禅师说有啊。王阳明说你家里还有谁？禅师说我母亲还在。王阳明问，你想念你的母亲吗？禅师静默了很久才说，我怎能不想她呢？禅师潸然泪下，第二天就打包还俗，看母亲去了。这说明通常在我们看来高高在上的人有着同样的心、同样的性。而这个心性，对你我来说，对整个世界来说，都是一致的。这虽是个小故事，但可以反映出王阳明怎样通过心和性来看待世界。

余秋雨：像你们这样讲，别人是听不明白的。闪光点很多，却概括不起来。恐怕你们自己也没有真正明白。

朱熹以一种宏伟的理论气概，使原本处于散落状态、感觉状态的儒学，具有了严密的哲学逻辑，这显然是受了佛教的影响。他试图确立中国学理的单一本体，划分出"形而上"和"形而下"的区别，然后统贯天地万物。他认为世界的本原便是"理"，一切都由此出发。结果，因它，构成了千年儒学的完整形态。

遗憾的是，朱熹构建这一理论之时，社会现状与他的理论体系产生了极大的矛盾。因此他不得不又衍生出"存天理、灭人欲"的社会理念，制定出一系列行为规范，成了中国人的精神桎梏和行为镣铐。在学术的真实性体验上，他用"格物致知"的方法试图沟通"物"、"知"、"理"之间的渠道，也只是一种空幻的设想，难以产生真正的认识论成果。

到了明代中期的王阳明，已经看出朱熹的问题所在，便不再在几重难以沟通的概念间勉强连接，而明确提出"心外无物"、"心外无事"、"心外无学"，连那个至高无上的"理"，也都是心的化身。因此，不必辛辛苦苦地去"存天理、灭人欲"了，只要"致良知"就可以。朱熹认为，人的"行"发自内心，而"知"却要向外求取；到了王阳明这里，哪里还要到心外去求知？一切都本于心，因此自可"知行合一"。这显然是对宋明理学的一大推动，因此也可以独立地称之为"心学"。

如果硬要比较，就我本人而言，当然更喜欢王阳明的"心外无事"、

"心外无学"、"致良知"、"知行合一"等说法，因为我的人生实践证明，这些概念帮我渡过了很多社会灾难，并有所作为。但是，如果从纯粹哲学的高度上来分析，这里所说的"心"、"良知"等概念还是朦胧迷离的。对这个问题的分析，我建议大家读一读李泽厚先生的著作，如《宋明理学片论》、《己卯五说》、《实用理性与乐感文化》等。就我涉猎所及，他讲得最为深入。

朱熹和王阳明这两位哲学家都很了不起。我曾在一篇写岳麓书院的文章中记述过朱熹晚年受迫害，与他最信任的学生蔡元定诀别的感人情景。我又在一篇写家乡的文章中评价过王阳明先生的惊人生命力。王阳明作为一个世界级的大哲学家，居然又成了明代最能打仗的将军之一，这在人类文化史上都找不到第二人。这实在是一个让人赞叹不已的健全生命。我仰视他，并不仅仅因为他是我的同乡。

在文化专制的大背景下有这么健全的生命，这一事实，常常使我产生自勉的激情。

第四十六课

远方的目光

余秋雨：我们之前一直避开了一个非常重要的话题，那就是西方文明的传入。梁启超把这件事情说成是中国历史进入第三阶段的分水岭。哪三个阶段？记得我以前提过，即中国之中国、亚洲之中国、世界之中国。西方文明的传入，使中国变为世界之中国。

其实从元、明、清一直到近代，中国遇到的重大麻烦和重大进步，都和西方文明有关，直到今天也还是这样。

对中华文明来说，在唐代以后，最值得记忆的远方目光，来自两个著名的西方人。一是十三世纪的马可·波罗；二是十七世纪的利玛窦。

可以想象，他们对中国非常好奇。这种好奇，也引发了我对他们的好奇。我一次次去威尼斯，就是为了寻找马可·波罗的遗迹。我甚至还赶到了葡萄牙的科英布拉，去访问利玛窦的一所母校，遗憾的是，那所学校的校长已经弄不清楚这位重要的校友了。

我很想说说马可·波罗，因为正是这个人对中国的记述，刺激了不少欧洲冒险家，促成了他们的地理大发现，改变了世界历史。

说到马可·波罗，我想大家一定都知道，直到今天，中外学术界还有一些人怀疑这个人是否真的来过中国。他们认为，他的"游记"只是记录了哪个阿拉伯商人口中的随口闲聊，或者只是抄写了一些当时流传的旅行资料。他们指出了马可·波罗叙述中一些不应该有的破绽。当然，这类观点也遭到了很有力的反驳。有趣的是，两方面的观点争论起来都很动感情，与其他学术争论很不一样。在座各位可能也看过这方面的书，哪一位知道怀疑派的论点？

费晟：我个人非常怀疑马可·波罗中国之行的真实性，因为在中国浩如烟海的史料中并没有找到关于他的任何记载，甚至马可·波罗在游记中曾说自己在扬州当过一个不小的官，在中国十分齐备的官场史料中也毫无痕迹。所以有学者质疑。

王牧笛：但史料是有间接记载的，二十世纪四十年代，杨志玖先生在《永乐大典》中找到一条公文，一二九一年波斯使者从泉州顺海路回国，这和马可·波罗游记中他随波斯使者回国是吻合的。当时来华传教的外国人多如牛毛，中国史料都没有记载，而不单单是马可·波罗一人。

吕帆：可是马可·波罗忽略了很多不应该忽略的东西，比如长城、茶叶、印刷术，还有妇女裹足这样特别的习俗。如果连这些外人一看就印象极深的内容都没有记载，我们很难说他到底是不是来过中国。

王安安：但他的真实性同样是很惊人的，没有亲临过现场肯定写不出来。比如王著刺杀阿合马事件，他写得比当时的文告还详细，对江苏镇江基督礼拜堂的准确记载，也不可能是听来的。同时，他书中提供的数据的精确度也是惊人的，比如杭州有十二种行业，一万两千商户，又说当时西湖周围达到了三十英里。

刘璇：如果亲临了大事件的话，就不应该记错。但他记载的炮攻襄阳事件和他实际上到那个地方的时间是错乱的。

丛治辰：记载完全可能出错，因为马可·波罗是口述，而由他人记录。我的个人观点就是疑他不如信他。

余秋雨：对于马可·波罗到底有没有来过中国的问题，我倒是认认真真地研究过。研究的结果是：中外的怀疑派首先是把他的身份看错了。

大家看到有这么一本有名的《马可·波罗行纪》，就先入为主，把他看成了古希腊的希罗多德，中国的徐霞客。其实，马可·波罗并不是一个学者，他压根儿没有承担过考察、记述、写作的任务。而他在旅行过程中也不存在任何学术计划。最后由别人记录了他的谈话，是一个偶然事件。他就像我们常见的那些走过很多路的采购员、出差者，一路上且走且看，到什么地方空闲了遇到什么人便畅谈一番，其中少不了漏记、错记，更少不了夸张、吹嘘的成分。他很可爱，可爱的人说话容易缺少科学性。

我相信他来过中国。因为他所说的很多事件，当时都还没有文告公布，尤其像镇江礼拜堂所发生事情的资料，连中国学者也不可能知道，除非是亲历。我想，大家只要仔细读读他的书就可感受到他那愉快、真诚、惊喜的目光。字里行间，没有故意作假的印痕。

利玛窦是在马可·波罗三百年之后来中国的。这三百年，欧洲发生了翻天覆地的变化。这种变化却可以使利玛窦不必再用马可·波罗的眼光了。如果说马可·波罗的眼光是一次次陌生的惊叹，那么，利玛窦的目光是一次次重新理解。作为一个真正的学者，他用严谨的方式一步步逼近中国文化，然后进行深刻的对比。利玛窦在中国住了很长时间，最后是在中国去世的。前年我在联合国召开的世界文明大会上做专题报告，针对西方文明对中华文明的不理解，我提出，利玛窦到中国来之后接触中国文化的态度、程序、方法，直到今天，也值得不同文明之间互相了解时参考。那么，我们现在就来谈谈利玛窦初来中国时的一些情景吧，谁看过这方面的书？

王安安：我看过一点儿。利玛窦刚来中国时为了获得信任，特地选了身和尚服。随着他传教区域范围的扩大，接触到了上层社会的官员，才知道，穿和尚服的人地位比较低，地位高的该穿儒士服，所以后来他就换成了儒士服。而且利玛窦在传教士中应该是"修正主义分子"，他既坚持自己的传教使命，又有意无意地迎合了中国的心态。比如，他用中国观念来解释西方宗教，还尊奉孔子，这在后来的西方教廷是不容许的。他还绘制世界地图，圆形的，但把中国放在了中间，迎合了当时天朝上国的一种心态，他很聪明。

吕帆：利玛窦来的时候好像已经约略知道科技是第一生产力，发展才是硬道理，他是带着很多先进的知识储备来的，这样和徐光启也有一个谈得来的话题。所以我觉得西方先进的科学技术是敲开我们官僚阶层的一块精神敲门砖。

余秋雨：利玛窦来中国，肩负的是宗教使命，而结果却是文化交融，范围很大，当然也包括宗教。

他对中国文化的贴近，首先在技术层面上。例如把中文学得很好，能看很多中国典籍，交很多中国朋友。接下来，他就深入研究精神趋向了。例如，他来中国的时候，大明王朝还有气势，一些同行的欧洲人就认为中国有可能侵略欧洲。利玛窦没有匆忙做这种判断，而是坚持不懈地观察和分析几十年。最后他才得出结论，按照中华文化的本性，中国不可能凭着国力远征欧洲。这种态度，令人感动。

比较重要的是，一六〇〇年，十七世纪的第一个春天，利玛窦在南京遇到了徐光启。这是两个重要文明的代表人物的见面，不是小事。徐光启儒学出身，又做着官，他们见面以后，两人在一起翻译了六册《几何原本》，使中国开始懂得了西方数学，具有划时代的意义。然后，徐光启受洗皈依了天主教，虔诚信奉，一直做礼拜。这给我们一种信息：中国的高层官员如果按照利玛窦的路子接受西方文明，也可能出现日本接受西方文明的平和方式。徐光启去世的时候，皇帝罢朝一日，对这个大臣表示深刻的悼念。然而由于他是天主教徒，墓碑是拉丁文的碑文。过了不久，他的墓就搬到了家乡，上海城外的一个地方。后来家人也搬到那儿去守墓，姓徐的家庭汇集在一起，那个地方就叫徐家汇。

两百年后，两种文明终于没有像徐光启和利玛窦那样结合在一起，而是打仗了，结果西方文明胜利。一些欧洲人从香港和广州北上，看中了一座城市。这座城市背后是长江，能够贯通中国腹地，前面是太平洋，那就是上海。他们觉得这个地方比香港和广州还好，准备过日子。就在他们东逛西看的时候，突然发现上海有一个地方早就有礼拜堂了，还不断举行着天主教的礼拜活动，那就是徐光启后代住的地方。西方人就在那里造教堂，造学校，造藏书楼等，于是出现了"徐家汇文明"。徐家汇文明是现代上海文明的中枢。

我在一篇叫《上海人》的文章里把徐光启说成是第一个真正意义上的上海人。那是因为，他与利玛窦等人一起，提供了西方文明和中华文明在非战争的情况下友好交往的可能。

这也就是说，从文化和文明的视角来看，有一些血迹淋漓的生死搏斗，本来是可能避免的。民族主义、铁血军事，未必是历史的必然。

第四十七课

太不容易了

余秋雨：从马可·波罗到利玛窦，世界朦朦胧胧地看到了中国，中国也朦朦胧胧地看到了世界。但是，历史终于走向了悲剧性的拐点——两种文明产生了严重的军事冲突，而且中华文明一败再败。到这时，悠久的中华文明不得不放下架子，开始认真地面对强大的西方文明，但心态非常复杂。崩溃、沮丧、气恼、仇恨，包裹着更加变态的自大、保守、固执，使中国的集体精神一下子陷入污泥深潭。任何再辉煌的回忆，也只会加深失败的体验，结果，连秦、汉、唐、宋也一起失落，大家都处于一种"前不见古人，后不见来者，念天地之悠悠，独怆然而涕下"的心情之中。

中华文化在当时的生存状态，可以用"僵滞"一词来概括。一切都源于成规，一切都不能改变，即使知道出现了大灾难也不知如何应对。这种文化生态，感受最深的是第一批外交官和留学生。他们处于两种文化冲撞的前沿。

我曾查阅过中国首任驻英、法公使郭嵩焘的一些资料，觉得很能说明问题，不妨在这里说几句。

郭嵩焘一八七五年准备出使的时候，中国上层文化界都在阻止他，理由是，与洋鬼子打交道，就不是正派人。连他的很多高层级朋友都认为,做外交官就是半个汉奸。比之于公元七世纪大唐长安出现过的世界多种文化密集交融的景象,这实在是中华文化的一场滑坡式的倒退。

郭嵩焘强烈地感受到了这种倒退,因此特意写了一本书叫《使西纪程》来介绍西方文明。没想到这本书里提到的一些翻译名词,引起了中国上层文化界一致而又强烈的反弹。那些名词,是中国原有词组里所没有的,却反映西方文明新成果,例如"赤道"、"经度"、"纬度"、"国旗"、"新闻",等等。郭嵩焘首先用毛笔把它们写出来,就成了对中国语文大逆不道的背叛。著名学者李慈铭认为,用中国字写下这些词语,"凡有血气者无不切齿"。这实在是一种完全失控的愤怒。另一位高官张佩纶,也就是作家张爱玲的祖父,也极为保守,认为郭嵩焘这样的"悖谬之人"、"势必混乱人心"。

郭嵩焘的"悖谬",除了上面所说的那些翻译名词外,还表现在生活方式上。他的副手刘锡鸿曾经揭发他十大罪状,其中最严重的是在国外参加一些活动时遵循了西方的一些习惯,例如对没有官位的军士表示尊重、与外国商人握手、用外国银器装着外国糖果待客,等等。中国文化,在这里成了极度敏感的警戒线,那么令人厌烦。唐代玄奘翻译佛经时发明了多少词语?明代徐光启翻译《几何原本》时又发明了多少用汉文写出的数学命题?为什么到了十九世纪晚期反而不可以了?这证明,当时的中国文化已经太弱太弱,弱得连一丁点儿自信都没有了。但是,既然有过了玄奘和徐光启,那就能反过来证明,中国在十九世纪晚期表现出来的不良文化生态,不能代表中国文化的本性。

郭嵩焘在欧洲外交界大受欢迎,他温文尔雅的君子风度成了欧洲人重新认识中国文化的人格媒介。只可惜,当时国内的政治生态和文化生态都已经腐朽,使郭嵩焘立即成为围啄的对象。郭嵩焘终于被撤职了,作为中国文化有可能与西方沟通的代表者,怆然回国。在伦敦的三十几个国家的外交使团怎么也舍不得他。

郭嵩焘回来以后没地方去，只能回家。一八七九年他终于回到了故乡长沙。让人诧异的是，连故乡也彻底排斥他。上自长沙的巡抚，下至所有的官员对他完全不予理会。而且，长沙的街上竟然出现了"大字报"，上面写着，我们拒绝勾结洋奴的汉奸。郭嵩焘在这种恐怖的气氛中郁郁寡欢，很快去世了。严复给他写了一副挽联，其中一句是"唯公负独醒之累"——大家都睡着的时候，只有他独个儿先醒了。这种"独醒"，必然会成为一种沉重的负累。

在我看来，郭嵩焘事件不是外交事件，而是文化事件。

幸好，就在郭嵩焘去世二十年后，辛亥革命爆发，一切就不一样了。

现在中国学术文化界有一种说法，认为辛亥革命和五四运动把中国传统文化割断了。我觉得持这种观点的人太不用功，把辛亥革命前的中国当作了唐代或宋代。其实，如果没有辛亥革命和五四运动，中国文化真的完了。因为十九世纪的中国文化，已在最腐朽的生态牢笼中奄奄一息。变革，乃至裂变，是中国文化要想继续生存的必然选择。中国文化终于做出了这种选择，是它仍然蕴藏着高贵生命力的证明。北大是五四运动的发祥地，因此你们更要懂得历史大道，不要倒退到极端保守主义一边。

我想请大家讨论一下，在辛亥革命前后，中国文化有哪些事，值得我们记忆？

王牧笛：就像我们这门课程开头时秋雨老师说的那样，甲骨文的破译让大家重新感知了伟大的商代，敦煌藏经洞的发现让大家重新感知了伟大的唐代，意义很大。还有西方文化，比如油画、话剧、外国音乐等的传入，也很重要。

吕帆：废除科举，开始使用白话文。一些新式学校大量出现，国民受教育程度有很大的提高。还有像胡适、严复这些新学者的涌现，民主与科学的提倡,这些都与北京大学有着千丝万缕的联系。在这种思潮影响下,有很多留学生出去学习了新知识,回国报效。

余秋雨:好,我们还是投个票吧。大家把辛亥革命前后的文化事件按其重要性写在纸上,然后统计一下,列出一个排名次序来。

(学生投票)

王牧笛:秋雨老师,投票的结果出来了。

排名第一的是创办《新青年》,提倡科学、民主;

排名第二的是推广白话文;

第三是大量兴办新学校;

第四是破读甲骨文,商代浮出水面;

第五是发现敦煌藏经洞;

第六是废除科举;

第七是派遣留学生;

第八是以胡适为代表的新派学者的出现;

第九是鲁迅、郭沫若、周作人、冰心、徐志摩等作家的出现;

第十是引进油画、话剧和外国音乐。

余秋雨:感谢你们罗列得那么齐全,可见你们对中国文化的这个重要转型期很关心。不像有些学者,眼睛里只有古文和外文。

让我们对当时的文化学者表示深深的敬意,而不要站在今天的立场去嘲谑他们。应该明白,他们虽然有不少局限,但在整体上比今天的中国知识分子高尚得多、勇敢得多、深厚得多。他们在国耻的焦躁中没有选择躲避,而是立足文化从事改革。他们几乎没有获得当时政府的支援,反而常常受到政客的迫害。在军阀混战、兵荒马乱的局势中,他们很少有机会进行创建，他们享受不到欧洲启蒙主义时期那些思想家的荣耀，几乎一直处于颠沛流离之中，但他们居然做出了那么多重要的事情。有的事情，是在他们毫无思想准备的情况下突然出现的，例如甲骨文和敦煌藏经洞的发现，他们也都一一到位，立即从事研究，并获得可观成果。

他们实在太不容易了，这些我们祖父、曾祖父一辈的学者。

在你们所排列的这些成果中，有两点不太起眼，却有特殊意义，我需要说一说。一个就是推广白话文，这是中华文化在自身形式上的一种新生。虽然以前也有白话文，却不是主体语文，而文言文又连带着那么丰厚的历史传统，一旦要被替代会遇到极大的文化阻力和技术问题。但是，无法想象的奇迹发生了，白话文的推广居然取得了成功。从语法的创建、范文的写作、教育的接纳、传播的普及，全靠一些文人一一做成。这么一件大事，做成的时间并不太长，实在让人惊叹。

普及白话文并不是废止文言文。一切传统的文化经典仍然很好地保留着，但中国文化必须建立能够表述现代科技、国际时讯、民间心态的文本，那就不能不推广白话文了。总的说来，这件事做得很漂亮。被你们排列在第九的那些作家，他们最重要的贡献也在于早早地建立了白话文的审美自信，这比他们传达的思想更有效。

另一个不太起眼的文化亮点，是中国现代学者在不太长的时间内破读了刚刚发现的甲骨文。这件事我在今年开课之初曾仔细讲过，现在课程临近结束又不能不提到，实在是一种天意。因此，还想再说几句。破读甲骨文是一个不可思议的文化奇迹，证明中国文化人不仅有面向现代的勇气，还有面向远古的能力。连孔子、司马迁都没有见过的甲骨文，突然出现在兵荒马乱的现代，这是对一个民族数千年文化贯通性的一大考验。能不能破读，便是这种文化有没有中断的试金石。考验通过了，文化的魂魄和历史的韧性一起回来了，中国人终于比过去任何时候更清楚地知道——我们是谁。

因此，我多次说过，中国在二十世纪前期所做成的两件文化大事——推广白话文、破读甲骨文，证明中国文化并没有失去生命，甚至也没有失去高贵。

中国文化毛病很多，到了现代更多。我们惋叹过明、清两代在文化专制主义的高压下只出了曹雪芹和王阳明这样寥寥几个顶级文化创造者，但到了近代、现代、当代，连出现曹雪芹这样的小说家、王阳明这样的哲学家的希望都没有了。在这样一片令人沮丧的格局中，即使仅仅推广了白话文、破读了甲骨文，沮丧之气也会消释大半。更何况，你们投票选出的项目远不止这两项。

至于中国文化的优点和缺点，我已在凤凰卫视《秋雨时分》栏目中整整讲了一年。每天都有，因此很长，我们就不再重复讨论了。很想把那个栏目整理出来，印一本书，书名已经想好，叫《古洞一年谈》。

第四十八课

结课闭门

余秋雨：按照原定计划，中国文化史的四十七堂课已经完成。课程结束时，教师总会做一个总结，我想了很久，决定不做这件事了。与我们从小所受的教育不一样，历史并没有什么规律，一段与一段都不一样，今后的发展更无法预计，因此，硬要去总结是一种粗暴，除非，是为了写论文。

我记得英国哲学家罗素写的一个回忆。在"十月革命"之后，西方世界都敌视苏联的新政权，罗素却决定亲自去访问。这让苏联当权者非常高兴，派出一批革命学者陪着他坐船游历伏尔加河。船上时间很长，他与那些革命学者有了充分交谈的机会。罗素发现，这些革命学者的最大特点，是自以为完全弄清了人类历史的全部规律。不管说哪个时代，哪个国家，哪个复杂问题，他们都有结论，而且是共同的结论。这让罗素这位世界著名的大学者非常吃惊，后来又开始厌倦，不想听了。他一次次力图摆脱他们的说教，让船停靠在小岛上，听贫苦流浪渔民的哀伤演唱。

其实我们也很熟悉苏联学者的这种毛病。环视身边，总有那么多文人、学士，觉得天下一切事物的规律一清二楚，而且都牢牢捏在自己手上。在北大校园走一走，就能看到不少教师和学生都有这种随时准备给你讲解各种结论的气度，只等有人来问。

因此，我们这门课反其道而行之，不做结论。不是谦虚，而确实不存在这种结论。但是，不做结论好像很难结束一件事情，就像要离开一个老院子了，却没有把后门关住。

我想了一个关门的好办法，那就是跳开历史的通道，说说同学们毕业后一定会遇到的一些文化现象。什么文化现象呢？请记住，你们今天很少再有机会接触我们上课时所说的一切了，经常遭遇的，大多是当代的负面文化。

这就是说，我们要用负面文化来结束课程了。

在一个负面的点上离开，好像不妥吧？妥，我说。你看后门，总是背过身来才关上的。

你们是中国文化的天然继承者，因此，你们即将遭遇到的负面文化，也必然成为中国文化史的一部分。而且，那些负面文化的根脉，确实也来自过去。不妨说，它们从历史中来，遇到特别气候，重新发育，成了新的历史。新的历史中当然也有很多正面文化，这已被说得太多，我们时间不多，也就省略了。

我算了算，你们毕业后一定会遇到的负面文化，大概有五六种。这要一一说起来，就太长了。我想选择其中一个，像"解剖麻雀"一样做一个示范。选中的一个，叫"刀笔文化"。

"刀笔文化"也可称为攻讦文化、诽谤文化、逸夫文化、诛心文化、匕首文化、整人文化。一听名目，就知道是干什么的了。这种文化，古代一直存在，却一直没有形成气候。

为什么没有成气候？因为中国的文气、文风，从一开始就形成了一种强大的正面共识。

从《周易》、《尚书》、《左传》、《论语》开始，到诸子百家，各书各家所立文字，虽然体裁不一，观点各异，却呈现出一种相通的风范和品质。那就是：正派、大方、高尚、简约。虽有重言，却无恶语；虽有批判，却无阴损。对于论敌，不管争执多么激烈，也都互相视作君子。言语所及，多辩大道，而不涉私恨。

这是一个重大的文化奠基，使中国文化几千年来一直都离不开这种"正脉血统"。

世上当然有大量的恶浊需要清除，但中国文化反对以恶浊来清除恶浊。因为那样不仅不能清除，反而让恶浊倍增。屈原的《离骚》和司马迁的《史记》都写到了他们极为反感的恶浊，但他们是动用了什么样的语言和文风？我想大家都记得，前面的课程中都讲过了。

我建议大家有空去读一读魏晋时期那位嵇康所写的《与山巨源绝交书》。明明是一封绝交信，写的人又是一位不惜赴死的壮士，请看人家用的是什么样的文笔和口气。

现在有些文人总是随手对着不认识的名人投掷石块，而真正一遇灾难他们又逃得比谁都快。在《与山巨源绝交书》面前，他们不知会不会无地自容？

有人告诉我，他们不会无地自容，只会捡起石块，向着遥远的嵇康投去，因为他让他们不舒服了。

在中国历史上，那些恶毒文字的出现，首先不是在文坛，而是在朝廷。朝廷上的输赢，你死我活，因此，告发密奏，当堂严斥，句句见血，如同刀戟。这种情况，到了明、清两代实行"文字狱"的时候，便由一批"刀笔吏"和"文化鹰犬"引入了文坛。文坛，在万分惊惧之后，也渐渐适应了恶毒和凶猛。

文坛的恶毒和凶猛，呈现出了与官场不同的特征。那就是把夸张的虚构的愤怒铺排得抑扬顿挫，再加添一点儿文史知识和感情色彩。因此也就戴上了文化的面具，足以蛊惑和欺骗很多民众。

一切潜伏在文化中的恶毒和凶猛，很有吸引力，也有某种实用性，因此慢慢鼓荡开来，成为某些文人的表演方式，又渐渐沉淀为他们的本能。我们常见这样的文人，在日常生活中萎靡、胆怯、平庸，但一拿起笔，却激烈、暴虐、蛮横，而且邪思滚滚，劣词滔滔，可谓才华横溢。他们的人格，已被刀笔重塑。

官场的恶毒是为了影响皇帝，文坛的恶毒是为了影响民众。在现代出版业和现代传媒业还没有出现的时候，文坛的恶毒没有途径影响民众，因此基本上还缺少"用武之地"。"刀笔"再凶，毕竟不是真刀，必须靠很多读者的误信、起哄，才能真正伤人。正因为如此，"刀笔文化"的摇篮，是旧上海新冒出来的那些报纸杂志。然后，又波及少数"开埠"或"半开埠"城市。

正巧，那时，中国社会上各种势力的明争暗斗纵横交错，为"刀笔文化"提供了大量话题。中国文化在转型和断裂之中很容易会失落前面说到的"正脉血统"，而各种争斗中的相关首领又会鼓励文人们以攻讦、毁谤的方式对付敌对势力，于是刀笔渐渐成为报刊间的一种让人害怕的特殊势力。文人只要狠心一试，又容易获得名利。一些不错的作家由于心存苦闷也会涉足其间，结果，他们原有的文化名声也就加重了刀笔的分量。

那样的时代，孔子、孟子没人读了，《尚书》、《左传》读不懂了，《与山巨源绝交书》没有人知道了。结果，很多初涉文化的年轻人，就把那些刀笔当作了文化的正统，文学的范本，这就产生了历史性的重大误会。

在中国现代，有一些赞颂性的词句，一听，大多是在表扬刀笔文化。例如："摧枯拉朽"、"令敌丧胆"、"一针见血"、"刺刀见红"、"击中要害"，等等。在"文革"灾难中，甚至流行着"拿起笔，做刀枪"的口号，那是对刀笔的最直接注释了。

我们北京大学，是刀笔的重要养成地。甚至可以说，中国现代的种种刀笔，追根溯源，大多与北大有关。我很怕你们中有些人，以后也投入刀笔之阵，因此要在这门课关门之前郑重劝阻。

刀笔之所以能成为文化，因为它构成了自己的逻辑。这种逻辑，很容易把人"旋"进去，因此要做一些分析。

刀笔文化由以下四项逻辑构成——

第一项逻辑：**因进攻而正义。**

凡刀笔，都自封正义。但是，这里出现了一个颠倒的逻辑。正常的说法，是"为正义而进攻"，但是，刀笔的逻辑反了过来："既然进攻，当然正义。"在根子上，这已经接近强盗逻辑："我抢劫你们，证明你具有被抢劫的资源，所以应该被抢劫。"

有些进攻者表面上没有那么蛮横，也能讲出一点儿理由，但是，即使把那一点儿理由放大千倍，也抵不过进攻所造成的伤害。

我们中国人常常会产生一种误会，认为那些文字上的进攻和诬陷只是"笔墨官司"，而"笔墨官司"就不是"官司"。连法学界也有不少人认为，动手打一个人是犯法的，而发表文章诽谤一个人则未必。这说明，我们至今还只是把人看成是一种肌肤存在、肉体存在，而不是人格存在、名誉存在。动手打了一个人，当然是坏事，但肌肤的痛感很快就会过去；但是，公开发文诽谤一个人，很可能伤及心灵，影响广远，很难康复。

你们年轻，也许会天真地认为，那种刀笔可能也会有一点儿积极作用吧？你们肯定是把刀笔与正义人士对贪官污吏、腐败衙门的揭露混为一谈了。其实，自古以来，刀笔多数就是"衙门周边人"，或曰书吏，或曰笔佣，或曰文侍，却又装成出世闲人。他们为什么能在衙门近旁如此放胆冲杀？大多是因为先在衙门里打听到社会上哪些名人即使被攻击也得不到任何保护，便立即举笔为刀，杀声震天。对于衙门内外的各路"达人"，他们只会小心奉承，紧紧追随。因此，你们如果要问，刀笔在批判官场弊病、社会黑暗上有没有可能发挥一点儿正面作用，我的回答是，一点儿也没有，而且不可能有。我比你们年长，见过太多的刀笔行径，因此可以回答得如此斩钉截铁。

其实，你们只要从最轻微处着眼，看看文学评论方面的刀笔，就知道了。他们如此辛辣尖刻，有没有对哪一个被攻击的作家带来过一丝一毫的帮助？几十年过去了，完全没有发现。那么，他们有没有对其他读者带来一丝一毫的启发？几十年过去了，完全没有发现。如果有，请举一例，只需一例。

这正像，有些流氓会从楼房窗口向院子里的居民抛掷污秽之物，臭气冲天，人人逃奔，你总不能说，这些污秽之物对于院里的花草也会起到一点儿"施肥"的正面作用。何况，他们除了污秽之物外，还会抛掷碎砖和石块。

刀笔文化的第二项逻辑：**因虚假而激烈**。

刀笔文化所依凭的，绝大多数是谣言。或许有一点儿起因，却被无限扩大，其实也成了谣言。因此，刀笔文化又可以称为"谣诼文化"。

正是过分的激烈，暴露了他们的虚假。

在生活中，一切真实的话语，都不必激烈。譬如，在座的王安安是吉林人，王牧笛是黑龙江人，如果有一个人把你们的籍贯说颠倒了，那么，另一个知道你们真实籍贯的人会激愤吗？你们自己会激愤吗？都不会。凡拥有真实，总是平静的。

只有一种人，硬要编排你们是从韩国偷渡过来的，是从日本偷渡过来的，才会为这种编排设计触目惊心的情节，伪造耸人听闻的原因。这还不算，他还会抨击你们"冒充中国人"而义愤填膺。他们知道，只有义愤填膺，才会解除社会的疑惑，才会堵塞你们的自辩。

很快，他们的义愤填膺已经变成了痛不欲生。

除了用激烈的方式为虚假掩饰、为虚假壮胆之外，刀笔的激烈还有其他原因，往往说不出口。

譬如很多年前，我还在担任"上海写作学会会长"，与几位年长的文科教授一起茶叙,说起当时有几个现代文学专业的青年教师不知怎么变得非常暴躁。他们发表文章批评几位作家的作品,用语之狠辣已与文学无关,似乎在呵斥惯偷和逃犯。这显然已经属于人身攻击,被攻击的作家本来可诉诸法律,但即使赢在法庭上也一定被加倍糟践,因此都忍气吞声。

几位年长的文科教授实在看不下去,觉得此风不可长,就要求写作学会做一些调解。我派了两位大学里的朋友去了解情况,结果,叫人既好气,又好笑。

原来,一个青年教师上课时看到学生没有专心听,在看别的书,就走到座位上察看,发现学生看的是某位作家的书。他立即觉得这位作家"抢了自己的戏码",于是也就成了他激烈攻击的对象。

第二个青年教师比较简单,听到自己正在热恋的女友竟然充满热情地高度评价了某作家,尽管女友并不认识这位作家,但青年教师还是妒火中烧,卷袖拿笔。

第三位青年教师复杂一点儿。他正在计划购房,为了房价打折,去拜访了开发商。开发商的妻子正在学写小说,却把一位女作家当作了竞争高下的对手。那位妻子在闲谈时表述了种种意向,这位教师为了购房打折,就写起了以"灭杀"为目的的文章。

这些事情都很低俗,却共同证明了一点:凶狠的批评与被批评的作品和作家,基本无关。凶狠的原因,在作品之外。

我降低了自己的文化等级来讲述这些低俗的事,显然是一种"人格牺牲"。这么做的目的,是要你们永远也不要沾染刀笔之风。一旦沾染,我和其他在场的同学都会用同样等级的理由来猜度你。这是我预埋了一颗地雷。

现在我且把等级提高,恢复到我们应有的水准来说几句话。我与你们相处那么久,觉得你们都很善良、很理性。因此,如果伪装激愤地攻击一个人,是对你们本身的虚假,对不起你们自身高贵的人格。

据我长期观察,一个人只要有过一次这样的攻击,一辈子就蒙上了阴影,成了自己毕生的魔咒。人生什么地方都可能拐脚,却不可在人格建构中失足。人格有一种恐怖的贮存功能,一旦失足便铭刻久远。因此,千万不要走刀笔的路,哪怕是几步。

刀笔文化的第三项逻辑:**因无险而勇敢**。

刀笔文化最希望给别人留下一个印象,那就是勇敢。其实,这种勇敢并不存在,因为这种行为没有风险。正因为没有风险,因此他们就极其放松地扮演勇敢,好像自己就是当年的史可法、文天祥。有一些幼稚的读者也相信了,以为他们是在"上刀山,下火海"。

对这种"勇敢",我们可以代他们略加盘点。

首先,根据我国的国情和法制现状,那些刀笔一时还不太容易以诽谤、诬陷、侮辱的罪名进入刑案。如果受害方以"侵害名誉权"的理由做民事诉讼,则大多长年累月、烦不胜烦。而且在这漫长的过程中,刀笔又会在报刊上借以造势扬名、嬉笑怒骂,而跟随的喽啰们必然成群结队。受害者大多是老实人,不可能在报刊上与他们反复厮磨,往往无奈地以撤诉和调解作为了结。因此,刀笔在法律上相当安全。

另一方面,民间舆论也会站在刀笔一边。民间不是没有正义,某些问题也能在民众的搜索中揭示真相。但是,刀笔所呈现的,并不是可以搜索的社会问题,而是一种莫名的仇恨,一腔无由的怒火,民众无从判别。刀笔们倾泻之初就把自己打扮成"弱势群体",让多数民众把他们引为自己的同类,于是受伤者更是遭到了灭顶之灾,很难挣扎出来。万一挣扎出来,民众的关注点早已转到百里之外,不再有任何兴趣去回忆前几个月发生过的伤害事件。而刀笔们不知又在向第几个受害者动手了,他们一路过关斩将,毫发无损,因此越杀越勇,全无忌惮。

我再说一遍:没有风险的勇敢不是勇敢,只是残暴和无赖。

刀笔文化的第四项逻辑：**因传媒而称霸。**

我前面说过，刀笔从一开始就是借着旧上海的传媒来影响民众的，时至今日，人们在当代传媒的波涌浪叠中，越来越失去深入阅读的耐心，越来越容易接受剑起斧落、血光闪闪的刀笔文化。于是，刀笔和大批非理性的民众，建立了一个互惠、互通的紧密联盟。刀笔吸引这些民众，这些民众又指引刀笔。可以预见，这些民众原来身上的狭隘、实用、显摆、恐高、妒美、鄙雅的文化劣根性，从此会由刀笔文化进行暴力挟持，从而使高层文化逐渐萎缩。这种趋势，目前在传媒间已有明显端倪。

有一个惯常的误会，以为多数民众能够本能地接受和保护高层文化。其实，这个"本能"应该反过来。

在政治上，民主选举有可能选出一个大家都能接受的人，但文化全然不同。一群街边大娘有资格选举一个乡长，却没有资格来褒贬这位乡长的诗文，如果这位乡长诗文够格。扩而大之，人数越多，在判断高层文化上越是为难。这不是贬低民众，而是因为高层文化本身就是一种罕见的精神超越。越超越，必然越孤独。民众中也可能有人能够领悟某些高层文化，但这些领悟也未必与作者的含意真正相通。而且，似乎领悟的人也未必有能力认识作品的整体地位并加以维护。因此，寂寞，必然属于一切伟大作品。后来，只是由于神秘的时间魔力，以及文化本身的自清自选功能，让某些作品留之于世，吸引文化精英和文化良知的生命归附。你们一定要明白，文化史和文学史的最精彩部位，历来都不是人声鼎沸、车水马龙的通衢大道，那是一些冷僻山崖和凄凉废墟的组合，只是因为曾经有一些特别的声音从里边飘出，才被人们守住。但喧哗一起，便全盘消遁。

大家一定记得，我曾试着与大家做过一个实验性的文化游戏：以我们在课程中讲到过的那些作家、作品为例，设想一下，如果让他们所处时代的民众来"海选"，来"群评"，来"投票"，结果将会如何？

结果非常肯定：没有一个作家、一部作品会选出来。

按照现代的"民主程序"，扩大投票者吧？结果一样。展开大规模研讨吧？结果大乱。请专家们出来说话吧？结果更坏。传媒能做的，就是这些事，也就是更乱、更坏的事。

历史上，我们只记得，谁也没有去追随孤苦的屈原，谁也没有去安慰悲痛的司马迁。李白受屈的时候，多少民众齐声要求杀了他。苏东坡、李清照、曹雪芹都曾长期流落在民间，有谁在照顾他们、帮助他们、保护他们？我们只能从他们留下的哀叹诗文中得知，民众始终没有站在他们一边。窥探他们的，反倒是一些刀笔，尽管那时还没有传媒，那些刀笔在民众中难于成势。

也许有人辩护说，当时的民众无法通过传媒了解真相。但是，如果我们设想把时间挪后，传媒真是公布了刀笔们对这些文化大师的揭发、批判、曝光，刀笔们的言语又是那样通俗、入世、刁钻、麻辣、狠毒，而这些文化大师又都不善自辩……那么，请想想，一切将会如何？

不必怀疑，由传媒所鼓动的民众喧哗，由民众喧哗所拥戴的刀笔文化，是一切高层文化的死刑判官。

现在有些文化人出于好心，试图借助传媒，"雅俗共赏"地来讲述一点儿高层文化。有几位，在电视上已经讲了一二十年。但事实证明，这些讲述全被刀笔文化的势头压歪了。于是，讲述也只得渐渐偏向闲扯，偏向从众，偏向琐碎，观念多年重复，水准长久不变，又丝毫不敢对刀笔文化和其他嚣张的负面文化做任何抗争，那就只能拉着一批粉丝共赴无聊。传媒的天然霸主，只能是刀笔文化。

好，说了那么多，我可以略为归纳一下了。

刀笔，虽从古代传来，却是中国文化的现代灾难。在二十世纪前期，它们以所谓"战斗"剥夺了中国文化的"正脉血统"，在二十世纪后期，则成了一次次政治运动的血腥打手，尤其在"文革"灾难中更是罪行累累。新时期开始以后，刀笔潜伏过一段时间，却在世纪之交沉渣泛起。现在海内外都公认中国经济发展令人瞩目而社会风气和文化建设却令人担忧，至少一大半，与刀笔相关。中国多数慵懒的官员对刀笔并不反感，因为它们打碎了文化伦理，让文化更容易被随意掌控。结果，刀笔处于一种上面有默许、四周有怂恿、后面有追随的明星状态，甚至经常被评为"言论领袖"、"城市良心"之类，实在是当前中国文化的一大祸害。

鉴于此，我不能不用长辈的身份劝一句：所谓文明，就是脱离丛林恶斗。我们能文，要倍加守护，时时提防兽性对人性的颠覆。

以上，就是我对刀笔文化的解析，也算是对一种负面文化的俘获性展示。同学们在今后遇到其他负面文化时，可以记起今天的这堂课，略做参考。

好，这下，我们的后门也可以关闭了。

告　别

余秋雨：好了，到今天，"中华文化史"这门课已经完成。我曾说过多次，这门课程的前慢后快、前重后简、前详后略，是一种故意。这种结构方式，被法国哲学家狄德罗命名为"高坡滚石型"。他还曾这样描述：开始从容而持重，后来越滚越快，最后自由跳跃。

看来，我的这种结构方式已经被你们习惯，并建立了很好的默契，因此能够一路进行得那么顺利。

我们太喜欢那种散发着汗气的初始创造，太喜欢那种把荆棘踩在脚下的豪迈拓殖。因此，对于后世的追随、模拟、衍生、变异，也就有资格进行居高临下的选择，甚至不怕选择得匆忙。我们既然做过了老子、孔子的知音，听熟了屈原、司马迁的心声，那又何苦降低感觉系统去迎合越来越热闹，又越来越失格的喧嚣？大学里很多善良的老师没有等级观念，对不同时代、不同品级的作者一视同仁，这当然也不错，可惜我在文化选择上没有这种好脾气。你们跟了我这么久，显然也沾染上我的脾气了，这未免让我窃窃自喜。

我很舍不得你们。你们在这四十八堂课中向我展示了一个重要事实：在电脑时代，课程中一切资料性、记忆性、常识性的部分，学生自己就能讲得很好，因此不应该继续成为教学的主要内容。一门好的课程，是生命与生命的碰撞。第一种碰撞发生在古人和今人之间；第二种碰撞发生在你们和我之间；第三种碰撞发生在你们相互之间。这三个方位的碰撞构成了一种风生水起的文化现场，每个方位都因碰撞发生了改变。你们改变了，我改变了，古人也改变了。古人怎么能改变？因为他们已经长在我们身上，岂能不变！

不少人认为，"文化史"的任务，无非是按时间顺序阐释一系列固有的文化成品。这种观点，把文化看死了，也把历史看死了。文化是一种精神价值和集体人格，既可能逐一萎谢，也可能保留余温，又可能异时复活。因此，即便是既往的文化，也有机会被重新创造。这就像唐代重新创造了华夏文明的主体结构，文艺复兴重新创造了古希腊文明和古罗马文明。我们的课程，也是我们对历史文化的重新选择、重新发现、重新创造，并在这个过程中重新构建自己。这么一来，文化史也就成了文化哲学和文化宣言。

这番话，如果放在课程之前说，大家也许会皱眉。但是放在今天说，我看到，大家都舒眉了。

我们就要分别了。我相信，如果今后中华文化平淡无奇，我们就很难再见；如果中华文化出现了让人喜悦或让人悲哀的走向，我们一定还会重逢。

不管是哪一种情况，你们个人如果遇到了什么困厄和危难，请能让我知道。

再见！

（学生与余秋雨老师深情告别）

余秋雨主要著作选目

《文化苦旅》
《千年一叹》
《行者无疆》

《中国文脉》
《君子之道》
《修行三阶》
《极品美学》

《老子通释》
《周易简释》
《佛典简释》
《文典译写》
《山川翰墨》

《借我一生》
《门孔》
《雨夜短文》

《冰河》（小说及剧本）
《空岛·信客》（小说）

《世界戏剧学》

《中国戏剧史》

《观众心理学》

《艺术创造学》

《北大授课》

《境外演讲》

《台湾论学》

注：由以上简目所编"余秋雨定稿合集"，将由磨铁图书陆续推出。

此外，还出版过大量书籍，均在海内外获得畅销。例如：《山居笔记》、《文明的碎片》、《霜冷长河》、《何谓文化》、《寻觅中华》、《摩挲大地》、《晨雨初听》、《笛声何处》、《掩卷沉思》、《欧洲之旅》、《亚非之旅》、《心中之旅》、《人生风景》、《倾听秋雨》、《中华文化·从北大到台大》、《古圣》、《大唐》、《诗人》、《郁冈》、《秋雨翰墨》、《新文化苦旅》、《中华文化四十八堂课》、《南冥秋水》、《千年文化》、《回望两河》、《舞台哲理》、《游走废墟》等。

"余秋雨翰墨展"中个人著作的集中展览

余秋雨文化大事记

• 1946年8月23日出生于浙江省余姚县桥头镇（今属慈溪），在家乡读完小学。

• 1957年至1963年，先后就读于上海新会中学、晋元中学、培进中学至高中毕业。其间，曾获上海市作文比赛首奖、上海市数学竞赛大奖。

• 1963年考入上海戏剧学院戏剧文学系，但入学后以下乡参加农业劳动为主。

• 1966年夏天遇到了一场极端主义的政治运动，家破人亡。父亲余学文先生因被检举有"错误言论"而被关押十年，全家八口人经济来源断绝；唯一能接济的叔叔余志士先生又被造反派迫害致死。1968年被发配到军垦农场服劳役，每天从天不亮劳动到天全黑，极端艰苦。

• 1971年"九一三事件"后，周恩来总理为抢救教育而布置复课、编教材。从农场回上海后被分配到"各校联合教材编写组"，但自己择定的主要任务是冒险潜入外文书库独自编写《世界戏剧学》，对抗当时以"八个革命样板戏"为代表的文化极端主义。

• 1976年1月，编写教材被批判为"右倾翻案"，又因违反禁令主持周恩来的追悼会而被查缉，便逃到浙江省奉化县大桥镇半山一座封闭的老藏书楼研读中国古代文献，直至此年10月那场政治运动结束，下山返回上海。

• 1977年至1985年，投入重建当代文化的学术大潮，陆续出版了《世界戏剧学》、《中国戏剧史》、《观众心理学》、《艺术创造学》、*Some Observations on the Aesthetics of Primitive Chinese Theatre* 等一系列学术著作，先后获全国优秀教材一等奖、上海哲学社会科学著作奖、全国戏剧理论著作奖。

• 1985 年 2 月，由上海各大学的学术前辈联名推荐，在没有担任过副教授的情况下直接晋升为正教授。

• 1986 年 3 月，因国家文化部在上海戏剧学院举行的三次民意测验中均名列第一，被任命为上海戏剧学院副院长、院长。主持工作一年后，即被文化部教育司表彰为"全国最有现代管理能力的院长"之一。与此同时，又出任上海市咨询策划顾问、上海市写作学会会长、上海市中文专业教授评审组组长兼艺术专业教授评审组组长。被授予"国家级突出贡献专家"、"上海十大高教精英"等荣誉称号。

• 1989 年至 1991 年，几度婉拒了升任更高职位的征询，并开始向国家文化部递交辞去院长职务的报告。辞职报告先后共递交了 23 次，终于在 1991 年 7 月获准辞去一切行政职务，包括多种荣誉职务和挂名职务。辞职后，孤身一人从西北高原开始，系统考察中国文化的重要遗址。当时确定的考察主题是"穿越百年血泪，寻找千年辉煌"。在考察沿途所写的"文化大散文"《文化苦旅》、《山居笔记》等，快速风靡全球华文读书界，由此成为最具影响力的华文作家之一。

• 1991 年 5 月，发表《风雨天一阁》，在全国开启对历代图书收藏壮举的广泛关注。

• 1992 年 2 月开始，先后被多所著名大学聘为荣誉教授或兼职教授，例如复旦大学、上海交通大学、同济大学、上海大学、中国科技大学、西安交通大学等。

• 1993 年 1 月，发表《一个王朝的背影》，充分肯定少数民族王朝入主中原的特殊生命力，重新评价康熙皇帝，开启此后多年"清宫戏"的拍摄热潮。

• 1993 年 3 月，发表《流放者的土地》，系统揭示清朝统治集团迫害和流放知识分子的凶残面目，并展现筚路蓝缕的"流放文化"。

• 1993 年 7 月，发表《苏东坡突围》，刻画了中国文化史上最有吸引力的人格典范，借以表现优秀知识分子所必然面临的一层层来自朝廷和同行的酷烈包围圈，以及"突围"的艰难。此文被海峡两岸暨香港、澳门的报刊广为转载。

- 1993年9月，发表《千年庭院》，颂扬了中国古代最优秀的教学方式——书院文化，发表后在全国教育界产生不小影响。

- 1993年11月，发表《抱愧山西》，系统描述并论证了中国古代最成功的商业奇迹——晋商文化，为当时正在崛起的经济热潮寻得了一个古代范本。此文发表后读者无数，传播广远。

- 1994年3月，发表《天涯故事》，梳理了沉埋已久的海南岛文化简史，并把海南岛文化归纳为"生态文明"和"家园文明"，主张以吸引旅游为其发展前景。

- 1994年5月至7月，发表长篇作品《十万进士》(上、下)，完整地清理了千年科举制度对中国文化的正面意义和负面意义。

- 1994年9月，发表《遥远的绝响》，描述魏晋名士对中国文化的震撼性记忆。由于文章格调高尚凄美，一时轰动文坛。

- 1994年11月，发表《历史的暗角》，系统列述了"小人"在中国文化中的隐形破坏作用，以及古今君子对这个庞大群体的无奈。发表后在海峡两岸暨香港、澳门引起巨大反响，被公认为"研究中国负面人格的开山之作"。

- 1995年4月，应邀为四川都江堰题写自拟的对联"拜水都江堰，问道青城山"，镌刻于该地两处。

- 1996年7月，多家媒体经调查共同确认余秋雨为"全国被盗版最严重的写作人"，由此被邀请成为"北京反盗版联盟"的唯一个人会员，并被聘为"全国扫黄打非督导员（督察证为B027号）"。

- 1998年6月，新加坡召集规模盛大的"跨世纪文化对话"而震动全球华文世界。对话主角是四个华人学者，除首席余秋雨教授外，还有哈佛大学的杜维明教授、威斯康星大学的高希均教授和新加坡艺术家陈瑞献先生。余秋雨的演讲题目是《第四座桥》。

- 1999年2月，为妻子马兰创作的剧本《秋千架》隆重上演，极为轰动，打破了北京长安大戏院的票房纪录。在台湾地区演出更是风靡一时，场场爆满。

• 1999年开始，引领和主持香港凤凰卫视对人类各大文明遗址的历史性考察，成为目前世界上唯一贴地穿越数万公里危险地区的人文教授，也是"9·11"事件之前最早向文明世界报告恐怖主义控制地区实际状况的学者。由此被日本《朝日新闻》选为"跨世纪十大国际人物"。

• 2002年4月，应邀为李白逝世地撰写《采石矶碑》(含书法)，镌刻于安徽马鞍山三台阁。

• 从2000年开始，由于环球考察在海内外所造成的巨大影响，国内一些媒体为了追求"逆反刺激"的市场效应而发起诽谤。先由北京大学一个学生误信了一个上海极左派文人的传言进行颠倒批判，即把当年冒险潜入外文书库独自编写《世界戏剧学》的勇敢行动诬陷为"文革写作"，并误植了笔名"石一歌"。由此，形成十余年的诽谤大潮，并随之出现了一批"啃余族"。余秋雨先生对所有的诽谤没有做任何反驳和回击，他说："马行千里，不洗尘沙。"

• 2003年7月，由于多年来在中央电视台的文化栏目中主持"综合文史素质测试"而成为全国观众的关注热点，上海一个当年的造反派代表人物就趁势做逆反文章，声称《文化苦旅》中有很多"文史差错"，全国上百家报刊转载。10月19日，我国当代著名文史权威章培恒教授发文指出，经他审读，那个人的文章完全是"攻击"和"诬陷"，而那个人自己的"文史知识"连一个高中生也不如。

• 2004年2月，由于有关"石一歌"的诽谤浪潮已经延续四年仍未有消停迹象，余秋雨就采取了"悬赏"的办法。宣布"只要证明本人曾用这个笔名写过一篇、一段、一节、一行、一句这种文章，立即支付自己的全年薪金"，还公布了执行律师的姓名。十二年后，余秋雨宣布悬赏期结束，以一篇《"石一歌"事件》做出总结。

• 2004年3月，参加联合国开发计划署《人类发展报告》的设计、研讨和审核。

• 2004年年底，被联合国教科文组织、北京大学、《中华英才》杂志社等单位选为"中国十大文化精英"、"中国文化传播坐标人物"。

• 2005年4月，应邀赴美国巡回演讲：

1）4月9日讲《中国文化的困境和出路》（在纽约市立大学亨特学院）；

2）4月10日讲《中国知识分子的问题所在》（在北美华文作家协会）；

3）4月12日上午讲《空间意义上的中华文化》（在马里兰大学）；

4）4月12日下午讲《君子的脚步》（在华盛顿国会图书馆）；

5）4月13日讲《时间意义上的中华文化》（在耶鲁大学）；

6）4月15日讲《中国文化所追求的集体人格》（在哈佛大学）；

7）4月17日讲《中华文化的三大优势和四大泥潭》（在休斯敦美南华文写作协会）。

• 2005年7月20日，在联合国"世界文化大会"上发表主旨演讲《利玛窦的结论》，论述中国文明自古以来的非侵略本性，引起极大轰动。演说的论据，后来一再被各国政界、学界引用。收入书籍时，标题改为《中华文化的非侵略本性》。

• 2005年11月，应邀撰写《法门寺碑》（含书法），镌刻于陕西法门寺大雄宝殿前的影壁。

• 2006年4月，应邀撰写《炎帝之碑》（含书法），镌刻于湖南株洲炎帝陵纪念塔。

• 2005年至2008年，被香港浸会大学聘请为"健全人格教育奠基教授"，每年在香港工作时间不少于半年。

• 2006年，在香港凤凰卫视开办日播栏目《秋雨时分》，以一整年时间畅谈中华文化的优势和弱势，播出后在海内外产生广泛影响。

• 2007年1月，发表《问卜中华》，详尽叙述了甲骨文的出土在中国文明濒临湮灭的二十世纪初年所带来的神奇力量，同时论述了商代的历史面貌。

• 2007年3月，发表《古道西风》，系统叙述了中华文化的两大始祖老子和孔子的精神风采。

- 2007年5月，发表《稷下学宫》，对比古希腊的雅典学院，将两千年前东西方两大学术中心进行平行比照。

- 2007年7月，发表《黑色的光亮》，以充满感情的笔触表现了平民思想家墨子的人格光辉。

- 2007年8月，应邀为七十年前解救大批犹太难民的中国外交官何凤山博士撰写碑文（含书法），镌刻于湖南益阳何凤山纪念墓地。

- 2007年9月，发表《诗人是什么》，论述"中国第一诗人"屈原为华夏文明注入的诗化魂魄，分析了他获得全民每年纪念的原因，并解释了一些历史误会。

- 2007年11月，发表《历史的母本》，以最高坐标评价了司马迁为整个中华民族带来的历史理性和历史品格。

- 2008年5月12日，中国发生"汶川大地震"，第一时间赶到灾区参加救援。见到遇难学生留在废墟间的破残课本，决定以夫妻两人三年薪水的总和默默捐建三个学生图书馆，却被人在网络上炒作成"诈捐"，在全国范围喧闹了两个月之久。后由灾区教育局一再说明捐建实情，又由王蒙、冯骥才、张贤亮、贾平凹、刘诗昆、白先勇、余光中等名家纷纷为三个学生图书馆题词，风波才得以平息。

- 2008年9月，上海市教育委员会颁授成立"余秋雨大师工作室"。上海市静安区政府决定为"余秋雨大师工作室"赠建办公小楼。

- 2008年12月，为妻子马兰创作的中国音乐剧《长河》在上海大剧院隆重上演，受到海内外艺术精英的极高评价。

- 2009年5月，应邀为山西大同云冈石窟题词"中国由此迈向大唐"，镌刻于石窟西端。

- 2010年1月，《扬子晚报》在全国青少年读者中做问卷调查"你最喜爱的中国当代作家"，余秋雨名列第一。"冠军奖座"是钱为教授雕塑的余秋雨铜像。

- 2010年3月27日，获澳门科技大学所颁"荣誉文学博士"称号。同时获颁荣誉博士称号的有袁隆平、钟南山、欧阳自远、孙家栋等著名专家。

· 2010年4月30日，接受澳门科技大学任命，出任该校人文艺术学院院长。宣布在任期间每年年薪五十万港元全数捐献，作为设计专业和传播专业研究生的奖学金。

· 2010年5月21日，联合国发布自成立以来第一份以文化为主题的"世界报告"，发布仪式的主要环节，是联合国教科文组织总干事博科娃女士与余秋雨先生进行一场对话。余秋雨发言的标题为《驳"文明冲突论"》。

· 2012年1月至9月，最终完成以莱辛式的"极品解析"方法来论述中国美学的著作《极品美学》。

· 2012年10月12日，中国艺术研究院成立"秋雨书院"。北京众多著名学者、企业家出席成立大会，并热情致辞。该书院是一个培养博士生的高层教学机构，现培养两个专业的博士研究生：一、中国文化史专业；二、中国艺术史专业。

· 2013年10月18日下午，再度应邀赴美国纽约联合国总部大厦演讲《中华文化为何长寿》。当天联合国网站将此演讲列为国际第一要闻。

· 2013年10月20日，在纽约大学演讲《中国文脉简述》。

· 2013年12月，完成庄子《逍遥游》的巨幅行草书写，并将《逍遥游》译成可诵可吟的现代散文。

· 2014年1月，完成屈原《离骚》的巨幅行书书写，并将《离骚》译成可诵可吟的现代散文。

· 2014年1月31日，完成《祭笔》。此文概括了作者自己握笔写作的艰辛历程。

· 2014年3月，发表以现代思维解析《般若波罗蜜多心经》的文章《解经修行》，并由此开始写作《修行三阶》、《〈金刚经〉简释》、《〈坛经〉简释》。

· 2014年4月，《余秋雨学术六卷》出版发行。

· 2014年5月，古典象征主义小说《冰河》（含剧本）出版发行。

• 2014 年 8 月，系统论述中华文化人格范型的《君子之道》出版发行，立即受到海峡两岸读书界的热烈欢迎。

• 2014 年 10 月，《秋雨合集》二十二卷出版发行。

• 2014 年 10 月 28 日，出任上海图书馆理事长。

• 2015 年 3 月，再度应邀在海峡对岸各大城市进行"环岛巡回演讲"，自台北市、新北市、台中市到高雄市。双目失明的星云大师闻讯后从澳大利亚赶回，亲率僧侣团队到高雄车站长时间等待和迎接。这是余秋雨自 1991 年后第四次大规模的环岛演讲。本次演讲的主题是"中华文化和君子之道"。

• 2015 年 4 月，悬疑推理小说《空岛》和人生哲理小说《信客》出版。

• 2015 年 9 月，应邀为佛教胜地普陀山书写《心经》，镌刻于该岛回澜亭。

• 2016 年 3 月，应邀为佛教胜地宝华山书写《心经》，镌刻于该山平台。

• 2016 年 7 月，中华书局出版《中华文化读本》七卷，均选自余秋雨著作。

• 2016 年 11 月，被选为世界余氏宗亲会名誉会长。

• 2017 年 5 月 25 日至 6 月 5 日，中国美术馆举办"余秋雨翰墨展"（中国艺术研究院主办），参观者人山人海，成为中国美术馆建馆半个多世纪以来最为轰动的展出之一。中国文联主席兼中国作协主席铁凝说："这个展览气势恢宏，彰显了秋雨先生令人慨叹的文化成就，使我对先生的为人和为文有了新的感受。"中国书法家协会原主席张海说："即使秋雨先生没有写过那么多著作，光看书法，也是真正专业的大书法家。"国务院参事室主任王仲伟说："余先生的书法作品，应该纳入国家收藏。"据统计，世界各地通过网络共享这次翰墨展的华侨人数，超过千万。

• 2017 年 9 月，记忆文学集《门孔》出版发行。此书被评为《中国文脉》的当代续篇，其中有的文章已成为近年来网上最轰动的篇目。作者以自己的亲身交往描写了巴金、黄佐临、谢晋、章培恒、陆谷孙、星云大师、饶宗颐、金庸、林怀民、白先勇、余光中等一代文化巨匠，同时也写了自己与妻子马兰的情感历程。作者对《门孔》这一书名的阐释是："守护门庭，窥探神圣。"

· 2017年12月，《境外演讲》出版发行。此书收集了作者在联合国的三次演讲，又汇集了在美国各地和我国港澳地区巡回演讲和电视讲座的部分记录，被专家学者评为"打开中华文化之门的钥匙"。

· 2018年全年，应喜马拉雅网上授课平台之邀，把中国艺术研究院"秋雨书院"的博士课程向全社会开放，播出《中国文化必修课》。截至2019年10月，收听人次已经超过六千万。

（周行、刘超英整理，经余秋雨大师工作室校核）

图书在版编目（CIP）数据

北大授课 / 余秋雨著 . —北京：北京联合出版公司，2020.5
ISBN 978-7-5596-4016-1

Ⅰ．①北… Ⅱ．①余… Ⅲ．①中华文化 – 通俗读物 Ⅳ．① K203-49

中国版本图书馆 CIP 数据核字（2020）第 034045 号

北大授课

作　　者：余秋雨
出 品 人：赵红仕
责任编辑：郑晓斌　徐　樟

北京联合出版公司出版
（北京市西城区德外大街83号楼9层　100088）
河北鹏润印刷有限公司印刷　新华书店经销
字数240千字　　600毫米×960毫米　1/16　22.25 印张
2020年5月第1版　2020年5月第1次印刷
ISBN 978-7-5596-4016-1
定价：56.00元

版权所有，侵权必究
未经许可，不得以任何方式复制或抄袭本书部分或全部内容
如发现图书质量问题，可联系调换。质量投诉电话：010-82069336